# الفلسفـة وتطبيقاتهـا التربويـة

- ماهية الفلسفة – فلسفة التربية
- الفلسفة والديمقراطية
- الفلسفة المثالية والتربية
- الفلسفة الواقعية والتربية
- الفلسفة الطبيعية والتربية
- الفلسفة البراغماتية والتربية
- الفلسفة الوجودية والتربية
- الفلسفة الماركسية والتربية
- الفلسفة الإسلامية والتربية

## الأستاذ الدكتور نعيم حبيب جعنيني

الجامعة الأردنية – كلية العلوم التربوية

دار وائل للنشر

الطبعة الثانية

٢٠١٠

رقم الايداع لدى دائرة المكتبة الوطنية : (٢١٩٨/١٠/٢٠٠٣)

جعنيني ، نعيم حبيب

الفلسفة وتطبيقاتها التربوية / نعيم حبيب جعنيني - عمان ، دار وائل ٢٠٠٤

(٣٢٢) ص

ر.إ. : (٢١٩٨/١٠/٢٠٠٣)

الواصفات: فلسفة التربية / الفلسفة / التفكير / الإيديولوجيات

* تم إعداد بيانات الفهرسة والتصنيف الأولية من قبل دائرة المكتبة الوطنية

\*\*\*\*\*\*\*\*\*\*

رقم التصنيف العشري / ديوي : ٣٧٠.١

(ردمك) ISBN ٩٩٥٧-١١-٤١٢-٣

* الفلسفة وتطبيقاتها التربوية
* الأستاذ الدكتور نعيم حبيب جعنيني
* الطبعة الأولى ٢٠٠٤
* الطبعة الثانية ٢٠١٠
* جميع الحقوق محفوظة للناشر

# دار وائـل للنشر والتوزيع

* الأردن - عمان - شارع الجمعية العلمية الملكية - مبنى الجامعة الاردنية الاستثماري رقم (٢) الطابق الثاني

هاتف : ٥٣٣٨٤١٠-٦-٠٠٩٦٢ - فاكس : ٥٣٣١٦٦١-٦-٠٠٩٦٢ - ص. ب (١٦١٥ - الجبيهة)

* الأردن - عمان - وسط البلد - مجمع الفحيص التجاري- هـاتف: ٤٦٢٧٦٢٧-٦-٠٠٩٦٢

www.darwael.com

E-Mail: Wael@Darwael.Com

# الفهرست

# المقدمـــة

يعرض هذا الكتاب أفكارا ومبادئ فلسفية تواكب العلـم ومنجزاتـه الحاليـة مـن خـلال مـا تـم عرضه من المدارس الفلسفية وتطبيقاتها التربوية، ويقـدم كذلك رؤى متكاملـة ومتناسـقة تلـم بأطراف الفلسفة وعلاقتها بالتربية والتعليم، مع تقديم تحليـل وتفسـير ونقـد للإطار المرجعـي للتربيـة في الجانـب الفلسفي، باعتبار أن الفلسفة تشكل أحد أهم المرتكزات الأساسية في توجيه العملية التربوية.

وهذا تطلب العودة إلى موضوع الفلسفة عبر التاريخ لنتبين بجـلاء أن الحقيقـة لم تكـن في يـوم من الأيام حكرا على مذهب دون الآخر، أو على فلسفة بعينها، بل كانت دائما موزعة بين سـائر الفلسـفات والمذاهب والآراء والأفكار المختلفة، انطلاقا من مبادئ الحرية والعدالة والمساواة وحقوق الانسان. ويتعلم الإنسان أيضاً من خلال العودة إلى الماضي العبر ودروس الوصال الفكري والتسامح المـذهبي ويوظفها في الحاضر لتشكل أرضية صلبة يخطط بها إلى المستقبل. إن العودة لتاريخ الفكر تعلم الإنسان أيضاً أن هذا التاريخ ما هو إلا تقرير لحقيقة مهمة تؤكد قيمة الفكر وتحليله، وأن التفكير حق لكل إنسان ، وأن الفكـر الفلسفي ما هو إلا نتاج انساني يعتمد على الحوار والجدال والتحليل والنقد، وأن الفلاسفة هم تلامذة قبل أن يكونوا أساتذة، والفيلسوف الحق مـا هـو إلا خـادم الحقيقـة، فالحقيقـة يجب أن لا تكون ذاتيـة بـل موضوعية بقدر الإمكان، فهي ليست ملكا لأحد وإنما ملك البشرية جمعاء.

وفي هذا المجال لابد من التأكيد على أن البحث عن الحقيقة يضطر المؤلف أو المفكر إلى الخروج أحيانا عن بعض مواقفة الفكرية بهدف الانفتاح على كافة

المواقف والاتجاهات الفكرية والمذهبية بقصد الاطلاع على رؤى وأفكار الآخرين من أجل التلاقي معهم والاستجابة لهم بقصد الاستفادة، ومن أجل الاغناء الفكري والحضاري أو التعارض معهم بقصد التصحيح والتخلص من الشوائب. فقد تتصارع المذاهب والأفكار والآراء أحيانا وفي مواقف متعددة انطلاقا من أن التغير بكافة صوره ومجالاته أصبح صفة ملازمة للوجود. ولكن يبقى هناك اتصال خفي أو رابطة ضمنية تجمع بين تلك الأفكار والآراء المتعارضة والمذاهب المختلفة، فإشكالية العلاقة بين الفكر والوجود كانت منذ القدم تفرض نفسها على الساحة الفكرية والمذهبية ولا تزال تطرح نفسها على هذه الساحة وعلى كافة المجالات في المجتمعات البشرية قاطبة.

وانطلاقا من هذا كله، تجدر الإشارة إلى أن الحياة الفكرية في العصر ـ الحاضر ـ خاصة في ظل التفجر المعرفي وثورة الاتصالات ـ ليست في الانغلاق الفكري والحضاري، ولا في العزلة أو الانفصال، بل لا بد لها من الاعتماد على العلم ومنجزاته والتواصل الحضاري لمواجهة كافة الاحتمالات والتغيرات من خلال بناء الوعي الإنساني والحرية المسؤولة والعقلانية، مما يدفع إلى القول بأن الفلسفة في القرن الحادي والعشرين لا بد لها من أن، تلعب دورا إنسانيا مميزا، وأن، لا تترك الساحة الفكرية للعلم والدين وحدهما. فالفلسفة هي ذلك العلم العقلي المرتبط بحياة الناس وبفكرهم ومشاعرهم فنجدها في الحس العام وأنها لن تزول إلا عندما يزول آخر إنسان في هذا الوجود.

أما في المجال التربوي، فالفلسفة تلعب دورا مهما وبارزا، لذلك احتلت فلسفة التربية قديما وحديثا دورا لا ينسى في فهم العملية التربوية، وتجنب التناقضات التي قد تنشأ فيها، أو اقتراح خطوط جديدة للنمو التربوي، ويتعلم الجيل المتعلم بواسطتها كيفية إثارة الأسئلة ومعرفة الشيء الصحيح من الخطأ، وتركز الفلسفة على المجال التربوي لأهمية هذا المجال وعلاقته بتربية الجيل الصاعد، فالتربية تلعب دورا مهما في بناء الأفراد والمجتمعات البشرية ، وفي تقدم التراث

الحضاري وتطويره واغنائه وتنقيحه وتبسيطه، وعن طريق العملية التربوية، يوفر المجتمع أهم عناصر تنميته وتقدمه من خلال إعداد القوى البشرية المؤهلة والمدربة لإنجاز عمليات التنمية الشاملة المستدامة بكامل أبعادها، مع عدم إنكار العوامل الأخرى المؤثرة. وتسترشد العملية التربوية في كل هذا بفلسفة المجتمع وأهدافه، وبما أن لكل مجتمع فلسفة حياتية تختلف عن المجتمعات الأخرى، مع عدم إنكار التلاقي في بعض العناصر انطلاقا من أن ثقافات العالم تتشابه في الشكل، إلا أنها تختلف في المضمون. فجميع ثقافات العالم تتكون من عموميات وخصوصيات ومتغيرات، إلا أن مضمون هذا الشكل يختلف من ثقافة إلى أخرى. وتتمثل فلسفة التربية في المجتمعات البشرية في مجموعة الأفكار الكلية العامة والمبادئ الكلية التي تحدد نمط الحياة التي يريد الإنسان أن يحياها، وأن مجموع الأفكار العامة والمبادئ الكلية التي توجه التربية والتعليم تسمى الفلسفة التربوية. فالفلسفة إذن ضرورية لفهم التربية وأهدافها وأسسها والأساليب المتبعة دون سواها، وأن أي عمل تربوي غير موجه فلسفيا, يفقد أرضيته المتينة التي يقف عليها فيتعرض للتشتت والضياع وفقدان الرؤية الصحيحة، هذا إذا ما علمنا أن الفلسفة بشكل عام ما هي إلا التفكير في الوجود كله، بل إنها التفكر في التفكير ذاته، وأن كل من يزعم أنه استطاع أن يرى كل شيء بوضوح ، إنما هو كمن يغطي رأسه في الرمال ويتعامى عن رؤية الحقائق ويلغي كل تفكير وتساؤل.

إن الفلسفة التي كانت في يوم من الأيام أمّ العلوم بميادينها المختلفة من ميتافيزيقيا ووجود ومعرفة ومنطق وأخلاق، تفتح ذهن الإنسان أمام آفاق ذلك المجهول الذي يمتد وراء كل معرفة موضوعية، وأنها لم تقم إلا حينما أدرك الإنسان أن وجوده نفسه هو في صميمه سر لابد له من أن يعمل على كشفه، مما فسح المجال أمام المفكرين والفلاسفة لممارسة عملية التفلسف التي هي عملية مهمة وضرورية وطبيعية في الحياة الاجتماعية، وهي موجودة في الحس العام عند الناس، فنحن عندما نتفلسف نثبت للرأي العام لزوم عملية التفلسف الذي ينمو

ويتطور في ظل الحرية والعدالة والمساواة واحترام الرأي والرأي الآخر، وفي ظل العلم بمنجزاته المختلفة التي تحتاج دائما إلى توجيه فلسفي وأخلاقي. لذلك جاء هذا الكتاب في فصوله التسعة ليبين للقارئ أهمية ما تمّ تقديمه من منطلقات فلسفية وفكرية وتربوية.

لقد جاء الفصل الأول وهو: المدخل ليتناول نشأة الفكر الفلسفي حيث أشار هذا الفصل إلى أن نشأة الفكر الفلسفي ارتبطت بوجود الإنسان ، وأن الفكر الإنساني لا يستطيع الاستغناء عن الفكر الفلسفي . وقد رد أرسطو نشأة هذا الفكر إلى اليونان وانحدر به إلى طاليس، وذلك في النصف الأول من القرن السابع ق.م. كما بين هذا الفصل أصل الفلسفة ومعناها والذي كان يعني في القدم حب الحكمة أي حب المعرفة وهو المعنى الحرفي الاشتقاقي الذي وضعه فيثاغورس (٥٨٢-٥٠٠ ق.م). كما تطرق هذا الفصل إلى أنواع الفلسفات والتي تتوزع إلى فلسفات ارشادية، وتحليلية، ونظرية. أما ميادينها فهي الميتافيزيقيا والوجود، ونظرية المعرفة والقيم، ويدخل فيها علم المنطق وعلم الأخلاق وعلم الجمال.

وتطرق هذا الباب أيضاً إلى ضرورة الفلسفة والعلاقة بينها وبين العلم، ثم تناول فلسفة التربية (العلاقة بين الفلسفة والتربية) وفلسفة التربية عبر التاريخ، وفلسفة التربية والعلم، وأخيرا القيم التربوية والمضامين التربوية للسلطة التعليمية.

أما الفصل الثاني وعنوانه الفلسفة والديمقراطية فتناول العلاقة الحميمة بين الفلسفة والديمقراطية، وبيّن أن الديمقراطية هي من الموضوعات التي تطرق إليها الفلاسفة عبر التاريخ، وأن تنظيم حياة الناس الاجتماعية يحتاج إلى منطلقات عقلية تجريدية يستضاء بها وهي منطلقات فلسفية . هذا بالإضافة إلى أن المبادئ النظرية التي ترتكز عليها الديمقراطية لا تصاغ إلا على أساس فلسفي جدلي أساسه العدالة الاجتماعية، وأن مبادئ الحرية والعدالة والمساواة وحقوق الإنسان هي مواضيع فلسفية لا يمكن بدونها بحث قضية الديمقراطية.

وبالإضافة إلى ذلك تطرق هذا الفصل إلى أشكال الديمقراطية المختلفة كما تناول فلسفة التربية الديمقراطية وفلسفة ديمقراطية التعليم.

وتناول الفصل الثالث الفلسفة المثالية والتربية ، وركّز على أصل المثالية وتعريفها وبين أنها من أقدم الفلسفات في الثقافة الغربية، إذ ترجع أصولها التاريخية إلى الفيلسوف الإغريقي أفلاطون. ويتفق المثاليون على أن وجود الأشياء مرتبط بالقوى التي تدركها، وأن وجود العالم الخارجي مستحيل دون وجودها، وأن الأفكار سابقة على المحسوسات، وأن المعاني الكلية تسبق الجزئية.

وتناول أيضاً حياة أشهر الفلاسفة المثاليين كأفلاطون ونظريته في الأفكار "نظرية المثل". وأيضا حياة وفكر الفيلسوف ديكارت الذي قال: " أفكر إذن أنا موجود" . وحياة وفكر كل من باركلي، وكانت، وهيجل وباروخ سبينوزا.

بالإضافة إلى هذا كله تطرق هذا الفصل إلى أهم المبادئ التي تؤمن بها الفلسفة المثالية وتطبيقاتها التربوية.

وجاء الفصل الرابع ليتناول الفلسفة الواقعية والتربية؛ وبين أن الواقعية تعني الأحداث والأشياء الموضوعية في العالم بما فيها من علاقات وروابط وعمليات، وأيضا الأفعال والأقوال اليقينية التي تثبت صحتها، وأن الواقع هو القسم الأكثر يقينية في صرح المعرفة العلمية، وبين أن الفلسفة الواقعية كان لها تأثير كبير على ثقافة العالم ونظمه التربوية بعد عصر النهضة الأوروبية، ولكن التأثير على الثقافة العربية ونظمها التربوية بدا واضحا في مطلع القرن العشرين. كما كان لها تأثير كبير على مجالات الإنتاج والصناعة، وبتأثيرها ظهرت الدراسات التحليلية العميقة للمهن، كما تناول هذا الفصل أيضاً التطبيقات التربوية لهذه الفلسفة وأهم أفكارها ومفكريها من مثل: أرسطو، بيكون، وكومينوس، وجون لوك.

وتناول الفصل الخامس الفلسفة الطبيعية والتربية ؛ وبيّن أن الحركة الطبيعية في التربية تعود إلى الأيام الأخيرة من النهضة العلمية عندما ضعفت الحركة الإنسانية فجاءت كثورة فكرية وعلمية لا تقل أهميتها عن عصر النهضة،

مركزة على عواطف الطفل باعتبارها الأساس الصحيح الذي يجب أن تقوم عليه التربية، لقد جاءت كثورة فكرية على منطق القرون الوسطى وقلة فائدة التعليم للمتعلمين وجموده، فكان لابد من حركة طبيعية تعيد للتربية حياتها ومرونتها. وتطرق هذا الفصل أيضاً إلى حياة جان جاك روسو (١٧١٢-١٧٨٧) مؤسس الحركة الطبيعية، وتناول عصره وفلسفته وآراءه التربوية، هذا بالإضافة إلى التعليق على آرائه. وأخيرا تناول هذا الفصل التطبيقات التربوية للفلسفة الطبيعية من خلال المنهاج وطرق التدريس وعلاقة الطبيعية بالسلوك الإنساني.

أما الفصل السادس فتناول الفلسفة البراغماتية والتربية وبيّن أن كلمة براغماتية مشتقة من الكلمة اليونانية ( Pragma) وتعني عمل أو فعل، أو نشاط، ولذلك أطلق عليها اسم المذهب العملي، وهي عبارة عن اتجاه أو موقف يهدف إلى تحويل النظر عن الأوليات والمبادئ إلى النتائج، من خلال وضع العمل كمبدأ مطلق. وتعود جذورها التاريخية إلى العصور القديمة إلى هيراقليطس (٥٣٥- ٤٧٥ ق.م) الفيلسوف اليوناني الذي أكد في فلسفته أن الوجود في تغير مستمر وأن السكون موت وعدم، ولا وجود لحقائق مطلقة أو ثابتة. وتعود أيضا إلى كونتليان (٣٥-٩٥م) الخطيب الروماني الذي اعتبر أن الممارسة العملية هي الأساس في التعلم، وأيضا إلى بروتاغوراس (٤٨١-٤١١ ق.م) الذي قال: " إن الإنسان مقياس كل الأشياء" . وانتشرت هذه الفلسفة في أميركا انتشارا واسعا كرد فعل للمثالية الألمانية، وكان أكثر مؤيديها من أساتذة المعاهد والجامعات والمختصين بالدراسات الفلسفية الذين دعموها بالحجج المنطقية، وأصبحت اتجاها فلسفيا معتبرا من فلسفات القرن العشرين. إنها منهج تفكير يتألف من مواقف وأفكار تجاه قضايا فلسفية وموضوعات. وقد استعرض هذا الفصل أهم مؤسسيها الرئيسيين الذين ترجع العناصر الفلسفية والمنهج في البراجماتية إليهم وهم: شارلس بيرس (١٨٣٩-١٩١٤م)، وليم جيمس ( ١٨٤٢-١٩١٠م)، وجون ديوي ( ١٨٥٩-١٩٥٢م). وتطرق هذا الفصل أخيرا لأهم مبادئ الفلسفة البراغماتية وتطبيقاتها التربوية.

وجاء الفصل السابع ليتناول الفلسفة الوجودية والتربية مبيناً ماهية الفلسفة الوجودية باعتبارها لونا من ألوان المذهب الحسي لأنها تنكر المعاني الكلية، وقد جاءت كثورة عنيفة ضد الفلسفات التقليدية في جميع صورها تلك الفلسفات التي نظرت إلى الإنسان مجردا بعيدا عن الواقع.

وبين أيضا أن الوجودية لغة آتية من كلمة وجود الذي هو ضد العدم ذهنيا وخارجيا، وكلمة وجود في اللاتينية تعني ( existentia). ويشكل الوجود أهم مفاهيم هذه الفلسفة، ويقصد به الوجود الداخلي للإنسان.

وتطرق هذا الفصل أيضا إلى مشاهير الوجودية الملحدة والمؤمنة، وأخيرا تناول مرتكزات الفلسفة الوجودية ومبادئها والفلسفة الوجودية وتطبيقاتها التربوية.

أما الفصل الثامن فقد تناول الفلسفة الماركسية والتربية مبيناً الجذور التاريخية للمادية، والتي تعود إلى فكر الفلاسفة الذين كانوا يؤمنون عبر التاريخ بأن المادة سابقة على الوعي والفكر، والمادة في نظرهم خالدة، أما الوعي فهو نتاج لتطور المادة التاريخي. أما الفلاسفة الذين يؤمنون بأن الوعي أو الفكر سابق على الوجود فهم الفلاسفة المثاليون. كما تناول هذا الفصل المادية الماركسية وبيّن أن الفلسفة المادية عندما تصبح جدلية فهي الماركسية، وأحد أسسها الصلة الوثيقة بين النظرية والممارسة. وواضع الفلسفة الماركسية هو كارل ماركس (١٨١٨ - ١٨٨٣م)، وفردريك انجلز (١٨٢٠-١٨٩٥م)، وساهم لينين (١٨٧٠- ١٩٢٤) بقسط وافر في تطورها. كما تطرق هذا الفصل إلى الماركسية والمعرفة؛ إذ بين أن الماركسية تعتبر الإنسان صانع تاريخه، وأن هدف المعرفة تغيير الأوضاع الاقتصادية بأوسع معانيها. وتناول هذا الفصل أيضا المبادئ الأساسية للفلسفة الماركسية وتطبيقاتها التربوية.

أما الفصل التاسع والأخير فقد جاء تحت عنوان: الفلسفة الإسلامية والتربية.

لقد تناول هذا الفصل الفكر العربي قبل الإسلام، مبينا أن أهم مصادر الفلسفة العربية مصدران هما: المصدر اليوناني والمصدر الإسلامي. كما تناول الفكر العربي بعد الإسلام الذي تجلى في بعث فكري ظهر في علوم الحديث والتفسير والفقه وأصوله وفي نشاط المذاهب الفقهية والفرق الإسلامية التي استخدمت القياس والنظر العقلي في تفسير الأحكام الشرعية . كما تطرق هذا الفصل أيضاً إلى تأثير الترجمة عن الكتب اليونانية.

لقد تأثرت الفلسفة العربية والإسلامية في بداياتها بالفلسفة اليونانية ولكن ليس بصورة طبق الاصل بل بصورة انتقائية توفيقية، إذ اقتبست ما يناسبها ويتمشى ـ مع مبادئها، ولكن هذا التأثر كان متفاوتا، فالكندي والفارابي ، وابن رشد، وابن سينا تأثروا بأفلاطون وأرسطو، في حين نجد أن ابن خلدون والغزالي يبتعدان عن أصول الفلسفة اليونانية. وإذا كانت عقول بعض فلاسفة العرب والمسلمين قد تأثرت بالفكر اليوناني في المنطق والطبيعيات وسائر العلوم، إلا أن القلوب ارتوت من معين التراث الأصلي، ومن الاتجاهات الفكرية التي كانت سائدة، فابتكروا وأضافوا الجديد إلى الثورة الفكرية العامة.

وقد تناول هذا الفصل أيضاً فلسفة بعض الفلاسفة العرب وآراءهم التربوية مثل فلسفة: الكندي، الفارابي، أخوان الصفا، ابن سينا، الغزالي، وابن رشد. وأخيرا تناول هذا الفصل مبادئ هذه الفلسفة إجمالا وتطبيقاتها التربوية.

المؤلف
أ. د. نعيم حبيب جعنيني

# الفصل الأول

# مدخـــل

أولاً: ماهية الفلسفة

- نشأة الفكر الفلسفي
- أصل الفلسفة ومعناها
- ضرورة الفلسفة
- العلاقة بين الفلسفة والعلم

ثانياً: فلسفة التربية

- ماهية التربية
- العلاقة بين الفلسفة والتربية
- فلسفة التربية عبر التاريخ
- فلسفة التربية والعلم
- القيم التربوية
- المضامين التربوية للسلطة التعليمية

# الفصل الأول

# مدخل

## أولاً: ماهية الفلسفة :

### نشأة الفلسفة :

وجدت الفلسفة مع وجود الإنسان فكانت المستودع الذي وضع فيه خبراته، والفكر الإنساني لا يستطيع الاستغناء عن الفكر الفلسفي انطلاقا من أنه صناعة باطلة لا قيمة لها من وجهة نظر خصومه، بل إنه محاولة ضرورية للوصول إلى الحقيقة. وقد ردّ أرسطو نشأة الفلسفة إلى اليونان وانحدر بها إلى "طاليس" في النصف الأول من القرن السابع قبل الميلاد، الذي حاول البحث عن أسباب الظواهر الطبيعية، معتقداً أن لا شيء يولد من لا شيء ولا بد من وجود مادة أولية في أصل العالم، فالماء هو أساس كل الكائنات. وأيده في ذلك جمهور من المحدثين من مؤرخي الفلسفة، إلا أنه من المؤكد أن الشرق القديم سبق اليونان في الكثير من العلوم، من رياضيات وميكانيكا، وكيمياء، ومن علوم نظرية في الألوهية والبعث، والخير والشر، وأن الكثير من فلاسفة اليونان كطاليس وفيثاغورس ودمقريطس الذين قيل عنهم أن الفلسفة قد نشأت على أيديهم، زاروا بلاد الشرق القديم ونهلوا من علومه وثقافته. وهناك جمهور من المحدثين من مؤرخي الفلسفة متفقون على أن الفلسفة اليونانية نتاج عبقري أصيل في التماسها المعرفة لذاتها، بمعنى أن العقل يتجه إلى كشف الحقيقة بباعث من اللذة العقلية، في حين التمس الشرق القديم المعرفة لسد حاجة عملية واشباع عقائد دينية، وإلى هذين المرجعين ترجع معارفه التجريبية وتأملاته العقلية. (١)

يتبين مما سبق أن اليونان هم الذين أنشأوا العلوم في صورتها النظرية الخالصة، وتوصلوا إلى القوانين والنظريات التي تعتمد على البراهين العقلية دون إنكار أن الفلسفة اليونانية لم تكن قط إنتاجاً منطقياً للعبقرية اليونانية وحدها، إذ يؤكد "إميل بوركيية" أُستاذ الفلسفة بجامعة باريس في كتاباته، أن تضييق معنى الفلسفة هو الذي حال دون إطلاقها على حكمة الشرق القديم، ولو اتسع مدلولها لشِمل الحياة العقلية والروحية لانحدرنا بنشأتها إلى شعوب الشرق القديم، مع أن أغلبية مؤرخي الفلسفة لا يرحبون بهذا الاتجاه فهم يضيقون معنى الفلسفة حتى يتعذر إطلاقه على حكمة الشرق القديم وتقييد نشأتها باليونان.[٢]

إن الكلام في الشؤون العامة ومناقشتها وابداء الرأي فيها والتحاجج حولها قد ساهم في نشأة الفلسفة قديماً في بلاد اليونان، التي قضت مدة طويلة من الزمن في التساؤل والتخمينات، التي كانت تصح مرةً وتتيه مرات أخرى، إلى أن انتصر العقل بوضع الأجوبة الصحيحة للأسئلة التي طرحها الفكر الإنساني .كما ساهم الفكر الفلسفي اليوناني في توجيه الفكر الإنساني نحو شؤون الإنسان و القضايا الاجتماعية. و ينسب إلى الفيلسوف سقراط أنه أنزل الفلسفة من السماء إلى الأرض، كما أن الشعر التعليمي قبل سقراط كان يحتوي في ثناياه على إشارات إلى قضايا اجتماعية مختلفة، كما جسد السفسطائيون بوادر الفكر الاجتماعي المنهجي في المجتمع الاغريقي، و اتجهوا اتجاها حسيا واقعيا نقديا في معالجة القضايا الاجتماعية ووقفوا ضد الفلسفة الميتافيزيقية، و نقدوا التفسيرات الأسطورية الشائعة ونظام العبودية و الأفكار العنصرية وناضلوا ضد البناء الطبقي الإغريقي.

والمهم في الأمر أن التفلسف قديماً اعتبر جهداً عقلياً يستهدف الكشف عن معارف جديدة، أو نزوعاً لطلب المعرفة، والباعث له اللذة العقلية من أجل كشف الحقيقة منزهاً عن المطالب العملية أو العقائد الدينية. لقد طرح الفلاسفة القدامى أسئلة كثيرة وشكلت الأجوبة عنها أسس علومنا الحاضرة.

كانت الفلسفة القديمة إذاً بحثاً عن ما وراء الطبيعة مـن طبـائع الأشياء وحقائق الموجـودات، لمعرفة أسباب الحوادث الأولى وغاياتها البعيدة متجاوزة المحسوس، إلى أن جـاءت الحركات التجريبية والوضعية والواقعية في الفلسفة التي ضاقت بالتفكير الميتافيزيقي، ونزعت إلى الفكر الـذي يعتمـد عـلى مناهج البحث التجريبي والبحث في ما يمكن الاطلاع عليه بالحواس، وما يمكن معرفته في الوجود، فلم تعد الفلسفة حاليا منشغلة بمبحث ماهية الوجود و ما بعد الطبيعة، بـل أصبحت تركـز عـلى الشـق المعرفي: إمكان المعرفة ووجودها ووسائلها، كما أصبحت تركز و بصورة أكثر من الماضي على موضوع القيم والأخلاق و خاصة في عصر المعلوماتية من أجل ضمان حسن تطبيق التكنولوجيا و تقليل أضرارهـا مـما فتح المجـال لتوثيق العلاقة ما بين الفلسفة و الأخلاق في ما يسمى بفلسفة الأخلاق.

وتجدر الاشارة إلى أن التفكير الفلسفي بشكل عام لم يكن حكراً على شعب مـن الشـعوب، إذ لا توجد ثقافة في العالم لا تهتم بمعرفة من هو الإنسان؟ وكيف خُلق الكون؟ فالتفكير الفلسفي مهم في حيـاة الإنسان ومحتاج إليه دائماً، ويكفينا الرجوع إلى التاريخ لنتحقق من أن الفلسفة كانت ماثلة في كـل زمـان ومكان، سواء أكان ذلك في الأسـاطير الشـعبية والحكم والأمثـال أم في الحـس العام عنـد الشـعوب، أم في التصورات السياسية التي يأخذ بها المجتمع والتي كانت تشبع الحاجـة إلى الفهـم والميل إلى المعرفة، ولا يوجد في تاريخ الفلسفة نقطة انطلاق معروفة تماماً، ولكن يمكن القول إن التفكير ذا الطابع الفلسفي قـد نشأ حين استطاع الإنسان ممارسة وظيفته ككائن ناطق يسعى لأن يتعقل وجوده في هـذا العالم، ويفسر ظواهر الكون ويحدد علاقته بالعالم وبالآخرين مـن حولـه.<sup>(٣)</sup> إنـه مجموعـة المبادئ والأفكـار الكليـة عـن مختلف مجالات الحياة وكيفية تصورها. إنه باختصار، تعبير عن الحياة نفسها.

ومنذ القدم كانت الديانات تضع على عاتقها الاجابة عن كل الاسئلة التي طرحها الإنسان، وكانت هذه التفسيرات تنتقل من جيل إلى آخر في صورة أساطير تحاول تفسير الظواهر الطبيعية والإنسانية. وكانت مهمة فلاسفة الإغريق القدامى محاولة البرهنة على عدم الثقة بهذه الأساطير والبحث عن أسباب طبيعية للظواهر من أجل الانتقال من التفكير الأسطوري إلى نمط التفكير المبني على العقل والتجربة، ونظراً لغياب العلم والتفسيرات العلمية قديماً فقد اخترعت الأساطير، مما يؤكد وجود التفكير الفلسفي منذ أقدم العصور،[٤] والذي كان يهدف إلى تفسير الوجود تفسيراً شاملاً منسقاً وكيف يجب أن نفكر منطقياً (مشكلة المعرفة).

ويؤكد بعض الفلاسفة أن الفلسفة لا محل لها من الإعراب لأنها هي الإعراب نفسه، ولها مكان في كل مكان وزمان، ولها وظائف تعلو على سائر الوظائف، إنها التفكير في الكون كله، بل إنها التفكير في التفكير ذاته[٥] ، مما يدل على أنها أيضاً أسلوب للتفكير، ونشاط نقدي أو توضيحي يمكن تطبيقه على كل علم.

وسميت الفلسفة قديماً "أم العلوم" إذ كانت تشمل كل العلوم والمعارف المتراكمة آنذاك، ومع تطور الانتاج وتراكم المعرفة ونتيجة التخصص المعرفي بدأت العلوم تنفصل عن الشجرة الأم (الفلسفة)، مما يؤكد أن العلم نشأ عن الفلسفة، كما أنه شب وترعرع في أحضانها حسب قول "بردييف" وهو أحد الفلاسفة الوجوديين الروس الذي قال اننا نجد الآن عشرات العلوم المتخصصة التي تدرس مختلف جوانب الواقع. ومن الممكن القول أن العلم والفلسفة يقدم كل منهما للآخر خدمات كبيرة على الرغم من كل تعارض ظاهري بينهما.[٦] وأن المتتبع لتاريخ الفلسفة يجد الكثير من الفلسفات والمدارس الفلسفية، ويجد الدارس للأفكار الفلسفية أن كل الأشياء والظواهر هي من أصل مادي أو روحي. ويطلق على الظواهر المادية كل ما يوجد موضوعيا، (أي خارج فكر الإنسان ومستقلاً عنه)، وأن كل ما

يوجد في ذهن الإنسان أي (كل ما يوجد في نطاق نشاطه النفساني من افكار وأحاسيس وعواطف) يعود إلى المجال الروحي. وبذلك كانت المهمة الأساسية للفلسفة منذ نشوئها وإلى يومنا هذا تدخل في نطاق كيفية الربط بين ما هو مادي وما هو روحي، كما كان الخلاف بين الفلاسفة قائماً منذ القدم ولا يزال حول تحديد من هو الأول المادة أم الفكر؟ هل المادة ولدّت الفكر، أم أن الفكر هو الذي ولّد المادة؟ وهذا هو السبب في أنه ظهر منذ القدم اتجاهان أساسيان في الفلسفة هما: المادية والمثالية. فالفلاسفة الذين يؤمنون بأن المادة هي الأولى والوعي (الفكر) هو ثانوي ومشتق من المادة هم الفلاسفة الماديون، أما الذين يؤمنون بأن الفكر أو الروح أو الوعي هو الأول والأساس لكل ما هو موجود فهم الفلاسفة المثاليون [٧].

**أصل الفلسفة ومعناها:**

يجمع الباحثون على أن الأصل اللغوي لكلمة فلسفة (Philosophy) يعود إلى الكلمة اليونانية (Philosophia) التي تتألف من مقطعين (Philo) ويعني الحب و(Sophia) وهي مشتقة من كلمة (Spohos) اليونانية وتعني الحكمة أو المعرفة وطلب الحقيقة، فيكون معنى هذه الكلمة حب الحكمة (وتعني قدرة الفرد على التحليل والتركيب والاستنتاج والتعميم والتأني في اصدار الأحكام). ويعتبر عالم الرياضيات اليوناني فيثاغورس (٥٨٢-٥٠٠ ق.م) الذي قال عن نفسه لست أنا حكيماً بل أنا محب للحكمة لأن الحكمة لا تضاف إلا للآلهة[٨] يعتبر أول من وضع معنى حرفياً اشتقاقياً للفلسفة وهو "حب الحكمة". وقد استخدم هذا اللفظ أيضاً في البحث عن طبيعة الأشياء وحقيقة الموجودات ودراسة التجربة ككل أو دراسة جزء منها في علاقته مع الكل. وكان "سقراط" أول من استعمل كلمة فلسفة بمعنى أخلاقي يقصد به ايضاح الحكمة الخلقية، أما "أرسطو" فقد اتسع معنى الفلسفة عنده بحيث أصبحت تشمل كل المعارف العقلية [٩]، وعرّف الفلسفة بأنها: البحث في الوجود بما هو موجود بالإطلاق، إنها دراسة العلل والمبادئ الأولى للأشياء [١٠]. أما قبل

"فيثاغورس" فكان اسم الحكماء يطلق على أولئك الذين يهتمون بمعرفة الأشياء الآلهية والإنسانية وأسبابها.

وبعد دخول كلمة الفلسفة إلى اللغة العربية صاغ العرب من ذلك الفعل بأنواعه فقالوا تفلسف يتفلسف، وجعلوا الحكمة مرادفة للفلسفة وأصبحت كلمة فيلسوف نعتاً للذي يرغب في المعرفة وتبين الحقائق.

لقد نظر اليونان إلى الفلسفة على أنها رغبة في التماس الحقيقة لذاتها، وهذه النظرة استمرت إلى العصور الوسطى عند بعض الفلاسفة الذين فرقوا بين العلم الذي يهتدي إليه العقل بالنظر، والمعرفة التي ينزل بها الوحي. لذلك اتجهت تعريفات الفلسفة في القرون الوسطى اتجاهاً متأثراً بالدين، إذ رأى بعض الفلاسفة أن الفلسفة وحدها غير صالحة لتفسير الوجود، إذ لا بدّ أن يسبق الايمان مسألة البحث في الوجود، مما أدى إلى اتجاه الفلسفة وجهة روحية إلى جانب وجهتها العقلية التي كانت سائدة في الماضي عند فلاسفة الإغريق (١١) ،الذين اعتادوا النظر إلى الفلسفة على أنها البحث عن الحقيقة المطلقة أو عن الجوهر المطلق واللامتغير، أي أصبحت الفلسفة تبحث في تفسير الدين عقلياً وساهمت الفلسفات في تغيير طرق التفكير وأوجدت وجهات نظر مختلفة في رؤية العالم ورؤية أنفسنا فيه.

أما عند الفلاسفة المحدثين فقد اتجهت الفلسفة إلى البحث في المعرفة فقد عرفها فرنسيس بيكون (١٥٦١- ١٦٢٦م ) بأنها: " علم وليد العقل فهي التي تقدم للبشر تفسيراً ومعنى للكون عن طريق الملاحظة والتجربة" (١٢).

وانطلقت الفلسفة المعاصرة من مبدأ أن الفلسفة تدخل في حياة كل واحد منا على الرغم من أن البعض يعتبرها صناعة باطلة، وهذا في حد ذاته تفلسف. فاتجهت إلى البحث عن الذات أو الإنسان من أجل تحقيق حياة أفضل له، باعتبار أنها منهج لاختبار فاعلية الأفكار في الحياة وأن صواب أية فكرة يقاس بالآثار

المترتبة عليها في مجال العمل، نتيجة لتقدم الحضارة والعلم الذي أدى إلى تغيير النظرة إلى الكثير من المشكلات التي كانت من صميم موضوع الفلسفة، مما أدى إلى تغيير وظيفة الفلسفة، فلم تعد الفلسفة تهتم بالمحافظة على القيم القديمة، ولم يعد إطارها العام الذي تبحث فيه عالماً ساكناً ثابتاً بل عالماً متغيراً تكاثرت فيه المشكلات وتعددت أنواعها، فأخذ الناس ينظرون إلى الفلسفة على أنها المجهود المنظم المستمر من جانب الإنسان لكي يجعل من الحياة شيئاً له معنى ويقوم الذكاء بالتوجيه كلما أمكن ذلك.

وتعتبر هذه النظرة الجديدة أكثر التصاقاً بالمجتمع والحياة الاجتماعية لأن من أهم الواجبات للفرد حالياً توضيح أفكاره ومعتقداته الأساسية، بمعنى محاولة تحليل وتنظيم الفروض والمبادئ التي يقوم عليها سلوكه، لذلك أصبحت الفلسفة نشاطاً يهدف إلى النقد والتوضيح والتحليل مّما أهلها لأن تدخل جميع ميادين المعرفة[١٣] وأن الفكر الفلسفي لا يزدهر إلا إذا توفر له قدر معقول من الحرية.

لقد أكدّ "جون ديوي" (John Dewy) أن الحضارة وليدة الفلسفة وإن كانت الفلسفة هي من نتاج الحضارة، أي أنه بدون الفلسفة لا تكون حضارة، وأن إفلاس الحضارة كان نتيجة لابتعاد الفلسفة عن القيام بواجبها، وعرّف الفلسفة بأنها: "المجهود المنظم المستمر من الرجل العادي والمتعلم ليجعل الحياة شيئاً له معنى ويقوم الذكاء بالتوجيه كلما أمكن ذلك.[١٤]

وعرفها فيني (Finney) بأنها " العمل العقلي المنظم الذي يهدف إلى تكوين المعتقدات لتتميز بدرجة عالية من الاحتمال حين تكون المعلومات الملائمة لا يمكن الحصول عليها للوصول إلى نتائج تجريبية تماماً ".[١٥]

ونظر ماركس (Marx) في ماديته الجدلية والتاريخية إلى الفلسفة على أنها التوجيه المستنير الواعي الذي يحرر الإنسان من طغيان الظلم والخرافة، وإن

مهمتها هي تنوير العالم ومساعدة الإنسان للتصدي للمشكلات التي تواجهه وتحسين أحواله من خلال تغيير العالم للأفضل وتحسين أوضاع الإنسان.

وفي عصرنا الحاضر - وهو عصر إعادة بناء المفاهيم بعد أن انحلت وتفككت منظومات فكرية كثيرة- نجد قبل بضع سنوات وبالتحديد عام ١٩٩١ أن الفيلسوف الفرنسي " دولرز" (Dollars) قد أصدر بالتعاون مع صديقه "فيلكس كاتاري" (Katary) كتاباً بعنوان: " ما الفلسفة؟" وقدما تعريفاً جديداً للفلسفة يجعل منها " فن صياغة وإنشاء وصنع المفاهيم". وهذا جاء نتيجة التحولات والتغيرات في عالم الفكر وعالم الواقع وتفكك المنظومة الفكرية الاشتراكية مؤقتاً وحلول منطق العولمة محل الفكرة القومية وتجمّد الوجودية، وتكلس الوضعية المنطقية وغيرها من التيارات الفلسفية التي عرفها القرن العشرون (١٦). لذلك نجد أن المفكرين والفلاسفة اختلفوا في نظراتهم الفلسفية انطلاقاً من الواقع المعاش الذي وجدوا فيه، فبعضهم نظر إلى الفكر الفلسفي على أنه مجرد عملية نقدية تحليلية تهتم بتحليل القيم والتقاليد والعادات وأساليب التفكير وأنماط السلوك ونقدها نقداً منهجياً، لتوضيح مدى ملاءمتها لأوضاع الثقافة السائدة، بينما رأى آخرون أن الفكر الفلسفي ما هو إلا عملية تنسيق بين ميادين المعرفة المختلفة وضابط اتصال بين هذه الميادين، وتقوم أيضاً بعملية التوفيق بين القيم والاهتمامات الناشئة في عصرها مع غيرها في عصور أخرى، أي أن التفكر الفلسفي هو عملية تنسيق أو تكامل بين نتائج العلوم وميادين الخبرة البشرية. كما أن البعض الآخر يقصر الفكر الفلسفي على التأمل الذي يفسرـ به الخبرات الانسانية، بينما حالياً يطلب البعض الآخر من الفلسفة أن تقوم بعملية إعادة بناء المفاهيم.

ولكن معظم المفكرين والفلاسفة يتفقون على أن جميع أنواع الفكر الفلسفي هامة، فالتأمل الذي لا يصحبه تحليل يبقى تأملاً فارغاً لا قيمة له، كما أن التحليل الذي لا يستند إلى تأمل يصبح فكراً جافاً.

وتجدر الإشارة هنا إلى أن جمهور المفكرين اتجهوا بعد عصر النهضة إلى اعتبار أن استمرار الماضي حياً في الحاضر يضلل العقل ويعوق طلاقة الفكر[١٧]، متناسين أهمية ماضي الفكر في مجال البحث عن الحقيقة والتراث والانتفاع بعبره وكنوزه من أجل بناء الحاضر والتخطيط للمستقبل دون إذابة الحاضر والمستقبل في الماضي، مما يوصد باب الابداع والتجديد لنقل العقل من الجمود إلى الحركة ونقل الحياة من التقليد إلى التجديد.

ولا بد من التأكيد في هذا المجال على أن وضع تعريف شامل للفلسفة أمر عسير لأن تعريف الفلسفة يتوقف على المدرسة الفلسفية التي ينتمي إليها القائم بالتعريف، و لذلك وجدت تعريفات كثيرة كما مر سابقا لعدم وجود فلسفة واحدة بل عدة فلسفات، كما أن لكل عصر فلاسفته وفلسفته.

وبالإجمال فإن الفكر الفلسفي يقوم بوظائف كثيرة متعددة من نقد، وتحليل وتنسيق وتأمل، كما يؤدي وظيفته الشمولية المتمثلة في إدراك العالم ككل له معنى، ليؤدي مهامه الثقافية المتعددة من خلال اتساع النظرة المتمثلة في رؤية المغزى الحقيقي للأشياء والتخلي عن الاهتمامات الشخصية، واستخلاص المفاهيم المتضمنة في المعاني وغير المعبر عنها، وأخيراً يقوم الفكر الفلسفي بعملية تركيبية وهي المهمة الأقدم عهداً، وتعني ايجاد مركب لكل المعارف والتجارب البشرية، وهنا ينصب التركيز على النتائج المتوقعة وليس على المناهج والأدوات المستخدمة بهدف تكوين نظرة وصورة عن العالم والكون و الحياة، ومن هنا يبدو الفيلسوف وكأن عمله ليس له من نهاية لأن مجال عمله الأعمال العقلية.إن الفلسفة في نشاطها التركيبي تمثل الجهود التي تهدف إلى الجمع بين المعرفة كلها و التجربة كلها في نسق شامل متكامل، لأنها نشاط عقلي يسعى إلى تنظيم كل الحقائق في كُلٍّ موحّد، إنها رصيد الجنس البشري كله و وجدت مع وجود الانسان و كانت المستودع الذي وضع فيه خبراته.

وأخيراً وباختصار نؤكد على أن الفلسفة القديمة ركزت على الاهتمام بالوجود و علاقة الانسان بالكون، ومشكلة الخلود، ونظرت إلى المعرفة من خلال ذلك، بينما نجد أن الفلسفات الحديثة والمعاصرة اهتمت بالمعرفة والإنسان، و مشكلة حرية الارادة، ومن هذا المنظور نظرت إلى الوجود. وقد هوجمت الفلسفة من رجال اللاهوت والعلم لأنها عبارة عن جزيرة تقع بين اللاهوت والعلم وتُهاجم من كليهما. فاللاهوت هاجمها لأنها خاطبت وتخاطب العقل الإنساني، وهاجمها العلم لأنه اعتبرها كاللاهوت تتكون من تكهنات حول مسائل تكون فيها المعرفة غير يقينية.

**أنواع الفلسفات وميادينها:**

يمكن إجمال أنواع الفلسفة فيما يلي: [١٨]

١- الفلسفة الارشادية: تسعى إلى انشاء مستويات للتقييم وللحكم على السلوك وتفحص ماذا يعني الخير والشر، والخطأ والصواب، والجميل والقبيح؟ وتتساءل هل هذه الخصائص أصيلة في الأشياء ذاتها؟ أم هي اسقاطات من عقولنا؟

ويسعى الفيلسوف الارشادي إلى اكتشاف مبادئ لتقرير أي الأفعال والصفات لها قيمة أعظم، ولماذا ينبغي أن تكون على هذا النحو؟ وتكون فلسفة التربية ارشادية عندما تعين الغايات التي ينبغي على التربية أن تسعى إليها والوسائل المتخذة لبلوغ هذه الغايات.

٢- الفلسفة التحليلية: وتركز على الألفاظ والمعاني، وتبين كيف تنشأ صنوف التضارب أو التناقض الداخلي عندما تستخدم المعاني المتوافقة مع سياقات معينة في سياقات أخرى، كما أنها لا تميل إلى إقامة مذاهب فكرية وتنحو منحى الشك والحذر. وهذه الفلسفة سائدة في امريكا وانكلترا.

وفلسفة التربية تكون تحليلية عندما توضح القرارات أو الأقوال النظرية أو الارشادية، فالمشتغل بالتحليل يمتحن عقلانية الأفكار التربوية وتوافقها مع الأفكار الأخرى وتوضيحها ومنطقيتها.

٣- الفلسفة النظرية غير المقترنة بالتحليل وهي سائدة في أوروبا محلقة في سماء خاصة بها لا صلة وثيقة لها بالعالم كما نعرفه. ولكن أصحاب هذه الفلسفة قلائل، وتعتبر الميتافيزيقا مجالاً من مجالاتها واهتمامها الرئيسي المطلق. وتكون فلسفة التربية نظرية عندما تسعى إلى إنشاء نظريات عن طبيعة الإنسان والمجتمع والعالم. ولا بدّ من التأكيد على أن النظر والتحليل والإرشاد حاضرة كلها ولكن بدرجات متفاوتة في أعمال الفلاسفة الناضجين.

وتقوم الفلسفة في البحث عن اجابات محددة للأسئلة التي تدور حول علاقات الإنسان بالوجود والمصير والحياة بمختلف جوانبها وهذا البحث يسمى علم الفلسفة، كما أنها تهتم بالمنهج الموصل إلى معرفة هذه العلاقة وهذا ما يسمى علم المعرفة، غير أن ذلك لا يتم إلا بالبحث عن المعايير وهو ما يسمى بالقيم، فالوجود والمعرفة والقيم تشكل نظاماً فكرياً متسقاً وشاملاً. إن الفلسفة تختلف عن المواضيع الأخرى لأنها تحاول الكشف عن الأسس والمبادئ الأساسية للأشياء، ولهذا تختلف في طرائقها، إنها التفكير الأصعب في الأشياء، فهي لا تكشف عن حقائق تجريبية وفي هذا تختلف عن العلوم ولكن تحاول التعقل (Rational Reflection) لمعرفة طبيعة الأشياء والوجود والكون، ومسؤولياتنا في هذا العالم وفهم الحياة الإنسانية، وسوف نتطرق الآن إلى الميادين الكبرى التي تخوض فيها الفلسفة:

أ) **الميتافيزيقا** (Metaphysics) أو ما وراء الطبيعة وهي المجال الأساسي للفلسفة النظرية، واهتمامها هو المطلق و الحقيقة القصوى والكليات المجردة والقضايا والمسلمات الثابتة. فعندما تبحث الفلسفة في الحقيقة هل هي مطلقة؟ وهل هي مرتبطة بالعقل أم بالحواس؟ فمثل هذه الأسئلة تشكل قاعدة للبحث تعرف

بالميتافيزيقا التي تبحث في الوجود (Ontology) هل هو مادي؟ أم روحي؟ أم مزيج منهما معاً؟ كما تبحث في الكون والوجود الإنساني والله والبرهنة على وجوده بالعقل، والبحث أيضاً في العلل الغائية التي ترى أن الكون منظم على أساس غايات وعليه تفسر الأشياء وما يحدث في الكون والعالم على أساس النتائج. وتبحث أيضاً في مقولات أخرى مثل: السببية، الوجود والماهية، الإمكان والاختيار، الحرية والخطيئة، الزمان والمكان، والخلود والفناء . ويؤدي البحث الميتافيزيقي في الفلسفة إلى البحث في المعرفة وأصلها، كما أن نظريات المعرفة تنبع من افتراضات ميتافيزيقية. و تجدر الإشارة إلى أن الانسان بطبيعته كائن ميتافيزيقي، يرغب في استخراج فهم معين للطبيعة القصوى للأشياء من مجالات المعرفة العامة و التجربة الخاصة. وتبرز الميتافيزيقا إلى الوجود مناقشات وأسئلة في مجال النظرية والممارسات التربوية تفتقر إلى إجابات علمية مثل: هل للحياة الإنسانية غرض؟ وإن كان لها غرض فما هو؟ إن الأفكار الميتافيزيقية كثيرة لا تكاد تحصى.

ب) **نظرية المعرفة** (Epistemology) وتقود الأسئلة الميتافيزيقية إلى أسئلة تتعلق بالمعرفة أي البحث في إمكان معرفة الكون والوجود أو العجز عن معرفتهما، وفي طبيعة المعرفة هل هي ذات طبيعة عقلية أم تجريبية؟ وهل في وسع الإنسان أن يدرك الحقائق وأن يطمئن إلى صدق إدراكه وصحة معلوماته؟ أم أن قدرته على المعرفة مثار للشك؟ وما هي حدود المعرفة الإنسانية؟ وهل هي يقينية أم احتمالية؟ وهل يأتي إلى الإنسان عن طريق العقل أم الحواس أم الحدس أمر التجربة، كل هذه الأشياء تتعلق بما يسمى نظرية المعرفة. ويرى بعض الفلاسفة أيضا ان التفكير الفلسفي ما هو إلا عملية تنسيق بين ميادين المعرفة المختلفة التي يبحث كل منها في جانب من جوانب الخبرة، كما انه ضابط الاتصال بين ميادين المعرفة المختلفة.

ج) **القيم** (Axiology): يرى الفلاسفة المثاليون أن القيم مثالية وأنها مطلقة فهي عبارة عن معانٍ في الذهن ووجدت قبل وجود الإنسان وليس للمجتمع تأثير على وجودها، فقيمة الشيء كامنة فيه وأن القيم ثابتة لا تتغير، بينما يرفض البعض الآخر من الفلاسفة مثالية القيم ويعدون وجودها مرتبطاً بوجود الإنسان وخبراته، فهي جزء من نسيج الحياة الاجتماعية وهي التي توجه سلوك الأفرد. ولذلك نشأت تصورات للقيم في بعض الثقافات العالمية ترى أن قيمة الشيء كامنة في نفعه ونتائجه التي يحققها للإنسان، وأن الاهتمام بالشيء هو الذي يجعل له قيمة، فالأشياء في ذاتها ليست شريرة كما أنها ليست خيرة ولكن اهتمام الإنسان بها هو الذي يعلي أو يخفض من قيمتها. ويطلق بعض الفلاسفة فلسفة القيم على القيم التي تتناول بحث المثل العليا والقيم المطلقة، وهي الحق والخير والجمال من حيث هي غاية في ذاتها لا باعتبارها وسائل لتحقيق غايات، ويتساءلون هل هي عبارة عن معانٍ موجودة في العقل تصفُ الأشياء وتقيم بها ؟ أم أن لها وجوداً مستقلاً عن العقل الذي يدركها؟ (الاتجاه الفلسفي الحديث)، وتتناول مباحث أخرى موجودة في علم المنطق والأخلاق والجمال من حيث هي علوم معيارية تتطرق إلى ما ينبغي أن يكون وليس البحث في ما هو كائن كما هو الحال في العلوم الوضعية.(١٩)

فعلم المنطق (Logic) هو العلم الذي يضع القواعد والأسس التي تقي العقل من الوقوع في الخطأ، أي أنه يبحث في ما يجب أن يكون عليه التفكير السليم، فالمنطق هو مفتاح العقل، وهو علم الوقوف على البراهين ويساعد على تحقيق وحدة الفكر في المجتمع.

ويبحث علم الأخلاق (Ethics) في تحديد مبادئ السلوك وتحديد المثل العليا المتعلقة بهذا السلوك، أي تتناول ما يجب أن يكون عليه السلوك الانساني، وما الذي يجعل الشيء صحيحاً أو خطأ؟ وما هو واجب الإنسان تجاه نفسه والآخرين؟

وتوسع في عصرنا الحاضر النقاش الفلسفي حول المشاكل الأخلاقية وخاصة في مجال الطب حيث هناك قرارات صعبة تتعلق بالإجهاض، أو قتل الأشخاص الذين يشكون من أمراض يصعب شفاؤها، أو في نقل وزراعة الأعضاء أو إعادة التشكيل عن طريق الجينات (النسخ). وعندما تتسع الأسئلة الأخلاقية لتشمل كل المجتمع فهذا الأمر يتعلق بالفلسفة الاجتماعية والسياسية.[٢٠]

وقد ازداد الحرج حالياً نظراً لما يسببه العلم وتطبيقاته للأخلاق مما جعل البعض يطالب بإخضاع العلم للقيم والمعايير الأخلاقية، على العكس مما كان سائداً في القرن التاسع عشر في أوروبا من منطلقات تطالب بتأسيس الأخلاق على العلم. ويرى البعض الآخر أن أساس الأخلاق هو العقل نفسه، أو يلتمس لها أساساً في الدين أو يربطها بالضمير.

وتعتبر الميتافيزيقيا والوجود والمعرفة والقيم الموضوع الأساسي للفلسفة التقليدية على الرغم من أن بعض الفلاسفة والمفكرين المعاصرين قد رفضوا هذا الطرح وألحقوا علوماً ودراسات أخرى بها مثل: فلسفة القانون، فلسفة الدين، فلسفة السياسة، فلسفة التاريخ، وكثير من فلسفات العلوم، إلا أن البعض الآخر يؤكد أن هذه الفلسفات ما هي إلا دراسات أدى إليها البحث في المسائل الرئيسية في القانون، التاريخ، السياسة، الدين ومن الأحسن إلحاقها بالعلوم التي تنتمي إليها لا أن نعتبرها فروعاً مستقلة للفلسفة. وهناك كثرة من العلوم الإنسانية نشأت وترعرعت في أحضان الفلسفة ، ونتيجة للتخصص الوظيفي وتطور المعارف والعلوم والتكنولوجيا قطعت هذه العلوم أشواطاً متفاوتة في الاستقلال عن الفلسفة مثل علوم: النفس، الاجتماع، والاقتصاد، ولكن هذا لا يعني قطع قنوات الاتصال بين الفلسفة والعلوم الأخرى، فقنوات الاتصال مفتوحة بين الفلسفة ومختلف مجالات الحياة الإنسانية خاصة في المجال التربوي، حيث اعتبرت الفلسفة في الفكر المعاصر عبارة عن النظرية العامة للتربية. ومن الصعب تطور الفلسفة بمعزل عن العلم، فبواسطة

الفلسفة تتوحد نتائج العلم المتفرقة وتوضع المفاهيم الأساسية التي تفترضها هذه النتائج في سياق واحد، لأن كل علم يقدم إلينا إحدى صور الإنسان ولكنه لا يفسر لنا الإنسان ككل أو بالاجمال. فالفلسفة تنظر في مسائل تثار قبل وبعد قيام العالم بعمله، فهي ضرورية للإنسان لأن الفكر الإنساني يبحث دائماً عن هيكل شامل يجمع بين المتفرقات التي عن طريقها يقيم التماسك في مجال الخبرة الإنسانية بأسرها. فعندما توجه الفلسفة اهتمامها إلى العلم نحصل على فلسفة العلم، وعندما تتناول التربية نحصل على فلسفة التربية، أو الفلسفة التربوية التي تسعى لفهم التربية في شمولها وتفسرها بواسطة مفاهيم عامة. وتعتمد الفلسفة التربوية على الفلسفة العامة إلى حد أن مشكلات التربية ذات طابع فلسفي عام، ولا تستطيع المؤسسات التربوية انتقاد أية سياسة تربوية أو اقتراح سياسات جديدة دون معرفة المشكلات الفلسفية العامة من نواحٍ متعددة هي :[٢١]

- طبيعة الحياة الخيّرة التي تهدف التربية إلى الوصول إليها.
- طبيعة الإنسان الذي تتوجه إليه التربية.
- طبيعة المجتمع باعتبار أن التربية هي ضرورة اجتماعية وعملية تعلم اجتماعي.
- طبيعة الحقيقة النهائية التي تسعى المعرفة للوصول إليها.

وهذا يؤكد أن فلسفة التربية ما هي إلا الجهد العقلي المنظم الذي يحاول تطبيق الفلسفة العامة على ميدان التربية.

وأخيراً، إن أي مجال من مجالات اهتمامات الإنسان يمكن أن يصبح موضوعاً للنشاط الفلسفي، فمنذ القدم وإلى يومنا هذا نجد أن الفلاسفة كانوا ولا يزالون يهتمون بكل شيء.

**أما خصائص المعرفة الفلسفية فلعل من أهمها ما يلي:**

١- المعرفة الفلسفية تتجاوز العالم المحسوس وتبحث في المجرد والكليات معتمدة على الحدس الفكري والنقد.

٢- إنها ذات صبغة إنسانية، بمعنى أنها تبحث في الإنسان وطبيعته وتعتبر ضرورية من أجل فهمه والتسامي به.

٣- لا تهمل القيم السامية المطلقة وهي الحق والخير والجمال بالاضافة إلى اهتمامها بالقيم النسبية.

٤- تعتبر المعرفة الفلسفية، معرفة كلية شاملة تبحث عن بناء شامل كلي منظم ومتكامل لإعطاء الحياة معنى إجمالياً ومتماسكاً.

٥- تعتمد المعرفة الفلسفية على التركيب وربط الأفكار مع بعضها البعض ربطاً منطقياً مقبولاً بهدف الوصول إلى تعميم شامل لتفسير الوجود تفسيراً كلياً منسقاً والتسامي به وما يجب أن يكون عليه ليصل إلى الكمال والمثل العليا.

مما سبق يتأكد ضرورة الفلسفة للإنسان وانها تشكل جزءاً مهماً من نسيج الحياة الإنسانية.

**ضرورة الفلسفة:**

إن الفلسفة هي منطق العقل وهي ليست مضيعة للوقت كما ينعتها خصومها الذين ينعتونها بأنها بعيدة عن الواقع ولا تعالج إلا القضايا الوهمية، كما يدّعون أنها عاجزة عن حل المشكلات الاجتماعية. ولكن بما أنها نشاط إنساني شامل فإنها تدخل في حياة الإنسان وخبراته اليومية المتعددة الجوانب سواء أراد خصومها لها ذلك أم لم يريدوا. وقد أكدّ هذه الحقيقة الفيلسوف الإغريقي "أرسطو" قائلاً: " سواء أردنا أن نتفلسف أم لم نرد، لا بدّ لنا جميعاً من التفلسف" [٢٢].

لقـد أثبتـت الحيـاة أن الإنسـان لا يمكنـه أن يفكـر تفكيراً منطقيـاً وبصـورة عميقـة في حياتـه ومشكلاته دون أن يقوم بدور فلسفي، بالاضافة إلى ذلك فإن أي إنسان لا يمكنه أن يتأمل تجربتـه الذاتيـة الخاصة ويصل إلى نتائج مقبولة إلا بـالاعتماد على مـذهب فلسـفي معـين يـرضي حـب الاسـتطلاع عنـده، ويسعفه في حل المشكلات التي تواجهه، ويعينه على اكتساب البصيرة الشاملة، والبحث عن المعنى الشامل للعالم الواسع المعقد الذي يعيش فيه.

إن الفلسفة ليست مضيعة للوقت كما ينعتها خصومها اعتقادا منهم بأنها لا تعالج إلا مشكلاتها الخاصة بها و في اغلب الأوقات تعجز عن إيجاد الحلول الشافية، إنها نشاط عقلي شامل يدخل في كل قضايا العالم حاليا، مما يؤكد ضرورة وحتمية الفلسفة في الحياة الإنسانية.

إن التفلسف في حد ذاته فلسفة لأن الإنسان عندما يتفلسف يحاول بقدر استطاعته الإجابة عن الأسئلة التي تمر في ذهن النـاس و المتعلقـة بطبيعـة الحيـاة و الكـون و معنى الحيـاة و قيمهـا و طبيعـة الوجود والتجربة الإنسانية، و العلاقة التي تربط فكر الإنسان مع بقية أجزاء الكون، وذلك بقصد السـعي وراء معرفة شاملة لهذا كله.

وهذا يؤكد أن الفلسفة نشاط حتمي يعنى بكل حياة الإنسان ويدربه على كشف الحقائق إن أراد ذلك أو لم يرد، وهو نشاط شامل لجميع مجالات الحياة ويرتكز على الحس العام الشعبي.

ان الفلسفة في العصور القديمة كانت تدعى أم العلوم كما أشرت سابقاً ومع تطور وتعقد الحياة وضرورة التخصص انفصلت العلوم شيئاً فشيئاً الواحد تلو الآخر عن الشجرة الأم، وشكلت لها كياناً علميـاً معرفياً مستقلاً، وحتى داخل العلم نفسه بدأت تتفرع التخصصات العديدة.

لقد وجد الفكر الفلسفي في كل زمان ومكان منذ أقدم العصور وبالتحديد مع وجود الانسان، وهذا نابع من طبيعة الفكر الإنساني الذي لا يمكنه الاستغناء عن التفلسف والتفكير الفلسفي معاً. لقد أثبت الفكر الإنساني حاجته إلى الفلسفة للتعرف على حقيقة وضعه في هذا العالم من مختلف مجالاته، فكان التفلسف منهجاً متبعاً في الحياة يفسر به الإنسان ظواهر الوجود المختلفة. وليس غريباً أن نجد الفلسفة موجودة منذ القدم في الأساطير والحكايات والحكم والأمثال على اختلاف أشكالها وأنواعها، واتصفت بالشمول والتكامل والعمومية وهي صفات تؤهلها لأداء المهام الثقافية المتعددة في المجتمعات البشرية.

إن انعزال الفلسفة عن الحياة وفقدان الثقة بها في فترة من الفترات التاريخية كان نابعاً من إيمان بعض الفلاسفة القدامى والمحدثين أيضاً بأن موضوع الفلسفة هو البحث عن الحقيقة المطلقة المجردة وعن اللامحدود واللامتغير. إن هؤلاء الذين حاولوا حصر الفلسفة في هذا المجال فقط إنما تخلوا عن مسؤولياتهم تجاه العلم والمنجزات التقنية وابتعدوا عن التفكير السليم،[٢٣] فالتفكير الفلسفي ليس ترفاً كما يزعم هؤلاء الذين يعيشون في الأبراج العاجية بعيداً عن الواقع، ويحصرونه في الأشياء الغيبية والمطلقة فقط في انعزال عن المجتمع وثقافته ونظامه التربوي وما يجري من عمليات اجتماعية تنعكس على الثقافة والتربية معاً.

ويفرق "جون ديوي" بين موضوع العلم وموضوع الفلسفة، فموضوع العلم يتعلق بماهية الأشياء وكيفية تنظيمها في علاقات مختلفة عن بعضها البعض، أما موضوع الفلسفة فهو القيم والآراء والمعتقدات، ويقوم النشاط الفلسفي بنقدها بعيداً عن المنجزات المختلفة، فعلى الفلسفة أن تعمل على تحرير عقول الناس من هذا التحيز وتوسيع نظرتهم للعالم المحيط بهم. وبهذا تصبح الفلسفة طريقة اجتماعية لمعالجة أنواع الصراع المختلفة في وقتنا الحاضر اجتماعياً وأخلاقياً.[٢٤]

**العلاقة بين الفلسفة والعلم:**

إن كلمة علم تشير إلى كل طريقة أو أسلوب منظم في البحث عن أسباب الظواهر وقوانينها أو إلى المنتجات الصناعية المختلفة التي تعتمد على الأسلوب العقلي، كما أنه لا يمكن فصل العلم عن الحس العام المشترك، فالصلة وثيقة ما بين المعرفة العلمية المنظمة وما بين الإدراك الحسي العادي، وهذا ما أكده الفيلسوف الأمريكي المعاصر نيجل (Nigel) حين قال : " بأن العلوم هي الحس المشترك نفسه ولكن في صورة منظمة مصنفة"[٢٥].

كما أن العلم بالاضافة إلى التنظيم والتصنيف يحاول ربط المعلومات وتفسيرها، ويدرس الظواهر كما هي موجودة في الواقع، ثم هناك أهمية التنظيم المنطقي في مجال العلم ولكن باختيار التفسيرات البسيطة. ومع التطور العلمي الهائل في القرن العشرين وخاصةً التطور الذي أحرزته الرياضيات ظهرت تغييرات شاملة في مفهوم العلم ودخلت الرمزية بجانب التجريب، أي فهم الرموز اللغوية التي يقوم عليها بناء أي علم.

إلا أن فلاسفة العلم من أمثال بشلارد (Bachelard:) يفسرون العلم على أساس النزعة الواقعية والنزعة العقلية فبشلارد يؤكد على أن العالم لا يدرك الوجود بأسره ككتلة واحدة متماسكة، وأنه لا بد لكل علم من أن يستند إلى التجربة والنظرية معاً مضيفاً بأنه لا علم إلا بما هو خفي، أي يؤكد العلاقة ما بين العلم والفلسفة. فتطور الفلسفة قد ارتبط بتطور العلم كما أن العلوم قديماً نشأت في أحضان الفلسفة حيث كانت الفلسفة تسمى أم العلوم على الرغم من وجود تعارض ظاهري بينهما.[٢٦]

فالعلم والفلسفة متعاونان، ولكن من المستحيل أن نوحد بين المعرفة الفلسفية والمعرفة العلمية على الرغم من العلاقة الوثيقة بينهما، وإن كانت الفلسفة بمعنى من

المعاني فرعاً من فروع المعرفة أو جوانب الثقافة إلا أنها ثقافة روحية قائمة بذاتها وهي مستقلة عن العلم والدين رغم ما يجمع بينها وبين العلم والدين من روابط وثيقة معقدة. إن العلم دون فلسفة قد يصبح ضيق الأفق على الرغم من ادعائه بأنه يضحي بالشمولية في نتائجه تحقيقاً للثبات والموضوعية. كما أن الفلسفة دون الاعتماد على العلم قد تصبح كلاماً ينقصه الدقة وبعيداً عن الواقع، على الرغم من ادعائها أنها تضحي بالجزئيات في سبيل حبها وعشقها للحلول الشاملة الكلية.

إن كثيراً من الفلاسفة المعاصرين يجعلون نقطة بدايتهم الواقع التجريبي مما يوثق أواصر التعاون والعلاقة ما بين العلم والفلسفة، على الرغم من وجود بعض الاختلافات إضافة لما ذكر، وهي أن العالم يتوقف عادةً عند العلل المباشرة بينما الفيلسوف يواصل عمله في البحث عن العلل النهائية. ومنذ أيام الفيلسوف الفرنسي "ديكارت" توثقت العلاقة ما بين العلم والفلسفة فقد وجه هذا الفيلسوف الفلسفة إلى البحث في داخل الإنسان فقربها بصورة أكثر إلى المجال العلمي.

وأخيراً لا بد من الإشارة إلى أنه من المستحيل التوحيد ما بين المعرفة الفلسفية والمعرفة العلمية أو الدينية على الرغم ممّا يجمع بينها وما بين العلم والدين من روابط وعلاقات وثيقة. إن كثيراً من المحاولات التي قام بها الفلاسفة المعاصرون لتقريب الفلسفة من العلم مثل الفلاسفة الوضعيين والمنطقيين، إلا أنه بالمقابل هناك كثير من الفلاسفة لا يريدون أن تكون هناك علاقة وثيقة وتعاون ما بين العلم والفلسفة، وهناك أيضاً بعض العلماء يحاولون أن يجعلوا الفلسفة تابعة للعلم مما يسبغ عليها نزعة متطرفة.إلا انه يمكن القول ان العلم و الفلسفة يرتبطان ارتباطا قويا لأنهما يهدفان للتوصل إلى القوانين التي تفسر الظواهر واكتشاف القوانين التي تتحكم في البيئة الاجتماعية.

غير أنه نتيجة للتطورات العلمية المعاصرة فقد وضع كثير من العلماء في الحساب مفاهيم ذات صبغة ميتافيزيقية كالزمان والمكان والعلية والفردية .. الخ،

أي بمعنى أصح الخوض في المناقشات الفلسفية لشعورهم بالحاجة لأهمية الدراسة الشاملة الكلية التي تتعدى المجالات الجزئية لتحقيق نوع من الوحدة والتكامل والانسجام ما بين أجزاء التجربة الانسانية.

وأخيراً فالعلم يعتمد على الفلسفة بأخذه منها بعض المبادئ مثل (مبدأ السببية) لكل حادث سبب خاص به دون أن يحرص على مناقشتها تاركاً للفيلسوف مهمة البحث عن قيمة هذه المبادئ، وإذا كان العالم يقف عادةً عند العلل المباشرة فإن الفيلسوف يتابع عمله في البحث عن العلل النهائية، ويأخذ العلم من الفلسفة القيم والأهداف حيث توجه الفلسفة العلم نحو الخير والشر، نحو السلام والحرب، حسب فلسفة المجتمع وتوجهاته. ولا بدّ للفلسفة أن تهتم بتوحيد ما ينتجه العلم وما ينفع الإنسانية. وباختصار هناك اتجاهان غالبان على الفلسفة المعاصرة من حيث علاقة الفلسفة بالعلم: <sup>(٢٧)</sup>

- الاتجاه الأول : ينظر للفلسفة ويعالجها على أنها خادمة للعلم أي يعتبرها بعض المفكرين والفلاسفة على أنها عبارة عن عربة إسعاف تسير وراء العلم محللة مفاهيمه فاحصة له، مراجعة لقوانينه محاولة ضمان الاتساق في هذا كله. ومن الفلاسفة الذين يدعمون هذا الاتجاه الفلاسفة الوضعيون المنطقيون الذين يرون أن مهمة الفلسفة ما هي إلا تحليل لغة العلم ومراجعة قوانينه وخدمة حاجاته، مثلها مثل الأخلاق حيث كانت خادمة للأخلاق في عصر ـ الأخلاق، وخادمة للدين في عصر ـ الدين، وانطلاقاً من هذا فهي خادمة للعلم في عصر العلم والتكنولوجيا،إنها تحليل منطقي لجميع أشكال الفكر الإنساني ،و بذلك تقلصت ميادين الفلسفة التقليدية واصبح العلماء هم الفلاسفة .أما الفلاسفة بحسبها فيجب إحالتهم على التقاعد.

إن الوضعية المنطقية في القرن العشرين -التي أصبحت تعرف باسم الفلسفة التحليلية - أرادت توثيق الصلة بين الفلسفة والعلم مدعية أنه إذا أرادت

الفلسفة التخلص من اللبس والغموض، فلا بدّ لها من أن تتسلح بأسلحة التحليل المنطقي لتضفي على تفكيرها خصائص المعرفة العلمية، فليس للفلسفة من مهمة سوى العمل على ربط اللغة بالتجربة ربطاً علمياً أو صياغة الواقع الخارجي صياغة منطقية. ولا يوجد للوضعية المنطقية وجهة نظر عن الكون، وتكتفي بالتحليل المنطقي للعبارات اللغوية وتترك تفسير ظواهر الطبيعة للعلم وحده ،لذلك تعتبر منهجا فلسفيا اكثر منها مذهبا، أي طريقة لمعالجة المشكلات الفلسفية. ومن اشهر ممثليها اوغست كونت في القرن التاسع عشر.

لقد ركزت الفلسفة التحليلية على فلسفة العلم و فلسفة الدين وبقيت فلسفة التربية مجالا لم تمسه هذه الفلسفة بصورة فعلية مفيدة، إنها لا تقترح أية فلسفة تربوية، وتنظر إلى فلسفة التربية كفرع ثانوي لنظرية المعرفة، كما أنها تعتبر التساؤل حول أهداف التربية المقترحة لأي مجتمع قضية لا تهم الفلاسفة وحدهم بل تهم أي فرد في المجتمع ، فالفلاسفة لا يعرفون اكثر من غيرهم في هذا المجال.

و مع ذلك فإنها أفادت العلوم السلوكية والتربية في:

١- دعم الاتجاه الإجرائي التحكيمي في مجالات الإدارة وعلم النفس والتربية

٢- استبعاد المسائل الزائفة الناتجة عن غموض اللغة المستخدمة وبذلك تكون قد أسهمت في تحديد المصطلحات بحيث ارتبطت بالوظيفة والأداء،والممكن والواقع، وكشفت عن التخبط في التصورات والتوصل إلى فهم أوضح للعلاقة بين الفكر واللغة والواقع.

٣- تعرية التناقضات المنطقية الناتجة عن التسيب في استخدام اللغة ، فشجعت المعلمين والمربيين على التخلص من التحيز والشعارات الخالية من المضمون.

٤- أسهمت في دعم القياس والتعليم المبرمج والتركيز على الأفعال السلوكية والتخلص من الحشو والتكرار والإبهام.

ويدعم الاتجاه الذي ينظر للفلسفة على أنها خادمة للعلم الفلاسفة البراغماتيون، فهـذا "جـون ديوي" يوجه نقده للفلسفات التقليدية مدعياً أنها تجاوزت الخبرة الحية وحلقت في عـالم المثـل، مبينـاً أن ثقافة العصر الحالية هي ثقافة التغير، لهذا يجب أن يتغير معنى الفلسفة ليصبح "إمكانيات الخبرة القائمة على العقل" خصوصاً الخبرة الإنسانية الجماعية. كما نبه فلاسفة البراغماتية في القرن التاسع عشر ـ والقرن العشرين على أهمية اهمال الفلسفة للمشكلات التي قيدت حركتها وان عليها التركيـز على المشـكلات والمسائل التي يعاني منها الإنسان حالياً.

إن هذا الاتجاه الذي مرّ ذكره يحاول اختزال ميادين الفلسفة وخاصة تلك الميادين التي لا يجد فيها نفعاً عملياً للإنسان.

- الاتجاه الثاني: الاتجاه الذي يعتبر الفلسفة بمثابة برج مراقبة محاولاً إعادة الفلسفة إلى عرشها القديم، ويعتبرها منارة هادية ومرشدة للإنسان والمجتمع وكل ما يندرج داخل النظم والعلاقات والتفاعلات الاجتماعية، وبذلك أعيدت الأنوار المضيئة مـن جديد إلى ميادينها التقليديـة المتمثلـة في الإنسـان المعرفة، القيم، الأخلاق، الحق، الخير، الجمال، المنطق، الاقتصاد، السياسة، التربية، والطبيعة وما وراء الطبيعة. ومن الفلاسفة والمفكرين الذين دعموا هذا الاتجاه الفلاسفة الممثلون في مدارس الحكمـة، مدرسة التساؤل والدهشة، المدرسة الوجودية، المدرسة المثالية، المدرسة المادية الجدلية، ومدرسة الوعي الديني. فمن أراد الاطلاع على هـذه المـدارس فيمكنه الرجوع إلى مراجع الفلسفة المختلفة حيث لا يتسع المجال هنا لمناقشتها.

وأخيرا لا بد من الإشارة إلى العلاقة بين الفلسفة والعلم في التربيـة، و لـيس مـن قبيل المفاضـلة بـين العلوم و بين الفلسفة في المجال التربوي فكل منهما له قيمته وأثره في الميادين التربوية. إن العمل التربوي محتاج للفلسفة من أجل التوجيه

والاستفادة من الأفكار السليمة المتعلقة بالحياة الكاملة، وتستفيد التربية من العلم في زيادة ثروتها العلمية.

ولا بدّ من التأكيد على أنه إذا كانت المبادىء و المفاهيم التربوية تعتمد على العلم و بحوثه المختلفة فإن الفلسفة هي العلم الذي يستعين به الإنسان من أجل التوجيه في إعادة بناء المبادئ و المفاهيم التربوية في تغيير الحياة وتعقدها وخاصة في عصر العولمة الذي يشهده العالم حاليا. كما تساعد الفلسفة المربين والمعلمين في قضية تحديد الأهداف الهامة للتربية و تحليلها و تنظيمها و استنباط وسائل عملية جديدة، تتفق والأهداف العامة للتربية والتي يجب أن تكون خلفيتها مستمدة من ثقافة المجتمع. هذا من جانب، ومن جانب آخر تكون قادرة على مواجهة تحديات العصر والتغيير نحو الأفضل.

ثانياً: فلسفة التربية (Philosophy of Education)

لقد تناول هذا الكتاب في صفحاته السابقة موضوع الفلسفة، وحتى يتكون لدى القارئ صورة عن مصطلح فلسفة التربية فإن من الأهمية بمكان تناول موضوع ماهية التربية ولو باختصار ويستطيع الراغب في التعمق في التربية وأهميتها وأهدافها وأسسها وتطورها عبر التاريخ الرجوع إلى المؤلفات التربوية المتعددة والمختلفة.

**ماهية التربية**: كانت التربية قديماً تتم داخل العائلة لبساطة الحياة فكانت هـي المدرسـة الأولى لتربيـة الناشئة على أسـاليب الحياة المختلفـة والخبرات وكيفيـة تحصيل الـرزق وتسـيير شـؤون الحيـاة اليوميـة المختلفـة والتكيف معها، وكانت تتم بصورة عفوية غير مقصودة عن طريق التقليد والمحاكاة، ومع تكاثر الأسر ظهرت القبائل والعشائر التي ساعدت الأسر على تربية أطفالها وخاصة في الجوانب الروحية المتعلقة بالعقائد والطقوس، وكذلك في شؤون الحياة اليومية التي أصبحت أكثر تعقيداً. ومع تطور الحياة البشـرية وتطور التراث الإنساني وتعقده أصبحت الحاجة ماسـة بصورة أكثر مـن السـابق لوجود مـدارس منظمة تشارك الأسر في تربية الأطفال وتنشئتهم اجتماعياً. وكان هذا نتيجة عـدة عوامـل لعـل مـن أهمهـا: تـراكم التراث الثقافي وتعقده، والحاجة إلى تبسيطه وتنقيحه وتعزيزه ثم نقله إلى الأجيال اللاحقة. وكان لاختراع اللغة المكتوبة أكبر الأثر في ذلك مما جعل الأسرة عـاجزة عـن القيام بالتربية وحدها فتطلّب ذلك مـن الإنسان التفكير في إنشاء مؤسسات منظمة متعددة بجانبها تكون مسؤولة عـن التربية والتعليم وهـي المدارس، بينما كان المجتمع في العصور القديمة هو المدرسة، والناس هم المعلمون.

وتعني كلمة تربية النمو والزيادة وتطلق على كل عملية تؤثر على الطفل، فهو خاضع باستمرار منذ ولادته لعمليات كثيرة ومختلفة لتنقله من كائن بيولوجي إلى كائن اجتماعي، من خلال عمليات التفاعل المختلفة التي تقود الوليد البشري للتكيف مع متطلبات الحياة. أو بمعنى آخر اعطاء الكائن الحي صفته الاجتماعية والإنسانية فهي تربطه بمجتمع معين له خصائصه ومنجزاته الثقافية. ويبقى هذا التأثير مستمراً خلال حياة الإنسان لأن التربية هي عملية مستمرة من المهد إلى اللحد، إنها الحياة نفسها بسلبياتها وإيجابياتها لأن علاقتها بثقافة المجتمع قوية فهي مكون من مكونات الثقافة وتتأثر بالتغيرات التي تحدث في الثقافة، كما أنها تؤثر في نمو الثقافة وتطورها. وحالياً هناك مؤسسات كثيرة تشارك الأسر والمدارس في العملية التربوية .

ومصطلح تربية هو مصطلح محدث وتذكر المعاجم المختلفة مثل: معجم هاتزفيلد (Hatz field)، ومعجم توماس (Thomas)، ومعجم دار مستر (Dar Mester) انه قبل عام (١٥٢٧) لم يكن لهذا المصطلح وجود في اللغة الفرنسية، ولكنه بدأ في الظهور تدريجياً منذ عام (١٥٤٩م). وفي المعجم الفرنسي- لروبير اتيين (Robert Etienne) نجد هذا المصطلح ملحقاً بكلمة طعام. ومن الناحية الاشتقاقية نجده منقولاً عن اللغة اللاتينية، التي استخدمته للدلالة على تربية النبات والحيوان وللدلالة على الطعام وعلى تهذيب الإنسان دون أن تفرق بين هذه الأمور جميعها. وحتى عام ١٦٩٤م لم يكن يفهم من هذا المصطلح سوى الدلالة على تكوين النفس والجسد، وكان يعتبر هو والتعليم شيئاً واحداً هو الرعاية التي تقدم لتعليم الأطفال سواء فيما يتعلق برياضة النفس أو برياضة الجسد. [٢٨]

إذن يتبين مما سبق أن التربية ضرورية للوجود الإنساني وهي قديمة قدم الوجود الإنساني ولم يخلُ أي مجتمع منها على الرغم من اختلاف القائمين عليها واختلاف مناهجها وأساليبها.

**وللتربية في اللغة العربية المعاني التالية:** [٢٩]

- معنى الزيادة والتطوير والتحسين، تأكيداً لقول العرب في هذا المجال (ربا، يربو: بمعنى زاد ونما).
- معنى النشأة والترعرع: تأكيداً لقول العرب ( ربيَ على وزن رضيَ) .
- معنى المعالجة والاصلاح المأخوذ من قول العرب ( ربّ الإنسان الشيء، على وزن شبَ).

وللتربية تعريفات شتى ولكن هذا الكتاب يلتزم بالتعريف التالي: " التربية عبارة عن عملية تضم الأفعال والتأثيرات المختلفة التي تهدف إلى نمو الفرد في جميع جوانب شخصيته وتسير به نحو الكمال عن طريق التكيف مع ما يحيط به وما يحتاجه ذلك من أنماط سلوك وقدرات. " [٣٠]

والتربية عملية ضرورية للفرد والمجتمع وتعتمد على أسس كثيرة ولكن هذا الكتاب اقتصر على الأسس الفلسفية للتربية.

**العلاقة بين الفلسفة والتربية :**

تتجسد العلاقة الحميمة بين الفلسفة والتربية في فلسفة التربية، التي هي دراسة فلسفية للتربية ومشكلاتها، وعلى العكس من فروع الفلسفة فنادراً ما درّست في أقسام الفلسفة في الجامعات فهي كفلسفة القانون أو الطب كانت تدرس في كليات القانون والطب. إن فلسفة التربية درست دائماً في كليات التربية لأن موضوعها المركزي هو التربية وطرائقها ومشاكلها. [٣١]

وتعود العلاقة بين الفلسفة والتربية إلى تاريخ قديم تمتد جذوره من "أفلاطون" إلى "جون ديوي" وعند بعض الفلاسفة المعاصرين، فالفلسفة والتربية هما وجهان لحقيقة واحدة ، فان أي عمل تربوي هو عملية فلسفية، وأن الفيلسوف

مربي، وأن أي مربٍ جيد متميز ما هو إلا فيلسوف حكيم. والتربية لكي تقوم بواجبها بصورة سليمة عليها أن تحدد أهدافها وقيمها ونظرياتها وهذه مهمة فلسفية. فالتحليل الفلسفي للتربية هو محاولة لاستعمال التقنيات الفلسفية لتوضيح وتنقية المشاكل الموجودة في النظرية التربوية لأن هذه المشاكل تقدم مجالاً خصباً للتحليل الفلسفي [٣٢]. وفلسفة التربية تساعد في توضيح العوامل التي لها علاقة باتخاذ القرارات الحكيمة في التربية.

إن أهمية التربية للحياة الإنسانية يجب النظر إليها بطريقة فلسفية، لأن الطبيعة الإنسانية والأهداف التربوية والمعايير الأخلاقية والقيم الاجتماعية والتربوية ما هي إلا موضوعات فلسفية تعالج من منظور تربوي.

وتبرز العلاقة الوثيقة بين الفلسفة والتربية من أنهما يبحثان في مجمل ما يبحثان في الحياة نفسها، فإذا اعتبرت الفلسفة كمجموعة مبادئ وموجهات ومحددات تعبر عن أفكار مصدرها الثقافة، فما التربية إلا المجهود العملي الفعلي الذي يجسد هذه الأفكار والقيم والمعارف في ممارسات وسلوكات، فالتربية لا غنى لها عن الفكر الفلسفي لأن دوره يتمثل في الاتصال بالخبرة الإنسانية يحللها ويعيد الانسجام إليها، ويضع الأسس التي يقوم عليها الاتساق الفكري. وإذا ما كانت التربية عبارة عن خبرة انسانية وأن العملية التربوية هي نقل الخبرات من جيل إلى جيل وتطويرها وتنقيحها وتبسيطها، فإن فلسفة التربية هي تطبيق النظرة الفلسفية في ميدان الخبرات الإنسانية الذي هو التربية [٣٣] والفلسفة والتربية في علاقة تفاعل مستمر، وتشتركان في الموضوع ولكنهما تختلفان في الوسائل، فموضوع التربية هو الإنسان ككل، والإنسان هو محور موضوعات الفلسفة، لكن وسيلة التربية عبارة عن عملية علمية تطبيقية، أما وسيلة الفلسفة فهي عملية عقلية تأملية وهذا يعني أنهما يشتركان في الموضوع إلا أن وسائلهما مختلفة.

إن هذه العلاقة الحميمة تتجسد في فلسفة التربية التي هي عبارة عن أفكار واتجاهات وتطبيقات تربوية منبثقة من نظريات فلسفية في إطار ثقافي معين، فهي بشكل عام عبارة عن مفاهيم تهدف إلى إيجاد وحدة متناسقة متكاملة بين المظاهر المختلفة للعملية التربوية، وتوضيح معاني التربية وفرض الفروض التي تقوم عليها المفاهيم التربوية، وتنمي العلاقة بين التربية والتعليم ومختلف ميادين الاهتمام البشري التي يرتكز عليها العمل التربوي مثل : طبيعة الانسان، الخبرة، النشاط المدرسي، الثقافة، الحرية والمعرفة، كما تقوم بتحليل ونقد المشكلات التربوية.

وتتضح أهميتها بما يلي : [٣٤]

-   تساعد فلسفة التربية على فهم التربية وتعديلها بالاضافة إلى اتساقها وتوضيحها بصورة أكثر عمقاً، وتساعد أيضاً على معرفة أنواع النشاط الإنساني الأساسية، ومعرفة الحياة وكيفية التعامل مع الآخرين بعيداً عن الأنانية.

-   تمد الإنسان بالوسائل المختلفة التي تمكنه من التعرف على مختلف الصراعات والتناقضات التي قد تنشأ بين النظرية وتطبيقاتها في التربية وتحاول التخلص منها.

-   تسهل رؤية العمل التربوي في شموليته وفي علاقاته المختلفة مع مظاهر الحياة الإنسانية الأخرى.

-   تهتم بمعرفة النفس بشكل جيد وفهم الشخصيات والعلاقات والتطلعات مما يساعد على اقتراح خطوط جديدة للنمو التربوي.

-   تساعد المربي على الربط بين جوانب الخبرة المختلفة، وتزوده بالنظرة الثقافية الشاملة التي تجعله أكثر اعتماداً على العلم في التفسير كما تخلصه من النظرة الضيقة.

- تنمي قدرة الإنسان على إثارة الأسئلة مما يساعد على تحقيق حيوية التربية واستمراريتها.

- تساعد في توضيح المفاهيم وكيفية وضع الفروض التي تقوم عليها النظريات التربوية مما يساعد على تطبيق هذه النظريات ميدانياً.

وهكذا فإن الإنسان إذا تأمل في أهمية التربية للحياة فعليه أن يتعرض للتربية بطريقة فلسفية، مما يؤكد أهمية فلسفة التربية التي تعتمد غالبية القرارات التربوية الفعّالة عليها. إن تربية الجيل الصاعد تحقق أهدافاً فلسفية لها أثر على سعادة الإنسان وحياته، وهذا ما جعل الفلاسفة ورجال التربية يهتمون بدراسة طبيعة الإنسان ونفسه وبيئته الاجتماعية والعناية بالعلوم الطبيعية وربطها بالعلوم الانسانية.

## فلسفة التربية عبر التاريخ:

يعتبر ميدان فلسفة التربية من الميادين الحديثة وإن كانت جذوره تعود إلى القدم، حيث يجد المتتبع لتاريخ الفلسفة أن الفلسفات العملاقة كانت تحتوي في داخلها على نظرة تربوية شاملة متكاملة لتربية وتثقيف الجيل الصاعد. ويمكن للقارئ أن يعود إلى أفلاطون (٤٢٩-٣٤٧ ق.م) الذي اعتبر أباً للفلسفة المثالية ليجد أنه كان صاحب فلسفة تربوية متكاملة واضحة المعالم تتضح فيها العلاقة الوثيقة بين التربية والفلسفة السياسية [٣٥]، ويجد المهتم فيضاً من الإنتاج الفكري في فلسفة التربية في القرن العشرين حيث نمت فلسفة التربية نمواً واسعاً لم يعهده تاريخ الفكر التربوي، ويعود هذا النمو إلى حركة نمو العلم وتطبيقاته وما شهده القرن من تغيرات وتطورات علمية وتغيرات اجتماعية واقتصادية وسياسية وتربوية. هذه التغيرات والتطورات أبرزت الحاجة إلى فلسفة تربوية مناسبة للواقع ، فمثلاً في أمريكا نجد أن بعض المفكرين والفلاسفة والمربين أقروا أهمية قيام فلسفة اجتماعية تربوية تستند إلى أسس علمية ديمقراطية لمواجهة المشكلات الاجتماعية. وفي هذا الاطار

تكونت في أمريكا جماعات علمية منظمة لهذه الغاية تضم أقطاب الفكر التربوي الفلسفي مثل "جون ديوي" ، "كلباتريك"، و"برد". لقد اكتسبت الفلسفة في فكر ديوي قيمة معرفية وعلمية وعرّف الفلسفة بأنها :" النظرية العامة للتربية" [٣٦] ، بمعنى أن لا للفلسفة قيمة إلا إذا أدت إلى نتائج عملية في التربية. وفي انكلترا نادى برتراند رسل بضرورة زيادة الاهتمام بدراسة فلسفة التربية، وفي الاتحاد السوفيتي السابق نادى أنطوان ماركونكو وهو أول فيلسوف تربوي ماركسي بضرورة وضع فلسفة تربوية على أساس الفكر الماركسي.

المهم من هذا كله أن ميدان فلسفة التربية كما هو واضح حالياً ميدان من ميادين التخصص في التربية، وله أقسام خاصة في بعض الجامعات تحت اسم فلسفة التربية أو الأصول الفلسفية للتربية. [٣٧]

**أما أهم الاتجاهات حول ماهية فلسفة التربية فيمكن أن تلخص في الاتجاهات الآتية:** [٣٨]

١- الاتجاه الذي يعتقد أن فلسفة التربية ليست ميداناً متميزاً عن ميادين المعرفة. هذا الاتجاه يرى أن فلسفة التربية ليست سوى فلسفة عامة ولا يوجد مفاهيم خاصة بها، أي ليس لها موضوعها المميز ولا منهجيتها الخاصة بها، وأن من الأفضل اعتبارها فرعاً من فروع علم الأخلاق. ومن ممثلي هذا الاتجاه "سوزان لانجر"، التي ترى أن فلسفة التربية ما هي إلا الفلسفة العامة. أما "ماكس بلاك" فيرى أن ليس هناك منهج تربوي يقابل المنهج العلمي، لذلك ففلسفة التربية ليس لها مواد خاصة بها أو محتوى متميز فهي ليست ميداناً منفصلاً عن سائر ميادين المعرفة بفواصل واضحة. ولكن لا بدّ من التأكيد على أن فلسفة التربية ضرورية ومهمة للعملية التربوية توجهها وتضبطها وتساهم في تطوير الأدوات والأساليب في البحث التربوي.

٢- الاتجاه الذي يرى أن فلسفة التربية ما هي إلا التحليل الفلسفي للعبارات والمفاهيم التربوية. هذا الاتجاه يرى أن فلسفة التربية مثل فلسفة العلم، ذلك أن التربية علم اجتماعي يصف ظواهر معينة وينظم مجموعة من المفاهيم تجمع بين المغزى الاجتماعي والحقائق العلمية. وفلسفة التربية هي توضيح وتحليل المفاهيم التربوية مثل: الخبرة، التفاعل، التوافق، النمو، والتكامل، الخ.. ، وأن هدفها ليس حسم المشكلات التي يواجهها المربون بل توضيحها، وهذا الاتجاه محدود يقصر ميدان فلسفة التربية على الوصف والتحليل. ان مجرد التحليل للعبارات التربوية لا يؤدي إلى حسم الخلافات حول الكثير من المشكلات التربوية بل من الممكن أن يقود إلى تحليلات متنافرة بعيدة عن مشكلات الثقافة وتناقضاتها وعن المشكلات التربوية المتعددة.

٣- الاتجاه الذي يؤمن بأن فلسفة التربية ما هي إلا اشتقاق من الفلسفة أو تطبيق لها، إنها في مركز الوسط بين الفلسفة العامة والتربية. وإن ممثلي هذا الاتجاه لا يرون بأن فلسفة التربية عبارة عن مجهود منظم يوجه العملية التربوية في الاطار الثقافي الموجودة فيه. فهذا واجنر (Wegner) يؤكد أن فلسفة التربية تشمل تطبيقات الأفكار الفلسفية على مشكلات التربية التي تناسبها المعالجة الفلسفية، ويدعمه أرنورد ريد استاذ فلسفة الربية بجامعة لندن.

إن هذا الاتجاه لا يزال يعتقد بأن الفلسفة العامة لا تزال أم العلوم وأن فلسفة التربية هي اشتقاق من الفلسفة العامة. وهذا الاتجاه يروج لجعل فلسفة التربية نظرية غير علمية.

٤- الاتجاه الذي يرى أن فلسفة التربية ميدان متميز مستقل عن الفلسفة العامة. ومن ممثلي هذا الاتجاه "فوستر مكمري" ( Foster McMurray) الذي يؤمن بأن البدء في فلسفة التربية هو دراسة العملية التربوية بدلاً من أن تكون نقطة البدء هي النظرية الفلسفية والمواقف الفلسفية، ثم تتحدد بعد ذلك المشكلات التي

تتميز بها العملية التربوية، ويجب أن تصبح الشغل الشاغل لفلاسفة التربية وللفلاسفة أيضاً.

إن هذا الاتجاه يجعل من فلسفة التربية ميداناً للدراسة العلمية رافضاً القول بأن فلسفة التربية ما هي إلا الفلسفة أو تطبيق لها أو اشتقاق منها، وهو اتجاه يشمل العديد من الفلاسفة والمربين والمفكرين وإن اختلفوا على نقطة البدء في فلسفة التربية.

**ومن الأهمية بمكان التأكيد على أن فلسفة التربية توجه النظرية والتطبيق من خلال :**[٣٩]

أ- تدقيق وتقديم المقترحات والتوصيات المتعلقة بالأهداف والوسائل العامة اللازمة للعملية التعليمية - التعلمية.

ب- ترتيب نتائج فروع المعرفة ذات العلاقة الوثيقة بالتربية والتعليم من خلال نظرة شاملة للمجتمع والإنسان وطبيعة التربية التي تقدم إليه.

ج- توضيح وتنسيق مختلف جوانب المفاهيم التربوية الأساسية التي تجعل للعملية التعليمية - التعلمية معنى واضحاً محدداً.

**فلسفة التربية والعلم:**

يمكن القول إن فلسفة التربية هي أكثر جوانب الفلسفة اتصالاً بالعلم؛ لأنه من خلال العملية التعليمية - التعلمية التي تقوم على الممارسة والتطبيق يتم تحصيل المعرفة وتمتد العملية التربوية إلى مجالات أبعد من تحصيل المعرفة تتكامل فيها المعرفة مع الجوانب المتصلة بالقيم والاتجاهات في السلوك الإنساني.

ويجب التأكيد هنا على أن الممارسة التربوية التي تفتقر إلى فلسفة تربوية لا تعبر عن أهداف المجتمع وقيمه واتجاهاته أو حاجات أفراده، لأن تحديد الأهداف

ووسائل تحقيقها يستند إلى فلسفة معينة، كما أن قيام علاقة بين العلم وفلسفة التربية يساعد في التأكيد على أن المواد الدراسية تهيئ للمتعلم فرص اكتشاف الحقائق وتنمية الاتجاهات وأساليب السلوك التي تعينه على فهم واقعه، وتجعل منه إنساناً أكثر فعالية وفهماً في تعامله مع الظروف المختلفة المحيطة به. كما أن أهمية العلم في العمل مهمة جداً لأنها تتعلق بتكوين العادات المتصلة بالاتجاهات والأساليب العلمية. كما أن انصهار العلم في العمل المدرسي في وقتنا الحاضر نجده واضحاً في اتصال مواد المنهج العلمي وما ينطوي عليه من ملاحظة واستقراء واستنتاج وتجريب، وهي نواة الذكاء في أي مجال، كما أن فلسفة التربية تعمل على محو الانفصال بين المعرفة والعمل أو النظرية والتطبيق، هذا الانفصال الذي يترك آثاراً سلبية على الحياة الاقتصادية والاجتماعية والثقافية والتربوية، إنها تساعد على التناسق والتكامل.[٤٠]

وتعتبر المعرفة نقطة إنطلاق رئيسية تجمع فلسفة التربية والعلم، فالعلم يهدف إلى اكتشاف معارف جديدة تفيد البشرية، والتربية أيضاً من اهتماماتها الرئيسة اكتشاف المعرفة ونقلها. وهناك اتجاهان هامان في النظر حول طبيعة المعرفة، فبعض المربين يعدون المعرفة قوة معتبرين أن الهدف الرئيسي سن التربية هو تحسيل المعرفة، وإن المادة الدراسية لها قيمة في حد ذاتها لأنها تتضمن المعرفة التي تساعد الدارس على اكتشاف الحقيقة، ويؤمن معظم أتباع الفلسفة التواترية والجوهرية بهذه النظرة. أما الاتجاه الآخر فينظر إلى المعرفة كمحصلة للتفكير معتبرين أن الهدف الوحيد للتربية هو مساعدة المتعلم على اكتشاف طرائق التفكير أي تعلم كيفية التفكير، وهذا ما يؤمن به البراجماتيون فهم يعتقدون أن التفكير يبدأ عندما يحس الفرد بوجود مشكلة ما، وهذا الاحساس يولد الرغبة في العمل على حل هذه المشكلة، وتكون عملية جمع البيانات والمعلومات وسيلة من الوسائل لحل هذه المشكلة، فالمعلومات في حد ذاتها لا قيمة لها إلا

بمقدار ما توفره للفرد من أساس لمساعدته على التغلب على المشكلات المختلفة التي تواجهه. ولهذا يرى البراجماتيون أهمية تركيز المدرسة في أنشطتها المختلفة وفي موادها الدراسية على تعليم الطلبة أساليب حل المشكلات (٤١) . هذا الأسلوب ينطلق من وجود مشكلة تتطلب إيجاد حل لها ضمن خطوات محددة ثم تأتي عملية الحكم العام للوصول إلى النتائج المرجوة.

**القيم التربوية:**

تعتبر القيم معايير للحكم على السلوك وتوجيهه وهناك أنواع مختلفة من القيم : (٤٢)

١- القيم المادية وهي التي تساعد الإنسان على الحياة مثل اللبس والسكن والمال وإشباع الحاجات البيولوجية.

٢- القيم الاجتماعية ، وهي التي تنشأ من خلال تفاعل الناس مع بعضهم وحاجتهم إلى الاعتماد على بعضهم البعض، مثل: الأبوة، الأمومة، الصداقة، القرابة، الزمالة، فكلها قيم اجتماعية تقدم الحب والعطف والرعاية والإشباع الاجتماعي والنفسي الذي يحتاج إليه الفرد، وكذلك القيم العقلانية التي تنشأ من الحاجة للمعرفة.

٣- القيم الأخلاقية التي تفرضها معايير الصواب والخطأ في المجتمع، وهذا يتطلب من الأخلاق السيطرة على الطبيعة الإنسانية وتوجيهها، وإن أفعال الإنسان تحمل صفة الأخلاق حينما تكون نابعة من داخله ومتجهة نحو الخير.

٤- القيم الجمالية التي تحددها طبيعة العلاقات بين العناصر المادية والمعنوية على أساس التناظر أو التناقض أو التناسب أو الاتساق.

٥- القيم الدينية التي تتعلق بطبيعة الحق والخير والجمال، ولها أبعاد اجتماعية وأخلاقية ومادية ونفسية.

وجميع هذه القيم متداخلة ومترابطة ولكن الضرورة العلمية اقتضت هذا التصنيف. وتجدر الإشارة إلى أن الإنسان يعتبر إنسانا عندما يؤمن بالقيم الإنسانية ويطبقها، و لكن حين يتخلى عنها يصبح إنسانا بدائيا تتآكل فيه الغرائز ويعيش بلا قيم ولا مثل مما يهدد، بانهيار الحضارة. وفي هذا المجال لا بد من التأكيد على أن أخلاقيات عصر المعلومات لا تقوم على مبدأ الإكراه و الالتزام بالقوانين فقط بقدر ما تقوم على أساس ان ضمير الفرد هو سلطته الأخلاقية الأولى.

والقيم جميعها مهمة للعملية التربوية فهي التي توجهها وهذه مهمة تربوية، فإذا أمعن الإنسان في القيم التربوية يجد أنها تتصل بالعملية التربوية وبالأهداف التربوية من جوانب عديدة، خاصة تلك المتعلقة بالمناهج التربوية وأهداف تدريس المواد الدراسية والأسس التي يختار على أساسها المتعلمين وتوزيعهم والدوافع الكامنة وراء عملية التعليم، واختيار الفلسفة التي تحدد طبيعة العملية التربوية وتوجهها في اختيار الخبرات التربوية التي تتضمن اتجاه المعرفة، والفكر، والأخلاق، والكفايات، والمهارات، والنشاطات. وتتضح الصلة القوية بين القيم والتربية من خلال النظر إلى الأهداف التربوية، لأن تحديد مثل هذه الأهداف يقتضي تحديد قيم تربوية، ومن خلال هذا التحديد يمكن رؤية عمل المربي أو عمل المدرسة وتنظيمها.[٤٣] وكذلك في اختيار الطرائق والوسائل التي تحدد علاقة العملية التربوية بالانسان، إن اختيار المعلم لأسلوب الثواب والعقاب أو عندما يختار طريقة تدريس معينة فإن هذا الاختيار يتم وفقاً لقيم ومعايير معينة. والكثير من المعلمين يحددون هذه القيم بطريقة علمية أمبريقية من خلال ممارستهم للعمل التربوي، في حين نجد أن البعض الآخر قد يتبنى نظرية معينة للقيم يمارس عمله التعليمي - التعلمي على أساسها.

ويرى بعض المعلمين والمربين أن القيم التربوية ذاتية، أي تعكس ما بداخل الفرد على اعتبار أنها في الأصل بيولوجية ونفسية لأنها تعكس المشاعر والأحاسيس والاهتمامات، إلا أن البعض الآخر يرى أن القيم التربوية تستمد أصولها من مصادر موضوعية مؤكدين وجود نظرية للقيم تستمد وجودها من قيم الإنسان، وتعمل في تأثيرها على الإنسان كالتأثير الذي تعمل به القوانين الطبيعية. كما يرى آخرون أن القيم التربوية ناتجة من خلال التفاعل بين الجانبين الذاتي والموضوعي.

أما القيم التربوية في علاقتها بالرغبات الإنسانية فتأخذ في الاعتبار كلاً من المرغوب على المستوى الفردي والمستحب والمرغوب فيه على المستوى الاجتماعي، وهذه تمثل الرغبة القائمة على الحس والعاطفة من جهة، والرغبة التي تعتمد على العقل من جهة أخرى. وعندما نتطرق إلى المفاضلة بين القيم على أساس الرغبات تبرز أمامنا القيم الأدائية والقيم الأصيلة، فالقيم الأدائية عندما يفضلها الإنسان فإنه يفضلها لجودتها باعتبارها نافعة له وتؤدي أغراضاً معينة، فعلى سبيل المثال تمرير منهج أو برنامج مدرسي انطلاقاً من الغرض المباشر الذي نعد الدارسين من أجله. أما القيم الأصيلة فهي صالحة أو جيدة، ليس لأنها صالحة لغرض ما ولكن لأنها قيم صالحة في ذاتها أصلاً، فهي مرتبطة بغيرها [٤٤]. وتهتم التربية بربط مجال الخبرات الإنسانية لتصبح أكثر فاعلية وأكثر قدرة على التغير والتطور، وتتصل القيم الدينية أيضاً بالخبرة وتزيدها فاعلية وتجعل من تطويرها هدفاً لتحسين حياة الفرد والمجتمع.

وتلعب التربية و فلسفتها دورا مهما في تشكيل الأخلاق و الضمير الأخلاقي لأنها تهدف إلى تنمية شخصية الطفل من جميع جوانبها للوصول به إلى الكمال وما يتطلبه ذلك من أنماط سلوك و قدرات.

والأخلاق مهمة وضرورية في الحياة ولابد من تربية صحيحة للمحافظة عليها من اجل تنظيم حياة الإنسان وتحقيق أعلى نسبة من السعادة والخير والأمن، وتلبية ما يحتاج إليه ضمن واقع معين ووفق مبادئ معينة توجهه نحو الخير. لقد وضعت القواعد والقيم الأخلاقية خلال تطور الإنسان عبر التاريخ لتكون له هادية إلى المسار الصحيح وتبين له الممارسات الصحيحة ، ولكن أحيانا يموت الضمير الأخلاقي نتيجة سيطرة الجانب النفعي على حياة الناس بحيث يكون اهتمامه موجها نحو تحقيق النجاح المادي فقط.

وتتجلى الأخلاق عندما يلتزم الإنسان بالحق ويمارس أساليب الحياة التي تتفق مع المبادئ الصحيحة و يتحاشى كل ما هو سيئ، كما أن عواطف الإنسان من احترام ومحبة وصداقة يجب أن تكون مدعومة بالأخلاق حتى لا تسقط في أول محك لها مع الواقع الاجتماعي[٤٥].

**المضامين التربوية للسلطة التعليمية:**

لقد حدد الدكتور محمد جواد رضا مواقف المعلمين الأساسية من السلطة التعليمية فيما يلي:[٤٦]

- الموقف الأول : وهو الموقف التقليدي الذي يطلب من الطفل أو المتعلم الطاعة الكاملة التي لا تعرف المناقشة للآباء أو المعلمين انطلاقاً من أن الراشدين هم وحدهم الذين يعرفون ما يجب أن يُفعل، وهذه الثقة في الكبار تتضمن الطريق الأفضل والأسلم إلى المعرفة والسلوك الأخلاقي السليم.
- الموقف الثاني : وهو موقف المربين التقدميين الذين يرون في الفروق الفردية معلماً مهماً من معالم الشخصية، ويفرض هذا الموقف على الآباء والمعلمين أن يتخذوا موقف التسامح والتساهل مع الأطفال وإتاحة الحرية لهم داخل غرفة

الصف، وان يعملوا ما يريدون انطلاقاً من الإيمان بأن الإنسان له القدرة على ضبط ذاته واختيار ما يجب عمله.

- الموقف الثالث: وهو موقف يتبنى مبدأ حرية المتعلم ولكنه لا يبررها بالطبيعة الفطرية المفترضة في طبيعة الطفل، إذ يرى أصحابه أن السلطوية مضرة لكل من المعلم والتلميذ معاً. فتركيز السلطة في يد المعلم أو المربي يحتمل أن يفسد المعلم ويصبح طاغية داخل الصف ويدفع بالطلبة إلى أن يكونوا متمردين أو خاملين مستسلمين مما يجردهم مستقبلاً من القدرة على المبادرة.

- الموقف الرابع: ينطلق من تقرير أن الحرية وليدة النظام فإذا ترك لكل تلميذ أن يفعل ما يشاء داخل غرفة الصف فهذا يخلق حالة من الفوضى وتصبح إمكانية العمل متاحة فقط للأقوياء من التلاميذ، في حين أن توفر السلطة التي تقر النظام يتيح لكل عضو القيام بما يريده من دون عدوان، وبهذا يكون معنى الحرية في حدود النظام، أي أن الحرية تُتعلم من خلال الممارسة النظامية.

- الموقف الخامس: وهو موقف متطرف نسبياً، فالحرية هنا تتضمن فيما تتضمنه الحرية من النظام نفسه خصوصاً إذا كان النظام متخلفاً عن العصر، حيث تصبح قضية تبديله بنظام آخر أفضل منه قضية تقدم المجتمع ومصلحته. والحرية هنا مبنية على أساس الفروق الفردية وليس على أساس الطيبة الفطرية المفترضة في الأطفال، غير أن الفروق الفردية هنا عبارة عن مساعد وسلّم يتسلقه الفرد ليضمن لنفسه مجالاً من الرؤية أوسع يكون معه معنى الحرية القدرة على الاختيار من بين بدائل كثيرة، وبهذا تصبح الحرية طريقة لتطوير الثقافة الاجتماعية.

- الموقف السادس : وهو موقف الفلسفة الواقعية، ونقطة الارتكاز في الموقف الواقعي هي انتفاء التناقض الموروث بين الخير العام وبين مصلحة الفرد. فإذا

حصل تناقض فإنه يؤدي إلى نوع من الفساد، فإما أن يكون النظام الاجتماعي قد اصابه الفساد فهو محتاج إلى التصحيح، وإما أن العملية التربوية نفسها تكون قد أخفقت في توضيح النظام الاجتماعي للفرد وأوقعته في إساءة فهم غاياته الطبيعية. فهذا الصراع يثير أمام المربين قضية السلطة والحرية، فالنزعة السلطوية تقابل أي تحدٍ لها بقسوة، وبالنسبة للمعلم فانها تصوره في صورة السيد المطاع أو الذي يجب أن يكون مطاعاً حتى أنها تخلط أحياناً بينه وبين الحقيقة التي يعلمها من حيث لزوم الاحترام والطاعة للحقيقة التي تمثل الأساس الشرعي للسلطة في التربية.

أما أنصار حرية الطفل في المدرسة فهم الفوضويون، فالفلسفة الواقعية المتمركزة حول الطفل تخاف من ممارسة أي ضغط على الطفل وتنظر إلى العقوبة على أنها كبت اعتباطي.

وفي هذا المجال تجدر الاشارة إلى أن الفيلسوف التربوي يهتم بمعرفة وتوضيح المغزى التربوي للمدارس الفلسفية المختلفة، ويقارن بين تأثير كل فلسفة على العمل التربوي من الجوانب المختلفة. إن دراسة المدارس الفلسفية التربوية وإن اختلفت أساليب دراستها وإدارتها لها أهميتها للطلبة والمربين والمفكرين المهتمين بالقضايا التربوية. وسوف يتناول هذا الكتاب لاحقاً أهم المدارس الفلسفية التربوية عبر التاريخ، وسوف يجد القارئ أن بعض هذه الفلسفات تتداخل مع بعضها في النظر إلى بعض المفاهيم أو القضايا ولكنها في جوهرها العام إما فلسفة تربوية مثالية أو تنتمي إلى الفلسفات التربوية المادية والواقعية. ويؤكد الدكتور حسن حنفي ذلك بقوله: "إن الفلسفة الغربية يتنازعها تياران هما: المثالي والمادي؛ إذ اعتنق المثالية المتكلمون أشياع أفلاطون وانتسب إلى المادية الفلاسفة اتباع أرسطو"[٤٧].

ويسعى فلاسفة التربية حاليا من اجل بلورة فلسفة تربوية لعصر المعلومات، إلا أن معالم هذه الفلسفة لم تتضح بعد.إن تربية عصر المعلومات تبحث عن نقطة التوازن بين المثالية والبراجماتية والرومانتيكية والواقعية ، وبين المعرفة المجردة والخبرة العملية ، والتوفيق بين مطالب الفرد والمجتمع، وبين الانخراط في عمومية الكلي دون فقدان خصوصية الفردي.

# المراجع

١- الطويل، توفيق، أسس الفلسفة، ط(٣)، مكتبة النهضة المصرية، القاهرة، ١٩٥٨، ص ٢٦-٢٧.

٢- المرجع السابق، ص ٣١.

٣- الرشدان عبد الله، وجعنيني نعيم، المدخل إلى التربية والتعليم، الاصدار الخامس، دار الشروق للنشر والتوزيع، عمان، ٢٠٠٦، ص ٥٣.

٤- غاردر غوستاف، عالم صوفي (رواية تاريخ الفلسفة)، ط (٢)، دار المنى، ستوكهولم، ترجمة حياة الحويّك عطية، ١٩٩٦.

٥- الجابري، محمد عابد، دروس في الفلسفة، ط(١)، دار النشر المغربية، الدار البيضاء، ١٩٧١، ص ٥٤.

٦- ابراهيم، زكريا، مشكلات فلسفية، ط (١) مكتبة مصر القاهرة، بدون تاريخ، ص ١٠٧.

٧- أفانا سييف، أسس المعارف الفلسفية، ط(١)، ترجمة دار التقدم، موسكو، ١٩٧٩، ص ٩-١١.

٨- التل، وآخرون، قواعد التدريس في الجامعة، ط (١)، دار الفكر للطباعة والنشر، عمان، ١٩٩٧، ص ٧٦.

٩- الطويل ، توفيق، الفلسفة في مسارها التاريخي، ط (١) دار المعارف، القاهرة، ١٩٧٧، ص ١٢.

١٠- بدران ، شبل، ومحفوظ، أحمد فاروق،في اصول التربية، ط (١)، دار المعرفة الجامعية بالأسكندرية، ١٩٩٣، ص ١٣٥.وايضا بدران شبل والبوهي فاروق،ومحفوظ احمد،الاصول الفلسفية للتربية،دار المعرفة الجامعية،٢٠٠١

١١- المرجع السابق ، ص ١٣٦.

١٢- المرجع السابق، ص ١٣٧.

١٣- النجيحي، محمد لبيب، فلسفة التربية، ط (١)، مكتبة الانجلو المصرية، القاهرة، ١٩٦٣، ص ٢٧ - ٢٩.

١٤- بدران، محفوظ، مرجع سابق، ص ١٣٧.

١٥- الرشدان، وجعنيني، مرجع سابق، ص ٥٤.

١٦- الجابري، محمد عابد، قضايا في الفكر المعاصر، ط(١)، مركز دراسات الوحدة العربية، بيروت، ١٩٩٧، ص ١٠.

١٧- بدران، ومحفوظ ، مرجع سابق، ص ١٤١- ١٤٣.

١٨- جورج، ف. نيلر، مقدمة إلى فلسفة التربية، ط (١)، ترجمة نظمي لوقا، مكتبة الانجلو المصرية، القاهرة، ١٩٧١، ص ٦،٢.

١٩- الطويل، توفيق، مرجع سابق، ص ٧٢، وأيضاً الرشدان عبد الله، وجعنيني نعيم، المدخل إلى التربية والتعليم، مرجع سابق، ص ٥٥، ٥٦.

٢٠- David Stewart, H. Gene Blocker, Fundamentals of Philosophy, second edition, Macmillan, publishing company, New York, ١٩٨٧,p٣-١٣.

٢١- جورج، ف. نيلر، مرجع سابق، ص ٨-٩.

٢٢- هنتر، ميد، الفلسفة أنواعها ومشكلاتها، ترجمة فؤاد زكريا، ط (٧)، مكتبة الانجلو المصرية، ١٩٨٦، ص ٩.

٢٣- النجيحي، محمد لبيب، فلسفة التربية، مرجع سابق، ص ١٨-١٩.

٢٤- المرجع السابق، ص: ٣٢-٣٣.

٢٥- زكريا، ابراهيم، مشكلة الفلسفة، ط (١)، مكتبة مصر، بدون تاريخ، ص ٩٦.

٢٦- المرجع السابق، ص ٩٩-١٠٠.

٢٧- علي، سعيد اسماعيل، ونوفل محمد نبيل، وحسان محمد حسان، دراسات في فلسفة التربية، ط(١)، عالم الكتب، القاهرة، ١٩٨١، ص ٩-٣٢.

٢٨- أوبير، رونيه، التربية العامة، ط (٢)، ترجمة عبد الله عبد الدايم، دار العلم للملايين، بيروت، ١٩٧٢، ص ٢٢.

٢٩- الرشدان، وجعنيني، المدخل إلى التربية والتعليم، ط(٣)، دار الشروق، عمان، ١٩٩٩، ص ١٠.

٣٠- Norman Daniels, and Keith Lehner, Philosophy of Education, (١٩٩٨), west view press U.S.A, p ١-٢. .

٣١- الرشدان وجعنيني، مرجع سابق، ص ١٤.

٣٢- Regimald D. Archambounlt, Philosophical Analysis and Education, first edition, Roulledge and kegan paul, New York, ١٩٦٥, p ٦-٨ .

٣٣- التل، سعيد، وآخرون، قواعد التدريس في الجامعة، مرجع سابق، ص٩٤.

٣٤- الرشدان، وجعنيني، المدخل إلى التربية والتعليم، مرجع سابق، ص ٥٧.

٣٥- بدران، شبل، ومحفوظ أحمد فاروق، في أصول التربية، مرجع سابق، ص ١٦٣.

٣٦- الجيوشي، فاطمة، فلسفة التربية، ط (١)، مطبعة جامعة دمشق، ١٩٨٨، دمشق، ص ١٣١.

٣٧- بدران، شبل، ومحفوظ أحمد فاروق، في أصول التربية، مرجع سابق، ص ١٦٤.

٣٨- مرسي، منير محمد، فلسفة التربية واتجاهاتها ومدارسها، ط (١)، عالم الكتب، القاهرة، ١٩٨٢، ص ٣٨-٤٢، وأيضاً بدران شبل، ومحفوظ أحمد فاروق، مرجع سابق، ص ١٥٩-١٦٢.

٣٩- التل، وآخرون، مرجع سابق، ص ٩٥.

٤٠- الجيار، سيد ابراهيم، التوجيه الفلسفي والاجتماعي للتربية، ط (١)، مكتبة غريب، القاهرة، ١٩٧٧، ص ١٦-١٨.

٤١- مرسي، محمد منير، فلسفة التربية واتجاهاتها ومدارسها، ط (١)، عالم الكتب، القاهرة، ١٩٨٢، ص ٦٠-٦٠.

٤٢- المرجع السابق، ص ٧٠.

٤٣- الجيار، سيد ابراهيم، مرجع سابق، ص ٦١.

٤٤- المرجع السابق، ص ٦٣-٦٤.

٤٥- محفوظ ،ايوب، الاخلاق نشوؤها وعواملها،دار المعرفة،وزارة الثقافة السورية، دمشق، عدد٤٣٧، شباط٢٠٠٠.

٤٦- رضا، محمد جواد، فلسفة التربية، ط (٢)، شركة الربيعان للنشر، الكويت، ١٩٨٤، ص ١٠٧ - ١١٢.

٤٧- حنفي، حسن،نحو تنوير عربي جديد (محاولة للتأسيس)،عالم الفكر، العدد ٣، المجلد، ٢٩ مارس، الكويت ٢٠٠١،ص ٨٥.

# الفصل الثاني

# الفلسفة والديمقراطية

- أشكال الديمقراطية
- فلسفة التربية والديمقراطية
- فلسفة ديمقراطية التعليم

# الفصل الثاني
# الفلسفة والديمقراطية

**مقدمة:**

تعتبر العلاقة بين الفلسفة والديمقراطية علاقةً وثيقةً جداً حيث يجد الباحث في هـذا المجال أن الديمقراطية هي في أصلها من الموضوعات التي تطرق إليها الفلاسفة عبر التاريخ، لأن تنظيـم حياة النـاس الاجتماعية من حيث الطريقة والأسلوب يحتاج إلى منطلقات عقلية تجريدية يستنير بها وتضيء له الطريق وهي منطلقات فلسفية، هذا بالإضافة إلى أن المبادئ النظرية التـي ترتكـز عليها الديمقراطيـة لا يمكن أن تصاغ إلا على أساس فلسفي جدلي أساسه العدالة الاجتماعية، كما أن مبادئ الحرية والعدالة والمساواة هي مواضيع فلسفية لا يمكن بحث قضية الديمقراطية بمعزل عنها في أي مجتمع من المجتمعات البشرية.

وتتمثل حاجة الفلسفة للديمقراطية في تكوين فكر فلسفي حر يبتعد عن التسلط، وتوفير حريـة التفكير والتعبير والمناقشة في القضايا المتعددة، وحرية نشر الأفكـار والحمايـة مـن التعـرض لشـتى أنـواع القمع، وبدون ذلك لا يتطور الفكر الإنساني ولا يتحقق الإبداع. وقد عمل الكثير مـن فلاسفة التربيـة عبر التاريخ على تعميق الديمقراطية ونادوا بحرية الفكر والعمـل، فالعلاقـة بـين الديمقراطيـة والتربية علاقـة تبادلية دائرية يتوقف كل منهما على الآخر ويتأثر بـه، فالديمقراطية الحقـة لا تتطور إلا في ظـل مجتمع متعلم فهي شرط أساسي لتخصيب التربة ونمو الزرع الديمقراطي. والعملية التعليميـة- التعلميـة لا تزدهـر إلا في جو ديمقراطي، فالتربية توفر المقومات للديمقراطية من أجل أن يعيش الطفل والجيل الصاعد بشـكل أحسن وهذا يساهم في نمو الشخصية الإنسانية نمواً متكاملاً من جميع الجوانب، فالفروق

بين الناس خلقها المجتمع - مع عدم إنكار وجود الاستعدادات- فالناس ولدوا أحراراً ومتساوين.

وحاجة الفلسفة للديمقراطية تتمثل أيضاً في توسيع مجال الانتشار الثقافي ليشمل مختلف بلاد العالم، انطلاقاً من السعي نحو العالمية الإنسانية، فالفيلسوف يحتاج إلى نشر أفكاره إلى بلاد العالم المختلفة، كما أنه بحاجة للاستفادة من أفكار الغير لدعم علمه ومعارفه الفكرية، وهذا كله بحاجة إلى نشر الديمقراطية الصحيحة وتطبيقها على أساس القانون والعدل والمساواة وبجو من الحرية المعقلنة الملتزمة بالمبادئ الإنسانية السامية بعيداً عن التعصب والتسلط انطلاقاً من أن حرية الإنسان تبدأ عندما تنتهي حرية الآخرين، كما أنها تنتهي عندما يبدأ الآخرون ممارسة حرياتهم ضمن العقل والقانون والأخلاق فهذه هي المسؤولية، فالحرية ليست مطلقة إن لها حدوداً وقيوداً ولكنها ليست أغلالاً بل إنها قيود وحدود مبنية على الفهم والاحترام المتبادل وتحقيق مصلحة المجتمع واستمراره وتقدمه.

إن تطبيق الديمقراطية الصحيحة مطلب سام يتفق مع القيم الإنسانية المتمثلة في الحرية والعدل والمساواة والمشاركة بأوسع معانيها، وهي التي أوصلت الدول الصناعية إلى التقدم في المجالات الاقتصادية والاجتماعية والثقافية والتربوية والعلمية وغيرها من مجالات الحياة. كما أن تطور المجتمعات البشريه وتقدمها منوط بتطبيق الديمقراطية بحيث تصبح أسلوب حياة المجتمعات البشرية كافةً، وهذا لا يتم إلا في المجتمعات المدنية القائمة على المؤسسية والتعددية.

إن الوصول إلى حياة ديمقراطية صحيحة يحتاج إلى وعي اجتماعي وسياسي متقدم متطور لأن ممارستها بشكل صحيح يحتاج إلى تدريب وممارسة. ويعتقد رجال الفلسفة والفكر أن الديمقراطية ربما كانت مرافقة للإنسان منذ أقدم العصور فاختلاف الناس في الرأي وتردد الإنسان في الاختيار بين الآراء المطروحة كان نقطة البدء للتوجه الديمقراطي. وللوصول إلى وعي ديمقراطي

متقدم لابد من توفير مناخ من الحرية والتسامح وقبول الرأي الآخر والتفكير العلمي والابتعاد عن فكرة الحقيقة المطلقة، وهذا يحتاج إلى تربية صحيحة وتغيير في المفاهيم القديمة المتحجرة التي تعيق تطور الحياة وتقدمها.

وللديمقراطية عدة مصطلحات كالديمقراطية السياسية التي تعني تمتع الناس بحق الاقتراع السري العام، أي المساواة أمام القانون، والديمقراطية الاجتماعية وتعني العدالة وتكافؤ الفرص لجميع المواطنين. أما مصطلح الديمقراطية الشعبية فأطلق على البلدان ذات النظم الاشتراكية في أوروبا الشرقية التي تغيرت إلى نظم رأسمالية منذ التسعينات من القرن الماضي[١].

أما إذا أخذت كلمة ديمقراطية مجردة. فإنها تعود في جذورها التاريخية الأولى إلى بلاد اليونان، فقد كانت الديمقراطية الأثينية من أولى الديمقراطيات التي شهدها التاريخ، فقد كانت ديمقراطية مباشرة وضعت الحكم في أيدي الشعب عبر الجمعية الشعبية التي ضمت لأول مرة جميع المواطنين الأثينيين، وأنشأت محاكم شعبية لإنصاف الناس، وحرّمت العبودية ولكنها حصرت المواطنة في الأثينيين الذكور فقط واستبعدت الناس والمقيمين والعبيد من مفهوم الشعب، وأعطت لنفسها الحق في حرمان الأثيني من مواطنته إذا لم يتبع أحد الفريقين المتصارعين.[٢] وأنها كمفهوم كانت تعني في العهود اليونانية القديمة حكم الشعب من قبل الشعب أو أفراده الحاكمين، وهي كلمة مركبة من لفظين هما (Demos) وتعني الشعب و(Kratos) وتعني السلطة أو الحكم، وهذا هو المعنى التقليدي للديمقراطية والذي يقصرها على الجانب السياسي ويهمل الجانب الاجتماعي. وقد أُعتبر الفيلسوف اليوناني أفلاطون أن مصدر السيادة هو الإرادة المتحدة للمدينة، أي للشعب ككل، كما قسم تلميذه "أرسطو" الحكومات إلى حكومات ملكية وأرستقراطية وجمهورية.[٣] من هذا يتبين أن ممارسة الديمقراطية كانت ضيقة واقتصرت على فئة قليلة من الناس هم فئة المواطنين، لذلك لم تتحقق الغاية منها، والسبب يعود إلى أن المجتمع

الإغريقي في ذلك الوقت كان مجتمعاً يقوم على أساس علاقات الإنتاج القائمة على الرق والعبودية، فكان المجتمع منقسماً إلى أحرار وعبيد، والعبد ليس له حق في ممارسة الحرية، أما الأحرار فكانوا منقسمين إلى مواطنين وغير مواطنين، فغير المواطنين وهم النساء والغرباء ليس لهم حقوق سياسية.

وكانت أسبرطة وأثينا في ذلك التاريخ أقوى مدينتين في بلاد اليونان، وكان لكل منهما نظام مختلف، فمدينة أسبرطة كان نظامها ديكتاتورياً، في حين كان النظام الأثيني ديمقراطياً تميز بنهضة فلسفية وفكرية وفنية وعلمية مزدهرة استمرت من العام (٥٠٠ ق. م.) حتى عام (٥٢٥م) عندما أصدر الإمبراطور "جستنيان" قراراً بإغلاق جامعة أثينا لأنها اعتبرت ملحدة في ذلك الزمان. [٤]

لقد اعتبرت أثينا في ذلك الوقت مهداً للديمقراطية والحرية الفردية الغربية، فبعد إصلاحات صولون في نهاية القرن السادس ق.م، انتقلت أثينا من الحكم الفردي إلى ما يشبه الحكم الجمهوري تحت سيطرة النبلاء، وبعد عام (٥٠٨ ق. م) أصبح نظام الحكم فيها ديمقراطياً، وأصبح من حق كل مواطن أثيني حر من الذكور الترشيح للانتخابات في الجمعية العمومية التي كانت تتكون من (٥٠٠) عضو في ذلك الوقت. [٥] من هذا يتبين أن قضية الديمقراطية وما تنطوي عليه من مبادئ كانت محور اهتمام البشرية منذ أقدم العصور، إلا أنها في ذلك الوقت لم تحقق الغاية المتوخاة منها فاقتصرت على فئة قليلة من الناس، ولم تكن أسلوب حياة للناس.

ولما جاءت العصور الوسطى وظهر نظام الإقطاع الذي كان امتداداً للنظام الطبقي اليوناني والروماني وسيطرته على مقدرات الحياة أصبحت الأرض والسلطة ممتزجتين ببعضهما البعض، وأصبحت الزراعة هي النشاط الإنتاجي الرئيسي للمجتمع. ومع نمو المدن وازدهار التجارة بدأت الطبقة الوسطى في النشوء والانتعاش وتنامت في هذه الفترة سلطة رجال الدين وحدث صراع بينهم وبين

رجال الدولة، مما أدى إلى نشوء سلطتين إحداهما دنيوية برئاسة الحكام، وأخرى دينية برئاسة البابا، وذاعت العبارة المشهورة وانتشرت في العالم وهي: "أعط ما لقيصر لقيصر وما لله لله".[٦] ومع زيادة حدة الصراع بين رجال الدين والحكام في أوروبا ابتداءً من القرن العاشر وحتى نهاية القرن الثالث عشر- أدى هذا الصراع إلى انتصار رجال الدين ورفضهم تطبيق المساواة بين السلطتين : الدينية والدنيوية، وبدأوا يتدخلون في تعيين الحكام وعزلهم استناداً إلى مبدأ التفويض الإلهي مما أثر على الحياة الديمقراطية تأثيراً سلبياً.

لقد كانت العصور الوسطى عصور انحطاط فكري وعقلي ساد فيها القهر والاستبداد وتوقف العقل عن الابتكار وجمدت الفلسفة، وصار التاريخ نوعاً من الأساطير، واختلطت العلوم بالخرافات نتيجة احتكار بعض رجال الدين للتعليم والمعرفة، وعدم ارتياحهم إلى الأفكار العلمية والبحث العلمي حتى أنها سميت بالعصور المظلمة. ومع بداية عصر النهضة والإصلاح الديني أصبحت حركات التجديد عبارة عن قوى مؤثرة أغنت الفكر والسياسة والفلسفة والنزعات العلمية والإنسانية، وأصبح الناس أحراراً يشكلون حياتهم بالطريقة التي يرونها ملائمة لهم ولمجتمعاتهم، كما نمت السلطة السياسية لرجال الدولة نتيجة تقلص سلطة رجال الدين مما أثر على تقلص قوة الإقطاع الذي كان مدعوماً من سلطة رجال الدين، وهذا بدوره أثر على نمو مؤسسات الدولة السياسية المركزية، وبدأت الحكومات تنتعش، ونمت حركة التجارة على عكس ما كان موجوداً في العصور الوسطى إذ كان رجال الدولة ينطلقون من فكرة "الدولة أنا" كما كان يقولها لويس الرابع عشر ودافع عن هذه الفكرة "ميكافيلي" أيضاً.[٧]

وتبع عصر النهضة والإصلاح الديني في الغرب عصر التنوير الذي امتد من بداية القرن السابع عشر إلى نهاية القرن التاسع عشر، والذي رسم ملامحه نمو النزعة القومية ونمو طبقة التجار، وبزوغ الرأسمالية الغربية وظهور الاتجاهات

العلمية والفلسفية الجديدة مما أدى إلى انفجار كبير في النشاط الفكري للإنسان في دول أوروبا الغربية. ويعد كتاب "كندرسيه" تقدم العقل من أهم ملامح هذا العصر الذي مجد العقل الإنساني ودوره في تحقيق الرضا والكمال إذا ما أحسن الإنسان استخدامه.

وإذا كان عصر التنوير مديناً بالكثير للفيلسوف الفرنسي- "ديكارت" باعتباره رائداً للمدرسة العقلية في أوروبا منذ القرن السابع عشر، إلا أن من جاءوا بعده من أمثال "نيوتن"، و"بيكون"، و"لوك" هم الذين حملوا الراية من بعده وأسسوا المنهجية العلمية التجريبية.[٨] وتجدر الإشارة إلى أن التنوير الأوروبي في القرن الثامن عشر ما هو إلا مرحلة من مراحل التنوير البشري الذي ميز كل حضارة تقف ضد الفكر المحافظ التقليدي. وسمي هذا القرن في فرنسا بعصر الأنوار وبقرن الفلاسفة؛ لأن لقب فيلسوف نسب إلى كل من كتب بروح جديدة باسم العقل، فترسخت العقلانية على أنها إنتاج محوره العقل وقدراته، وتحولت العقلانية لتعني الثقة الكلية بالعقل والإيمان بقدرته ورفض ما عداه من سلطات.

وليس من شك في أن الثورة الفرنسية وما جاءت به من مبادئ وتغييرات عملت على نقل الديمقراطية من الإطار النظري إلى الإطار العملي، كما أنها طبقت عملياً فصل سلطة رجال الدين عن سلطة الدولة. ومن الأهمية بمكان في هذا المجال التأكيد على تأثير "روسو" وفلسفته على عقلية رجال الثورة الفرنسية، هذا بالإضافة إلى تأثير الثورة الإنجليزية عام (١٦٨٨م) والأمريكية عام (١٧٧٦م) على الديمقراطية، حيث كتب الكثير عنهما وصدرت إعلانات كثيرة عن حقوق الإنسان فتعززت العلاقة بين الديمقراطية وحقوق الإنسان. كما أن ظهور الفكر الليبرالي في القرن الثامن عشر أدى إلى تبني الديمقراطية وتجسيدها في نظام سياسي يرتكز على حرية الإنسان المطلقة، لأن الليبرالية تؤمن بالتنافس الحر بين القوى المنتجة حسب آليات اقتصاد السوق الحر، إلا أنها في النهاية أدت إلى تسلط الأقوياء على

الضعفاء واستغلال الأغنياء للفقراء، مما أدى إلى حدوث أزمة اجتماعية في أوروبا في النصف الثاني من القرن التاسع عشر والتي أفسحت المجال لبروز التيارات الاشتراكية والحركات النقابية، وذلك لأن الحرية الليبرالية لم تطبق إلا على أبناء الطبقة البرجوازية كما أن المساواة لم تتحقق إلا نظرياً مما أدى إلى استئثار الأغنياء بخيرات المجتمع، ونتج عن هذا عدم تمكن الفقراء من إشباع حاجاتهم. لقد ركزت هذه الديمقراطية على مبادئ الحرية والمساواة وحقوق الإنسان إلا أنها فهمتها فهماً نابعاً من نظرتها للاقتصاد فقد ربطت الحرية بالتنافس بين القوى المنتجة القائم على مبدأ "دعه يمر ودعه يعمل".[٩] كما أنها نقلت حرية المستهلك من اختيار ما يراه مناسباً من السلع والتي تتفق مع حاجاته في المجال الاقتصادي إلى المجال السياسي، فدعمت حرية الفرد في اختيار حكامه، ونقلت حرية التنافس الاقتصادي حسب قانون العرض والطلب إلى المجال السياسي والذي أدى إلى تبني حرية التنافس السياسي بين القوى السياسية المختلفة. أما بالنسبة لحقوق الإنسان فقد حرصت الليبرالية عليها أشد الحرص، هذه الحقوق التي تنبع من وجود الإنسان ولا يحدها إلا ممارسة الآخرين لحقوقهم، ولا يجوز وضع هذه الحدود إلا من قبل القانون، وأن واقع الإنسان الاقتصادي والاجتماعي هو الذي يحدد مقدار هذه الحقوق. هذه المبادئ جسدتها الليبرالية في نظام سياسي يعتمد على تمثيل الشعب في مجالس منتخبة، فاعتمدت الليبرالية طريقة الديمقراطية غير المباشرة، فالبرلمان هو الركن الأساسي بالنسبة للديمقراطية الليبرالية، والحرية الفردية هي أساس ومعيار الديمقراطية. هذا هو واقع الديمقراطية الليبرالية وهي موجودة في الغرب الصناعي.

لقد حرص الفكر الليبرالي الحديث على إيجاد التوازن بين القديم والجديد بين ثقافة الأنا وثقافة الآخر، وجعل حاجة الواقع المعاش معياراً في الاختيار من الموروث الثقافي والوافد الإنساني من بلاد العالم الآخر.

إلا أن تردي الأوضاع الاقتصادية لجماهير الشعب قاد منظري الليبرالية إلى مفهوم جديد للنظرية الليبرالية جعلهم يعيدون النظر في مفهومهم للديمقراطية، فسمحوا بإعطاء دور لحكومات الدول في إصدار التشريعات، وإعطاء بعض الضمانات للعمال نتيجة ما حدث من أزمات اجتماعية، ونتيجة لتململ الجماهير وبروز تيارات اشتراكية وحركات نقابية ونمو الحركات الشعبية. أما وسائل تطبيق الديمقراطية الليبرالية فهي: (١٠)

١- الاقتراع العام ولكن بتقييد حق الاقتراع.

٢- فصل السلطات والذي يعود للفيلسوف "مونتسكيو" (روح الشرائع) الذي بين أن السلطة تميل بصاحبها إلى الاستبداد ولذلك لابد من تجزئتها، أي عدم حصر السلطات في يد شخص واحد.

أما الديمقراطية في الماركسية فإنها لا تعترض على المبادئ التي تقوم عليها الديمقراطية التقليدية أو في الفلسفة الليبرالية وهي مبادئ الحرية والعدالة والمساواة وحقوق الإنسان، ولكن المفهوم الماركسي-الديمقراطية له معنى مختلف فهو يفهمها على ضوء الفلسفة المادية التاريخية وحركة صراع المتناقضات، وكل هذا مرتبط بمفهوم الدولة التي تراها الماركسية على أنها لبست مؤسسة مستقلة أو حيادية بالنسبة للمجتمع الذي توجد فيه، أنها نتاج لهذا المجتمع وتضمحل الدولة عندما تزول الفوارق في المجتمع ويزول الصراع بين طبقاته وفئاته المختلفة، فزوال الفوارق الاجتماعية يؤدي إلى زوال الدولة ومن ثم لا تعود قضية النظام السياسي مطروحة. وهذا التطور يؤدي إلى تجاوز الديمقراطية نفسها بصفتها طريقة في ممارسة الحكم، فالدولة حسب الفلسفة الماركسية أداة قمع لذلك، فهي ذات طبيعة غير ديمقراطية، فالدولة البرجوازية هي ديكتاتورية للأكثرية الساحقة من الشعب، بينما دولة العمال هي ديمقراطية بالنسبة للأكثرية الساحقة من الشعب، وديكتاتورية بالنسبة للأقلية؛ فهي ديمقراطية للبروليتاريا وديكتاتورية للأغنياء. من

هنا يستنتج أنه في ظل دولة كهذه لا يمكن القول بوجود ديمقراطية كاملة لجميع أفراد الشعب، إلا إذا تحولت الدولة إلى دولة المجتمع ككل ولم تعد أداة قمع لطبقة من الطبقات، وهذا لا يتحقق إلا بالانتقال إلى الديمقراطية الاشتراكية. إن الحقوق والحريات المعترف بها في الفلسفة الماركسية نابعة من واقع البنية الاقتصادية والاجتماعية، فالدولة تأخذ على عاتقها تأمين هذه الحقوق بواسطة تنظيم المجتمع التنظيم الملائم وهذا يتطلب تدخل السلطة باستمرار؛ فالسلطة هنا لا يمكن أن تكون سوى سلطة الشعب فهو صاحب السلطة نظرياً وعملياً، ويرفض المفهوم البنائي غير الاشتراكي، فالشعب هو المرجع الأول والأخير، وهو يمثل نفسه ولا حاجة للفصل بين السلطات، وبما أن السلطة نابعة من الشعب الذي يشكل مجتمعاً متجانساً، لذلك فالسلطة واحدة موحدة؛ لأنها تعبر عن مصالح الشعب، وبما أن الحكم مصدره شعبي فهو حكم ديمقراطي، وبما أنه يستبعد الفوارق فهو حكم وحداني بقيادة حزب واحد يسيطر على جهاز الدولة وهو مفوض من المجتمع لتحقيق الديمقراطية.

أما في الأيدولوجية الليبرالية فتصبح الديمقراطية هي حكم الشعب من قبل نخبة منبثقة عنه، أما أداة ممارسة هذه الديمقراطية فهي الأحزاب السياسية. فالأحزاب تعد أداة ممارسة الديمقراطية في الدول الغربية لأن الديمقراطية وفق الأيدلوجية الليبرالية هي طريقة لاختيار الحكام أي حكم الشعب من قبل نخبة منبثقة عنه؛ فالأحزاب تلعب دوراً أساسياً في تنظيم الشعب سياسياً وإعداده لممارسة الاقتراع وهي أداة الرأي.

وفي هذا المجال لا بد من التأكيد على أن كل هذا التراكم المعرفي والسياسي والاقتصادي وكذلك التقدم الكبير الذي حصل في مجال الدراسات النفسية، والثورة في وسائل التعليم والإعلام، والثورة العلمية التكنولوجية بمختلف مظاهرها أثر على الفكر التربوي في القرن العشرين، هذا الفكر الذي تميز

بالاستمرارية والتجديد وأصبح عالمياً. كما ازداد نمو مناهج البحث العلمي ونمت الديمقراطية الفكرية وأصبح الفكر حراً من خلال عملية التواصل الفكري. كل هذا جاء كانعكاس لتطور الديمقراطية السياسية التي جاءت كإنجاز حضاري للبشرية جمعاء، وأسهمت فيه كل الشعوب والأمم عبر التاريخ.

ولابد من التأكيد على أن استقرار أي مجتمع وازدهاره يعتمدان على تطبيق الديمقراطية الصحيحة، وأن التحولات الديمقراطية لابد منها وهي ضرورية خاصة في هذا العصر عصر المعلوماتية، وأنها لم تعد فقط مجرد استجابة لمطالب مختلف الطبقات الاجتماعية بل أيضاً كشرط مهم استجابة لمتطلبات التقدم العلمي والتقني، فالثورة المعلوماتية تعتمد على العقل الذي لا يعمل بطاقته الكاملة إلا بوجود هامش واسع من الحرية من أجل تحقيق الإبداع والتطور في مختلف المجالات. وفي عالمنا المعاصر انتشر مفهوم الديمقراطية بشكل واسع فقد جاء الإعلان العالمي لحقوق الإنسان تأكيداً ودعماً للمبادئ الديمقراطية عالمياً والذي نشر على العالم بناءً على قرار الجمعية العامة للأمم المتحدة بتاريخ ١٠/١٢/١٩٤٩ بعد أن أصبحت قضية حقوق الإنسان وحرياته من أهم القضايا عالمياً والمتمثلة في الحقوق الفكرية كحرية الرأي والتعبير، وحق حرية التفكير بمعنى حرية الرأي والرأي الآخر شفاهةً أو كتابةً ويشمل حق حماية التعليق والرد والمناقشة في مختلف القضايا[١١].

ولعل من أهم مواده ما يلي:

**المادة الأولى:** يولد جميع الناس أحراراً ومتساويين في الكرامة والحقوق وقد وهبوا العقل والوجدان وعليهم أن يعاملوا بعضهم بعضاً بروح الإخاء.

**المادة الثانية:** لكل إنسان حق التمتع بجميع الحقوق والحريات المذكورة في هذا الإعلان دونما تمييز مهما كان نوعه... الخ.

**المادة الثالثة:** لكل فرد الحق في الحياة والحرية وفي الأمان على شخصه.

**المادة الرابعة:** لا يجوز استرقاق أحد أو استعباده ويحظر الرق والاتجار بالرقيق بجميع صورهما.

**المادة الخامسة:** لا يجوز إخضاع أحد للتعذيب أو للمعاملة أو العقوبة القاسية أو اللاإنسانية.

**المادة التاسعة عشرة:** لكل شخص حق التمتع بحرية الرأي والتعبير ويشمل هذا الحق حريته في اعتناق الآراء دونما مضايقة وفي التماس الأنباء والأفكار وتلقيها ونقلها إلى الآخرين بأية وسيلة ودونما اعتبار للحدود.

**المادة العشرون:** لكل شخص الحق في حرية الاشتراك في الاجتماعات والجمعيات السلمية كما لا يجوز إرغام أحد على الانتماء إلى جمعية ما.

**المادة السادسة والعشرون:**

١. لكل شخص حق في التعليم ويجب أن يوفر التعليم مجاناً على الأقل في مرحلتيه الابتدائية والأساسية، ويكون التعليم الابتدائي إلزامياً، ويكون التعليم الفني والمهني متاحاً للعموم، ويكون التعليم العالي متاحاً للجميع تبعاً لكفاءتهم.

٢. يجب أن يستهدف التعليم التنمية الكاملة لشخصية الإنسان وتعزيز احترام حقوق الإنسان والحريات الأساسية، كما يجب أن يعزز التفاهم والتسامح والصداقة بين جميع الأمم وجميع الفئات العنصرية أو الدينية، وأن يؤيد الأنشطة التي تضطلع بها الأمم المتحدة لحفظ السلام.

٣. للآباء على سبيل الأولوية حق اختيار نوع التعليم الذي يعطى لأولادهم.

**المادة السابعة والعشرون:** لكل شخص حق المشاركة الحرة في حياة المجتمع الثقافية وفي الاستمتاع بالفنون والإسهام في التقدم العلمي وفي الفوائد التي تنجم عنه. كما لكل شخص الحق في حماية المصالح المعنوية والمادية المترتبة على أي إنتاج علمي أو أدبي أو فني.

وفي هذا المجال لابد من التأكيد على أن الديمقراطية تجربة من التجارب الإنسانية التي خاضها العقل الإنساني عبر التاريخ إلى يومنا هذا دفاعاً عن الحرية والحقوق الطبيعية والسياسية للإنسانية،[١٣] وهذا يتضمن ضمان الحرية والمساواة وتكافؤ الفرص والحقوق لجميع أفراد المجتمع الواحد والمجتمعات كافة. ومن الصعب بلوغ هذه الأهداف بدون توفر الشروط المختلفة الملائمة والتي تتعدى مجرد التعبير عن الرأي والمعتقد لتشمل عملية التحرر من أي قيد يمنع الإنسان من أن يكون حراً مثل: الفقر والمرض والحرمان، ولكن هذه الديمقراطية ليست مجرد الحصول على حقوق مختلفة بل عملية التزام ومسؤولية تجاه المجتمع. وهذه الديمقراطية لم تتخذ لها شكلاً واحداً خلال مسيرة التاريخ، فقد تغيرت وتطورت مع التاريخ ومع طبيعة المرحلة التي مرت بها ومع طبيعة القوى المؤثرة في المجتمعات، وتوسع مجالها وتجاوز النظرة السياسية، ومازالت تتطور وتتغير مع تغير الحياة الإنسانية، إلا أنها احتفظت بمبادئها الأساسية كالحرية والعدالة والمساواة خلال مراحل التاريخ الطويلة. وقد كان للتحالف بين فكرة الحق الطبيعي للإنسان مع فكرة المجتمع المدني الأساس الذي أنتج الديمقراطية.

إلا أن الديمقراطية كانت قد تعرضت ومنذ القدم للنقد، وقد تناول هذا النقد الممارسة والتطبيق وليس فقط المبادئ والمثل الديمقراطية من حيث كونها مفاهيم سامية، إنها أيضاً سلوك وعمل مسبوق باقتناع بها، وهذا الاقتناع يكمن في عقل الإنسان.

## أشكال الديمقراطية:

يدل تاريخ الديمقراطية على وجود عدة أشكال ونماذج لها. ويرى "ديفيد هيلد" أن تعدد نماذج الديمقراطية آتٍ من الخلاف حول ما إذا كان على الديمقراطية أن تعني شكلاً من أشكال السلطة الشعبية ينخرط فيه الناس في حكم أنفسهم بأنفسهم؟ أو أن تكون وسيلة تساعد على اتخاذ القرارات من قبل المنتخبين لتمثيل الشعب. وفي ضوء هذا التمييز أمكن حصر ثلاثة أشكال من الديمقراطية حسب تصنيف "هيلد" وهي:[١٤]

١- النموذج الكلاسيكي  ٢- نموذج الديمقراطية الليبرالية ٣- نموذج الديمقراطية المباشرة.

## ١- النموذج الكلاسيكي:

وهو ذو أشكال متباينة لعل من أبرزها:

أ- الديمقراطية الأثينية: وهي ديمقراطية مباشرة تستند إلى مشاركة المواطنين وتدخلهم المباشر في حكم أنفسهم، فالشعب هو الحاكم والمحكوم، والسيادة التامة هي للمواطنين ومشاركتهم في الوظائف التشريعية والقضائية بشكل مباشر. وهي ديمقراطية مرتبطة بالمدينة، والمواطنة محدودة برجال المدينة الأحرار، ولا حق فيها للعبيد والنساء والأجانب المقيمين في المدينة أو الوافدين إليها.

ب- الديمقراطية الجمهورية: هذه الديمقراطية مرتبطة بالتطورات الجمهورية التي نمت وتطورت في ممالك الغرب منذ "بيركليس". وتضمن هذه الديمقراطية للمواطنين مشاركتهم في الحكم بآليات مختلفة وتتيح لهم حرية الكلام والتعبير وتشكيل الجمعيات في ظل حكم القانون. وهذا الشكل من أشكال الديمقراطية

يقوم على الفصل بين الوظائف التشريعية والتنفيذية، وعلى مشاركة المواطنين في هذه الوظائف.

**٢- الديمقراطية الليبرالية:**

تنادي الليبرالية وهي مذهب رأسمالي، بالحرية المطلقة في الميدانين الاقتصادي والسياسي، واقترن ظهورها بالثورة الصناعية. ويستهدف الفكر الليبرالي الدفاع عن مصالح أصحاب رؤوس الأموال. وله شكلان: الأول وهو ديمقراطية الحماية أو الرعاية. وفي هذا الشكل يطلب المواطنون من حكامهم حمايتهم ورعايتهم، ولكن السيادة فيها للشعب، ولكن هذه السيادة تناط بممثلين له يمارسون وظائف الدولة بشكل قانوني ويختارون بالانتخاب والاقتراع السري. أما الشكل الثاني فهو الديمقراطية التنموية والمبدأ فيها هو أن المشاركة في الحياة السياسية ضرورية ليس من أجل حماية مصالح الناس فقط ولكن لخلق مواطنة ثابتة متطورة وتنمية الكفايات الفردية وإغناؤها وتعزيز السيادة الشعبية.

ومجتمع الديمقراطية الليبرالية مجتمع مدني مستقل وتدّخل الدولة فيه محدود، واقتصاده اقتصاد سوق تنافسي، وملكية خاصة، ومجتمع سياسي يضمن التحرر السياسي للفرد.

**٣- الديمقراطية المباشرة:**

ومبدأ التسويغ لهذا النموذج الذي يجسده النظامان الاشتراكي والشيوعي هو أن النماء الحر للجميع يمكن أن يتحقق بالنماء الحر لكل فرد في الجماعة. والحرية تتطلب نهاية الاستغلال وتحقيق المساواة الاقتصادية والسياسية المطلقة بين الجميع حسب مبدأ "من كل حسب قدرته لكل حسب حاجته". والشروط العامة لهذه الديمقراطية منوطة بوحدة الطبقة العاملة، وهزيمة البرجوازية، ونهاية جميع المصالح الطبقية، وتعاظم الاندماج بين الدولة والمجتمع كما هو في الحالة

الاشتراكية. أما الديمقراطية في الحالة الشيوعية فتصبح جميع الأمور العامة فيها مرتبطة بحكم جماعي (البروليتاريا) وتزول الفوارق والصراعات بين الطبقات، وتلغى الملكية الشخصية لوسائل الإنتاج. [١٥] وهذا الوضع لم يطبق بل كان معلناً نظرياً في دول أوروبا الشرقية سابقاً.

ولم يتبق في الغرب من هذه النماذج السابقة الذكر إلا النموذج الليبرالي الذي يخضع للتغير السريع على الرغم من عدم وجود منافس له ذي تأثير حقيقي. لقد اصطفى التاريخ الغربي الحديث من نظم الديمقراطية الكلاسيكية والحديثة الثلاثة نظاماً واحداً هو الديمقراطية الليبرالية التي تتجه اليوم إلى إحكام سيطرة اقتصاد السوق والقوى الرأسمالية الضخمة، والشركات العملاقة المتعددة الجنسيات، والحد من سلطة الدولة وتدخلها في المجال الاقتصادي حتى يصل التدخل إلى حده الأدنى، وهو مذهب سوّغ لبعض النقاد الكلام عن "دولة الحد الأدنى" [١٦]. وهي دولة تخلّت عن وظيفتها الاجتماعية والتزمت بالوظيفة القانونية والقضائية وغايتها توفير الحرية لاقتصاد السوق الحر، وحمايته قانونياً، مهملة القيم الاجتماعية والتعاونية التي كانت تحرك ليبرالية الحداثة، والليبرالية التمثيلية التي تنشد الحرية والعدالة والخير العام.

ومن أهم النماذج الجديدة في أوروبا وأمريكا التي تحاول أن تكون بديلاً عن الديمقراطية الليبرالية أو التي تحاول دعمها على نحو أكثر راديكالية هي: الديمقراطية المجتمعية أو الجماعتية، والديمقراطية التداولية أو التشاورية، والديمقراطية الكونية. [١٧]

أ- الديمقراطية الجماعتية:

هذه الديمقراطية تختلف عن الديمقراطية الليبرالية التي تتحلل من الروابط الاجتماعية والمتطلبات الجماعية وتغرق في الفردانية، في حين أن الديمقراطية

المجتمعية تتعلق بالجماعة وبالروابط الشخصية التي لا تقوم على المنفعة الخالصة، إنها تؤكد على تواصل الأفراد المجتمعين، كما تهتم بالقيم المجتمعية والإنسانية غير السوقية.

**ب- الديمقراطية التداولية أو التشاورية:**

وتختلف عن الديمقراطية الليبرالية في أنها تنفرد بطريقة جديدة للمشاركة في الحكم والتشريع، واتخاذ القرارات والسعي لإدراك اتفاق جماعي في شأن السياسات المختارة في المجال السياسي، وتؤكد على النقاش المفتوح غير القسري في حل التصادم والصراع.

**ج - الديمقراطية الكونية:**

وتتعلق بشأن الحكومة وتنزع إلى حكومة كونية شاملة تتجاوز الأقاليم والأقطار والدول القومية. وهذا الشكل مشتق ومتولد منطقياً من نظام العولمة، وتدعو إلى انتشار (برلمان كوني) لشعوب العالم المختلفة، وإلى الفصل بين المصالح الاقتصادية والمصالح السياسية، ووضع قانون دولي أو تشريع عالمي، والتحول من الدولة القومية أو الدولة الوطنية إلى الدولة الكونية أو العالمية. وهذا النوع من الديمقراطية يؤثر سلباً على الهوية القومية والوطنية.

لذلك ليس من قبيل المبالغة أن العالم يشهد اليوم لوناً من ألوان إعادة اكتشاف مقولة الديمقراطية في أرجاء مختلفة من العالم وأيضاً في العالم العربي. إن الديمقراطية كمصطلح ومفهوم لا تحمل معنىً واحداً وثابتاً ومتفقاً عليه، كما أن الكثير من الأنظمة السياسية والأحزاب في العالم ترفع شعار الديمقراطية ولكن في الواقع العملي تبتعد عن تطبيق مبادئ الديمقراطية بشكل صحيح، وأحياناً تطبق جزءاً من هذه المبادئ وتغض النظر عن الأجزاء الأخرى، وهذا نابع من طبيعة القوى المهيمنة على هذه الأنظمة أو الأحزاب، فالشعارات أحياناً مضللة، فتحديد

ماهية الديمقراطية الحقة مسألة صعبة، ففي أوروبا القرن العشرين أُعطيت الأولوية لتحديد ماهية الديمقراطية، مواجهة التوتاليتارية، لذلك احتل الحد من السلطة المساحة الأكبر من تلك الماهية، لكن التجربة أثبتت أن الحد من السلطة- على الرغم من أهميته وضرورته- غير كافٍ ليشكل ضمانة للديمقراطية؛ ففي مجتمعات الحداثة وما بعدها وبالتحديد في نهاية القرن العشرين أخذت تواجه تلك المجتمعات هيمنة بديلة لهيمنة الدولة هي هيمنة رجال الإعلام والمال، بينما في المجتمعات العربية والنامية أخذت تظهر مجدداً هيمنة العصبيات والهويات التي ازدهرت وبدأت تقضي- على كل ثقافة ديمقراطية. (١٨)

إن تأسيس فكر فلسفي متجدد لمفهوم الديمقراطية مرتبط بالعصر، وكذلك الأخذ بعين الاعتبار بالفاعل الاجتماعي سواء أكان فرداً أم جماعة، فالفرد يكون ذاتاً فاعلة ديمقراطياً أو يسعى نحو ذلك إذا جمع بين: الرغبة في الحرية والانتماء إلى ثقافة راسخة ومتفتحة في آن معاً، واعتماد العقل والعقلانية منهجاً للحياة والتفكير، فهو بذلك يجمع بين مبدأ للفردية وهو الحرية، وآخر للخصوصية وهو الثقافة، والثالث للكونية وهو العقل والعقلانية. (١٩) وبنفس الطريقة يعتبر المجتمع ديمقراطياً بقدر ما يؤالف بين حرية أفراده واحترام الاختلافات، والتنظيم العقلاني للحياة الجماعية فيه بواسطة الأنظمة والقوانين والتعليمات. فالثقافة الديمقراطية هي كل الجهود المبذولة للتركيب والتآلف بين الوحدة والتنوع بين الحرية الفردية والاندماج الجمعي، وبين قواعد مؤسسية مشتركة ومصالح وثقافات خاصة.

أما على مستوى النظام والدولة فالديمقراطية هي النظام الذي تعترف فيه الغالبية بحقوق الأقلية، وبأنها تقبل طوعاً بأن تصير أقلية اليوم والأكثرية غداً، وبأن تخضع لقانون يمثل مصالح متباينة دون حرمانها من ممارسة حقوقها. إن تداول السلطة والحرص على حقوق الجميع ووعي العلاقة المتبادلة بين الأفراد والمؤسسات ومواقع المجتمع المختلفة تشكل الغذاء الدائم للروح الديمقراطية. فمن

المساجلة المستمرة حول الحدود المتحركة، الفاصلة والجامعة بينها تستمد الديمقراطية قوتها وتجددها واستمرارها.[٢٠] كما أن الديمقراطية لا تترسخ في مجتمع ما إلا نتيجة مسار داخلي معقد وطويل، إنها تعتمد على ثقافة فلسفية وفكرية معينة قائمة على حس المواطنة والاحتكام للقوانين والأنظمة والتعليمات والقواعد المرعية وعلى حل الخلافات بالوسائل السلمية.

وفي العالم العربي يكاد يسيطر الغياب الفعلي والحقيقي للديمقراطية بصفتها فلسفة وثقافة ومنهج حياة على الرغم من بعض الإنجازات التي حققت في هذا المجال، إلا أنها إنجازات نسبية إذا ما قيست بالإنجازات العالمية، وهذا يعود بدوره إلى طروحات أيديولوجية معينة كانت تعمل على تبرير الواقع القائم المتصف بالتخلف، وانتعاش العصبيات ذات الفكر المغلق المتحجر، ومحاربة الوعي النقدي الذي يعي معطيات الواقع ويعمل على تجاوزها نحو ثقافة ديمقراطية عربية منفتحة تسير بالمجتمعات العربية للانتقال من "أيديولوجيا" الديمقراطية إلى "أبستمولوجيا الديمقراطية" القائمة على النظر النقدي المستمر [٢١]. والنظر إلى الديمقراطية ليس فقط كشعار ومفتاح سحري لحل جميع المشكلات في حين أن الديمقراطية يفترض قبل أن تكون المفتاح السحري والدواء لكل داء أنها هي نفسها بحاجة إلى مفتاح، وأن بابها أن يفتح على مصراعيه إلا بعد فتح أبواب عديدة وإحداث تغييرات كثيرة في عقلية الأفراد وخلق وعي سياسي ملائم لها. إن الديمقراطية بذرة تحتاج للرعاية حتى تنمو بشكل جيد وتصبح صالحة للقطاف، إنها ليست مجرد آلية انتخابية، فمكان ازدهارها الأول هو عقول الأفراد وثقافتهم، فهي تنظيم للمجتمع، أي تنظيم العلاقات داخل المجتمع نفسه، فهي في الجوهر نظام للمجتمع ومؤسساته المدنية ولعلاقته بالدولة ومؤسساتها، بهذا المعنى لابد أولاً من ثقافة ديمقراطية وهذه هي العقبة المهمة والرئيسية التي تعترض الديمقراطية في أغلب البلدان النامية. لابد إذن من ثقافة مبنية على المواطنة الصحيحة والانتماء للمجتمع والسعي لتطويره على

أساس من الحرية الواعية المعقلنة في مواجهة الانتماء الجمعي طائفياً كان أم أثنياً، الذي يجيّر الديمقراطية لصالحه انطلاقاً من فكره الضيق ونظرته الضيقة للحياة الاجتماعية. والديمقراطية تؤمن بالتنوع والتعدد وحرية الاختيار على أساس من الإيمان بقيمة الفرد في ذاته وأن الأفراد يختلفون فيما بينهم في الاستعدادات والقدرات وأن على نظام التعليم أن يوجه هذه الفروق وأن يساعد المتعلم على تنمية هذه الاستعدادات والقدرات إلى أعلى حد ممكن. ولأهمية موضوع الحرية وعلاقتها بالديمقراطية ولكونها من أكثر المفاهيم تواجداً على الساحة الأدبية والفكرية، ولكونها شغلت الفلاسفة والمفكرين منذ القدم فسوف يتطرق هذا الكتاب إليها بمزيد من البحث والتفصيل، انطلاقاً من أن الإبداع البشري لا يمكن أن يتحقق إلا بوجود الحرية التي تشكل مشعلاً للحياة إذا انطفأ ساد الظلام وعم الجهل وتجمد الإبداع البشري، وهذا سوف يؤدي إلى اندثار الحضارة الإنسانية.

**مفهوم الحرية:**

كانت الحرية تشكل موضوعاً مهماً في الفلسفة وتعود جذورها التاريخية إلى اليونان القديم عندما بدأ السكان يفكرون في مصيرهم ويندهشون من هذا التفكير، ويسألون أنفسهم هل من الممكن أو ليس من الممكن الهروب من هذا المصير؟ إلا أن هذه الحرية في الديمقراطية اليونانية القديمة لم تكن تحمل معنى وضع القيود على الحكام فيما يتعلق باحترام الحريات، فلقد كان الفرد خاضعاً للدولة في كل شيء، ولم تكن هناك حرية معتقدات دينية إذ كان الفرد ملزماً باعتناق دين الدولة، كما لم تكن هناك حرية التملك فممتلكات الفرد خاضعة لتصرف الدولة[٢٢]. ولقد أثارت مشكلة الحرية انتباه الفلاسفة منذ "طاليس" (٦٢١-٥٥٠ق. م) تقريباً، وكذلك في التراجيديا اليونانية قبل "طاليس" نجدها من خلال فكرة الضرورة أو القدرة، ففكرة الضرورة نفسها تفترض فكرة الحرية، فلا معنى للقول بضرورة "لا" عندما يقابلها شعور واضح بالحرية أو رغبة فيها، وهكذا يجد الإنسان أن القول بالقضاء

والقدر يفترض بطريقة ما القول بالحرية. وكذلك نجد مفهوم الحرية عند "سقراط" وكذلك عند "أرسطو" الذي رأى أن المستقبل ليس محدداً من قبل بل هو إمكانية مفتوحة، ولذلك من الصعب التنبؤ وهذا ينطوي على الإيمان بوجود الحرية (٢٣). ومفهوم الحرية مهم في المجال الميتافيزيقي، كما أنه مهم في السياسة من خلال السؤال التالي:" هل الناس عندهم الحق في مراقبة الآخرين؟" وتتضح أهميتها في المجال المتيافيزيقي عند طرح السؤال التالي: هل الإنسان فعلياً مراقب لحياته؟ وهل أفعاله مصممة بقوى الطبيعة أو التاريخ وأنه لا يستطيع التحكم بها؟ (٢٤). تعلمنا الفلسفة أن كل صفات الروح لا توجد إلا بالحرية، فالحرية هي التي تعطي الإنسان إنسانيته وتجعله يتمتع بحقوقه وواجباته كإنسان. والحرية من غير العدالة تدل على تناقض طبيعي، فلا وجود لحرية دون قوانين، ولا حرية عندما يوجد فرد فوق القانون، وهذا ما أكده "روسو" عندما رسم العلاقة بين الحرية الفردية والمجتمع(٢٥).

ويعتبر الذكاء مقوماً أساسياً من مقومات الحرية فهو يزيد من قدرة الإنسان في السيطرة على البيئة وإخضاعها لحاجاته، كما أن الحرية لا تقوم بمعزل عن حق الاختيار، فالفرد الحر هو الفرد المالك للقدرة على اختيار ما يريد دون قيود بما يتناسب مع ميوله وقدراته ومع فلسفته في الحياة ودون تعارض مع القوانين والأنظمة. كما أن معرفة الإنسان بما له وما عليه وحدود ما لغيره من الناس يعتبر أيضاً من مقومات الحرية. ويجب التأكيد على أن الإنسان لا يصبح حر الإرادة وهو غير قادر على التحكم بإرادته، فحرية الإرادة غير معزولة عن إطارها الاجتماعي.

لقد قام المفكرون والفلاسفة منذ القدم بأبحاث تتعلق بالحرية، وتهدف إلى إثباتها، فكلمة الحرية على مر التاريخ، كانت ومازالت محببة إلى نفوس الناس ولها أهمية كبيرة في بناء الحضارة. وقد دافع عنها الكثيرون في حين نفاها وأنكرها البعض. وتجدر الإشارة إلى أن الذين وصلوا إلى نفي الحرية لم يصلوا إلى ذلك إلا لمحاولتهم البرهنة عليها بطريقة عقلية صرفة، وقد نسوا أن محاولاتهم في نفي الحرية، ما هي إلا تأكيد على حريتهم أيضاً، فالمسؤولية لا معنى لها إلا إذا كان

الإنسان حراً وليس مجبراً على أفعاله، فحيثما لا توجد الحرية لا توجد المسؤولية، والعكس بالعكس أيضاً (٢٦).

وتعني الحرية تلك الملكة التي تميز الإنسان من حيث هو موجود عاقل تصدر أفعاله عن إرادته لا عن إرادة غريبة عنه، لذلك فالإنسان الحر هو ذلك الإنسان الذي ليس عبداً أو أسيراً لأية قوة في المجتمع سواء كانت سياسية أم اجتماعية أو دينية أو خلقية أو علمية أو متيافيزيقية، ومن هنا تحمل المعنى الاشتقاقي وهو انعدام الضغط الخارجي. (٢٧) لذلك فإن امتلاك الإرادة يعتبر عنصراً مهماً في تحقيق الحرية، فلا معنى لحرية غير مبنية على إرادة حقيقية نابعة من ذات الفرد، ولا تؤثر فيها قوى أو عوامل أخرى. وسحر كلمة الحرية آتٍ من ارتباطها الوثيق بحياة كل سكان المعمورة، هذا الارتباط هو الذي جعل تأثيرها تأثيراً مباشراً على سعادة الإنسان الشخصية، ونظراً لسحرها فقد قامت الحروب وسقط الكثير من الضحايا من أجل الدفاع عنها.

ويجب التأكيد هنا على أنه ليس للحرية مفهوم واحد مطلق إذ إن مفهومها نسبي، وتغطي كلمة الحرية معاني مختلفة تختلف باختلاف المجال الذي تستعمل فيه: من مجال شخصي- إلى قومي، إلى سياسي، إلى اقتصادي، وإلى اجتماعي أو تعليمي. كما إنها تتنوع لتشمل حرية الرأي، وحرية العقيدة، والحرية الشخصية وحرية التملك، كما أن الحرية من وجهة نظر الفكر اليميني تختلف عنها في الفكر اليساري.

كما اختلفت النظرة إلى الحرية من عصر- إلى آخر، ففي العصور الوسطى نجد أن القديس "أوغسطين" (٣٥٤-٤٣٠م) قد أكد على حرية الإرادة. أما "توما الأكويني" (١٢٢٥-١٢٧٤م) فقد آمن بأن أفعالنا تصدر عن إرادة إنسانية حرة، وقد حمل الإنسان مسؤولية أفعاله. (٢٨)

كذلك نالت مشكلة الحرية اهتمام فلاسفة الإسلام، فالمعتزلة آمنوا بأن الإنسان حر في أفعاله وهو خالق لها، ومن ثم فهو مسؤول عنها. أما الجبريون فقد رأوا أن

الإنسان مجبور على أفعاله مقهور عليها، ونجد هذه النزعة أيضاً عند الصوفيين. وهذا بعكس ما نجده عند "أبو حيان التوحيدي" فقد حاول التوفيق بين القول بحرية الإنسان وإرادة الله. أما الأشعرية فوقفوا موقفاً وسطاً فقالوا إن للإنسان كسباً وإن المكتسب والكسب مخلوقات لله تعالى. وانتقد "ابن رشد" المعتزلة والجبرية في القول بجانب واحد دون الآخر، وحاول التوفيق بين الجبر والاختيار فذهب إلى القول "إن الإنسان يفعل حقاً ولكن هذا الفعل لا يستطيع القيام به إلا بإذن الله."(٢٩)

وفي العصر الحديث فإن الفيلسوف الفرنسي "ديكارت" (١٥٩٦-١٦٥٠م) وحد بين الإرادة والحرية، فاعتبر أن الحرية هي قدرة الفرد على فعل الشيء أو امتناعه عن فعله، ووضح أن إثبات أو نفي الأشياء التي تأتي من الذهن من أجل الإقدام عليها أو الابتعاد عنها، إنما يقوم الإنسان بهذا بمحض اختياره دون الإحساس بوجود ضغوط من الخارج تملي عليه ذلك التصرف. كما نجد عند "شلنج" (١٧٧٥-١٨٥٤م) التوفيق بين الحرية والضرورة حيث يتم التوفيق بواسطة فكرة المعقولية فجميع الأفعال التي تصدر عن العقل الإنساني هي أفعال تتسم بالحرية، كما أنها تتسم بالضرورة في نفس الوقت، ولذلك تعتبر حرة وضرورية لأنها صادرة عن مقتضيات العقل.(٣٠)

لقد قيل إن الحرية انتعشت في عصر التنوير، إذ عجلت البرجوازية الفرنسية بظهور عصر التنوير (Enlightment) الذي هو عصر العقل والاستنارة حيث انتشرت أفكار وتوجهات علمية وعقلانية بشكل أوسع مما كانت عليه. ومع شيوع فكرة التقدم (Progress) وانتشار مكتشفات العلم الوضعي بفضل فلسفة التنوير التي ساعدت على ظهور وبلورة الأفكار التقدمية التي تناقضت مع الأفكار الأرستقراطية الإقطاعية، بدأت أفكار الحرية والتنوير تأخذ مكانها في الحياة الاجتماعية الفرنسية بدعم من فلاسفة وكتاب فرنسا المشاهير في القرن الثامن عشر من أمثال "فولتير"، "وجان جاك روسو" اللذين أكدا على بداية عصر الإيمان بالعقل

والحرية، واحترام حقوق الإنسان، وهاجم "روسو" في كتابه "العقد الاجتماعي" الذي اعتبر إنجيل الثورة استبداد الإقطاع، كما أكدت فلسفة التنوير على الإخاء والعدالة والمساواة.[٣١]

لقد انتعشت فكرة الحرية كما أشير لذلك مع ظهور وتطور فلسفة التنوير، كما تأثر الوجوديون أيضاً بفكرة الحرية ويرون أنها أساس لكل القيم، وأن الإنسان عبارة عن مشروع يصنعهُ بنفسه. وفي فكرة الحرية يلتقي الوجوديون كافة على الرغم مما ساد فلسفتهم من اختلاقات كثيرة. كما أن فلسفة القرن العشرين ركزت على مفهوم الحرية والمسؤولية إضافة إلى تركيزها على الفلسفة، والعلم، والديمقراطية، والعولمة، وتأثير هذه المفاهيم على الفكر التربوي. لقد أصبحت حالياً فكرة الحرية هي نقطة البدء في كل شيء، وأصبحت الشغل الشاغل لكل إنسان، وإذا سلبت منه فهذا يعني أنه سلبت منه وسيلة خلاصه الوحيدة، حيث لا فضيلة لمن يطيع القانون خوفاً، وبدون الحرية فلا أخلاق ولا إتقان للعمل، ولا ابتكار ولا إخلاص في العمل، ولا واجب بدون الحرية فمن أجل التزام الإنسان بواجبه في أي مجال من مجالات الحياة الاجتماعية، فلابد أن يأخذ ذلك على عاتقه بكامل حريته لا مجرد أنه تكليف من المسؤولين عنه، فبهذا تنمو الذات وينمو الالتزام بالواجب، وهذا الوعي الذاتي بالمسؤولية الذي هو أعلى أنواع الوعى؛ انما يؤدي إلى أنسنة المجتمع، أي تكريس النزعة الإنسانية التي تدافع عن حرية الانسان وحقوقه المختلفة المقترنة بالسلوك الواعي والمسؤول.

وأخيراً لابد من التأكيد على أن السير نحو الحياة الديمقراطية يتطلب بذل الكثير من الجهود وتخطي الكثير من المعيقات والمصاعب، ولكن يمكن تخطي كل هذا كلما كان الأفراد ذوي شخصيات مصقولة أي كلما كانوا أحراراً، ولذلك فإن امتلاك الحرية بشكل عام يعتبر طريقاً نحو تحقيق الديمقراطية الصحيحة. إن

الضمانات للحريات المدنية تفقد معناها، ولا يمكن تطبيقها على أرض الواقع دون ضمانات سياسية من السلطة الحاكمة ودون إيمان عميق بالديمقراطية.

إن الفرد صاحب الإرادة الحرة والفكر النير الواعي، هو ذلك الفرد الذي يسهل عليه اعتناق الديمقراطية واتخاذها منهجاً له في الحياة، وأسلوباً للتعامل مع أفراد وجماعات المجتمع المختلفة.

وثمة ارتباط قوي بين الحرية والتربية والتعليم لأن كلاً منهما يسعى نحو خلق الفرد المصقول الشخصية، الواعي لما يدور حوله، والقادر على التكيف مع معطيات الحياة، كما أن تنمية مفهوم الحرية وممارستها بشكل صحيح يعتبر من أهم أهداف التربية والتعليم. والمطلوب من التربية وفلسفتها تصحيح الأفكار الخطأ التي علقت بمشكلة الحرية عبر التاريخ وعند بعض الشعوب، حيث تكونت مفاهيم مغلوطة لديها ترى في الحرية مجرد تحلل من معايير المجتمع وضوابطه وخروج عن قوانينه. ومن المفاهيم الخطأ أيضاً ذلك المفهوم الذي يفصل بين الفرد والجماعة، أي الاهتمام بحرية الفرد دون الأخذ بعين الاعتبار صالح الجماعة مما يعوق بناء مجتمع حر يمتلك مقومات الحرية الصحيحة.

**فلسفة التربية الديمقراطية:**

ترتبط التربية بالديمقراطية مثلما ترتبط الديمقراطية بالتربية، فالتربية أداة مهمة للديمقراطية، والديمقراطية أداة التربية في بناء مجتمع ديمقراطي. وكانت التربية قديماً تعتبر من أهم الوسائل للمحافظة على نظام الحكم، وحالياً تعتبر وسيلة مهمة لها علاقة وثيقة بالطريقة الديمقراطية للحياة. ولما كانت التربية عملية اجتماعية وكان هناك أنواع كثيرة ومختلفة من المجتمعات البشرية فإن المعيار للنقد والبناء من الناحية التربوية يتضمن مثالاً اجتماعياً معيناً. ولقياس قيمة الحياة الاجتماعية فإن ذلك يعتمد على مدى مشاركة كل أعضاء الجماعة في اهتماماتها ومصالحها، ومدى غزارة وحرية تفاعل هذه الجماعة مع الجماعات الأخرى. إن

المجتمع الذي يقيم الحواجز الداخلية والخارجية أمام حرية التعامل وانتقال الخبرات هو مجتمع غير مرغوب به ديمقراطياً. أما المجتمع الذي يوفر لأفراده المشاركة على قدم المساواة، ويضمن إعادة التكيف بمرونة لمؤسساته عن طريق تفاعل الأشكال المختلفة للحياة الاجتماعية فهو مجتمع ديمقراطي بمقدار ذلك كله، ومثل هذا المجتمع يجب أن يكون له نمط من التربية يتلاءم مع ذلك.[٣٢] إن النظم التربوية التي تستند إلى مبادئ ديمقراطية تعتبر نظماً ضرورية ومهمة لبناء مجتمع عصري تسود فيه مبادئ وأخلاقيات وممارسات الديمقراطية وتحترم فيه حقوق البشر ويتحقق فيه مبدأ تكافؤ الفرص لجميع أفراد المجتمع مما يعطي المجتمع وحدته وتماسكه.

إن العلاقة بين الديمقراطية والتربية علاقة جدلية تبادلية يتوقف كل منهما على الآخر ويتأثر به، فبما أن الديمقراطية الصحيحة لا تتفتح إلا في مجتمع متعلم، كذلك فإن التربية لا تتم ولا تتطور ولا تتوسع فرص التكافؤ في التعليم إلا في جو ديمقراطي. وظهور الديمقراطية وتطورها عبر التاريخ يدعم ويؤكد أهمية النظرة الاجتماعية للتربية. كما لابد من الإشارة إلى أن الديمقراطية التربوية تتجسد في التوزيع العادل لخيرات التربية والتعليم بين أفراد المجتمع، ولذلك فإن فلسفة الديمقراطية التربوية تكمن في أنه لا يمكن أن تتحقق الديمقراطية في ميدان التربية والتعليم إلا في سياق ديمقراطي للحياة الاجتماعية. ويستنتج من هذا أن المساواة في ميدان التربية والتعليم تنبع من التوزيع العادل للخيرات التربوية، أي حصول أفراد المجتمع على نصيب متكافئ من الخيرات التربوية المتوفرة مما يؤدي إلى أن يشبع كل فرد حاجاته العلمية والتربوية في إطار المؤسسات التربوية الموجودة في المجتمع الذي يعيش فيه.

إن فلاسفة التربية مدعوون لتعميق الروح الديمقراطية من خلال حرية الفكر والقول والعمل، كما أنه مطلوب من الممارسات التربوية أن تحقق قدرات

الفرد الخاصة وتعمل على تفجير إمكانياته، وتنمية الإيمان بكرامة الإنسان، وبذل الجهود لبناء شخصية متكاملة للجيل الصاعد ليعيش حياة أفضل، ويتكيف مع المتغيرات والتحديات المستقبلية. ويؤكد الأدب التربوي أن الناس ولدوا متساوين ولكن المجتمع هو الذي يخلق الفروق بينهم، لذلك لابد من فلسفة تربوية تؤكد على المساواة الاجتماعية والسياسية وتطبيق مبدأ تكافؤ الفرص في مجال التربية والتعليم. كما لابد لهذه الفلسفة من التأكيد على التربية الديمقراطية من خلال إشراك أوسع فئات الشعب في تحديد فلسفة المجتمع وأهدافه التربوية، ودعم الالتزام بحاجات المجتمع ومصالحه.

وتصبح الديمقراطية في المجتمع كفلسفة له عندما يؤمن أفراد المجتمع بالمفهوم الشامل للديمقراطية، وتصبح ثقافة له وأسلوب حياة يشمل كافة جوانبها، وتفرض على الناس سلوكاً معيناً في مختلف جوانب العلاقات الاجتماعية، وعندها تتطلب الديمقراطية سياسة تربوية تحدد للفرد مواقفه تجاه الآخرين وتجاه نفسه، وتحدد كذلك المنظومة القيمية التي يؤمن بها المجتمع ويقبلها لأفراده إلى جانب تحديد للعادات والتقاليد التي يتبناها ويهتم بتقبلها لأجياله القادمة. وهذا يوضح أن الديمقراطية ما هي إلا إطار اجتماعي معين تنمو التربية فيه، مما يؤكد على العلاقة القوية بين الديمقراطية والتربية، ويؤسس بنية وقاعدة فلسفة التربية الديمقراطية التي أصبحت مطلباً لأوسع جماهير الشعب عالمياً.[٣٣] إن بناء فلسفة للتربية على أسس ديمقراطية يتطلب إعادة بناء وصياغة أسسها انطلاقاً من التأكيد على مبادئ الحرية والعدل والمساواة.

إن الأطفال الذين يعيشون في بيئة ديمقراطية يتميزون بالثقة بالنفس وبروح المبادرة والتعاون ويتصفون بالود والابتعاد عن العدوانية. ومن الأهمية بمكان تناول فلسفة ديمقراطية التعليم كجزء مهم من فلسفة التربية الديمقراطية.

**فلسفة ديمقراطية التعليم:**

تجدر الإشارة إلى أن فهم الديمقراطية بمعناها العام وكما شرح في الصفحات السابقة يـؤدي إلى فهم ديمقراطية التعليم، والتي هي جانب تطبيقي للديمقراطية العامة مثلها مثل الديمقراطيـة الاجتماعيـة، والديمقراطية السياسية، والديمقراطية الثقافية، والديمقراطية الإدارية، وكذلك الديمقراطية في أي مجال مـن مجالات الحياة تطبق فيه مبادئ الديمقراطية العامة.

لقد بين هذا الفصل أن الديمقراطية في بداية نشأتها في بلاد اليونان كان قد غلب على مفهومها وتطبيقها الطابع السياسي، ولكنها عبر التاريخ توسعت وأصبحت حالياً تشمل جميع جوانب حياة الإنسان، وإن الذي ساهم في هـذا التوسع هـو جهـود الفلاسفة والمفكرين والثـورات وكثيـر مـن المبـادئ الدينيـة الاجتماعية التي أفسحت المجال لتحقيق المزيد من العدالة والحرية والمساواة والكرامة الإنسانية.

ومن الأفكار والمبادئ الحديثة التي أثرت في الديمقراطية المعاصرة مبادئ فكرة المساواة والحرية والعدالـة الاجتماعيـة، كـذلك تـأثير "المـذهب الإنسـاني"، ومبـادئ "المـذهب الفـردي"، ومبـادئ "المـذهب الليبرالي"، و"المذهب الطبيعي"، ومبادئ المذهب الاجتماعي والحركـات الاشتراكية وغيرهـا مـن الحركـات العلمية والفكرية والفلسفية.<sup>(٣٤)</sup> والديمقراطية كـما أشرنـا هـي طريقـة في الحيـاة يعيشها الفرد وتشمل جميع جوانب حياته الشخصية والاجتماعية، وطريقـة تشكيل حياة الإنسـان وأسـلوبه في العمل داخـل المجتمع الذي يعيش فيه، كما أنها لا تقوم من فراغ بل لابـد أن تمـارس ضـمن واقـع اجتماعـي محـدد وفي مرحلة تاريخية معينة، مع الأخذ بعين الاعتبار عند تطبيقها قيم الشعوب وتراثها وكذلك معطيات العصر، وتجارب الشعوب الأخرى، حتى يتحقق الربط بين الحاضر والمستقبل، وبين الأصالة والمعاصرة.<sup>(٣٥)</sup>

وكما أشير أيضاً إلى أن الديمقراطية ترتبط بجميع مجالات الحياة الإنسانية، إلا أن ارتباطها أقوى وأشمل بميدان التربية والتعليم، أي تعميم فرص التعليم والتحصيل العلمي لجميع الأفراد، وتأكيد حق التعليم لجميع الأفراد حسب قدراتهم واستعداداتهم خاصةً في المستويات العليا منه. ويرتبط مصطلح ديمقراطية التعليم في مفهومه بمصطلحات ومفاهيم أخرى كثيرة، ولكنها تتشابه من حيث المدلول، منها: حرية التعليم، وتكافؤ الفرص التعليمية، والعدالة، والمساواة في التعليم، والمجتمع المتعلم، والتعليم للجميع، وجميع هذه المعاني والمفاهيم تتلاقى في المصطلح الأعم والأشمل وهو مصطلح "ديمقراطية التعليم".[٣٦] هذا المصطلح يحتوي على ثلاثة أبعاد ترتبط به مباشرة وهي: بعد كمي ينطوي على استيعاب كل من هم في سن الدراسة ومن هم بحاجة إلى التعلم والتدريب من الكبار. وبعد اجتماعي يتضمن انتفاء كل أشكال التمييز بسبب العرق أو الدين أو اللون أو الجنس أو المعتقد السياسي أو الوضع الاجتماعي. وبعد نوعي يتضمن تجديد المناهج والمضامين الدراسية كلما تطور المجتمع.

ومن أهم القيم التي تتناولها التربية في علاقتها مع الديمقراطية وتحاول وضع حلول لها ما يلي: [٣٧]

## ١- تكافؤ الفرص التعليمية:

نتيجةً لتطور الحياة الاقتصادية والاجتماعية والثقافية والسياسية في الغرب في أواخر القرن التاسع عشر نتيجة لتوسع علاقات الإنتاج كان لابد من القيام بالتوسع في نشر التعليم على قطاعات أوسع من السكان مع الأخذ بعين الاعتبار اختيار العناصر الكفوءة. وتشير الأفكار الليبرالية إلى أن هذا التوسع يجري من مجتمع يرث فيه الأبناء عن آبائهم الوجاهة والثروة إلى مجتمع يدخل فيه الجيل الجديد من الأبناء إلى مستويات التعليم المختلفة ويترقون فيها بناءً على المقدرة والكفاءة والذكاء والإنجاز الدراسي. أما الاتجاهات الراديكالية فإنها تؤكد على أن التغير في

البنى التعليمية يتطلب مزيداً من التغيرات المهمة في فلسفة وبناء المجتمع المعني. وفي هذا المجال لابد من الإشارة إلى أنه يجب النظر إلى تكافؤ الفرص في التعليم على أنه تكافؤ في الإنجاز والتحصيل لا مجرد تكافؤ في القبول في مستويات التعليم المختلفة.

وتأتي أهميته من علاقته بالتكافؤ في سائر فرص ومتطلبات العدالة الاجتماعية والمساواة، ولما له من علاقة بالمراكز الاجتماعية. ويؤكد هذا المبدأ على عدم التفريق بين الناس في الحقوق والواجبات وفي تحصيل العلم ومواصلة التعلم، انطلاقاً من حق الفرد في الحصول على العلم والثقافة دون تمييز انطلاقاً من مواقع طبقية أو وراثية أو عرقية أو دينية أو سياسية أو جنسية، كما أنه يفتح الفرص أمام الجميع وفق الاستعدادات والقدرات للتعلم ومواصلته، هذا هو العدل الذي يقتضي المساواة في الفكر. وتجدر الإشارة إلى أن إعطاء الأولوية للغير داخل فكرة المساواة يعني التسامح وليس تكافؤ الفرص التعليمية. وظهرت فكرة تكافؤ الفرص التعليمية تاريخياً منذ أواخر القرن التاسع عشر ولكن بدأ التركيز الكثيف عليها بعد تبني الأمم المتحدة للإعلان العالمي لحقوق الإنسان والذي نصّ على حق كل فرد بالمشاركة بحرية في ثقافة مجتمعه، وأن لكل فرد الحق في التربية والتعليم مجاناً على الأقل في المراحل الأساسية. إن تحقيق تكافؤ في الفرص التعليمية يعتمد على فلسفة المجتمع، فالمجتمعات المنفتحة التقدمية تحاول منح الفرص المتكافئة للمواطنين وتوفير فرص ترقي الأفراد في السلم الاجتماعي حسب قدراتهم ودوافعهم، وتقلل من المعيقات التي تحول دون حركة الأفراد الاجتماعية، بعكس المجتمعات المغلقة التي تقرر فيها المكانة والحركة الاجتماعية بالوراثة والثروة والعلاقة بأصحاب النفوذ.

وفي عصرنا الحاضر برزت عدة معوقات تعوق تحقيق مبدأ تكافؤ الفرص التعليمية منها: العوامل الاقتصادية والاجتماعية، والعوامل العنصرية، وعوامل تتصل بالجنس، والعقيدة، وكذلك عوامل تتصل بالأيدلوجية.

**٢- الحرية في التعليم:**

ذكرنا سابقاً أن المجتمع الديمقراطي هو ذلك المجتمع الذي يتمتع فيه الناس بجو من الحرية المرتبطة بمختلف أشكال الوعي أو السلوك العقلاني، لا الحرية المطلقة والفوضوية بل الحرية النابعة من القوانين والأنظمة والتعليمات ومستمدة لمحتواها من القيم الإنسانية ويكون شعارها أن حرية الإنسان تبدأ عندما تنتهي حرية الناس الآخرين والعكس صحيح أيضاً. كما يجب أن تكون هذه الحرية مرتبطة بالقدرة على الاختيار الصحيح لعناصر تجربة الإنسان الحياتية. ولكي تصبح العملية التربوية ديمقراطية لابد من إتاحة الفرص التربوية للجيل الصاعد للتعبير عن آرائه بوعي وبحرية وهذا يساهم في نمو شخصية الفرد نمواً شاملاً وسليماً. كما أن مفهوم الحرية الواعية المعقلنة يتضمن إعادة النظر في العلاقة التقليدية ما بين المعلم والمتعلم، وخاصةً تلك العلاقة القائمة على التلقين والحفظ والتكرار والخضوع وإغفال مبدأ الفروق الفرديه واهتمامات المتعلم.

وترتبط الحرية الأكاديمية بالديمقراطية فالمجتمع الديمقراطي يعتبر مجتمعاً حراً ومن الصعب وجود ديمقراطية صحيحة دون توفر حرية الرأي والتعبير والنقد البناء وتبادل الآراء. كما أن أهداف التربية الديمقراطية تتمثل في تحقيق الحرية المسؤولة وتوفير الفرص التربوية الملائمة لأفراد المجتمع بحيث يكونون قادرين على التعبير عن آرائهم ضمن إطار اجتماعي واضح يتوفر فيه الجو الاجتماعي الجيد للمعلم والمتعلم وتسود فيه قيم المساواة والإخاء والمحبة المتبادلة.

ويعني مصطلح الحرية الأكاديمية توفير الحرية لأعضاء هيئة التدريس في مؤسسات التعليم العالي للمحافظة على سمعة مهنة التدريس العالي، وتقع على مؤسسات التعليم العالي مسؤولية توفير السبل لضمان هذه الحرية وإعطاء المتعلم الحرية للتعبير عن آرائه وأفكاره وتصوراته للحياة والدراسة، والمشاركة في القضايا التي تهم حياة الطالب في الجامعة أو مؤسسات التعليم العالي أياً كانت ضمن القوانين والأنظمة والتعليمات المرعية. وفي إطار هذه الحرية على عضو هيئة التدريس تطوير معارفه وقدراته وممارسة أعلى درجة من العدالة والمسؤولية الملقاة على عاتقه والسماح لطلبته بإبداء آرائهم والسماح لهم بالحوار دون خوف أو وجل. إن الحرية الأكاديمية وسيلة من وسائل تنمية العملية التعليمية- التعلمية وليست هي غاية تمارس لذاتها فهي الضمان الناجح لنمو المعرفة وتوفير المناخ التربوي المناسب للاستفادة من منجزات التعلم والحضارة الإنسانية في الحياة الاجتماعية وإثراء البرامج التربوية المختلفة. والجامعات التي لا تتوفر فيها الحرية الأكاديمية المسؤولة تواجه صعوبات لا تحصى- في تأدية مهامها وأهدافها بشكل جيد مما يؤثر على تحقيق الإبداع وتبقى هذه الجامعات تعيش ضمن الأطر التقليدية وبعيدة عن مفاهيم التربية الحديثة.[٣٨]

**٣- إلزامية التعليم ومجانيته:**

ويتضمن هذا المفهوم توفير الفرص والإمكانيات التعليمية- التعلمية للذين هم في سن الإلزام، ومن جهة أخرى يتطلب هذا المفهوم أن يقوم الآباء بإلزام أطفالهم للاستفادة من الفرص التربوية الممنوحة لأبنائهم لتحقيق النجاح ومواصلة التعلم، ومكافحة الإهدار التربوي الذي يعود بالأضرار الكبيرة على التنمية الاجتماعية الشاملة. ولابد من التذكير بأن مبدأ إلزامية التعليم ومجانيته خاصةً في المراحل الأولى من التعليم أصبح من الأولويات في النظام الديمقراطي في مجال

التربية والتعليم، وقد نصت على ذلك صراحةً المادة (٢٦) من مبادئ حقوق الإنسان.

## ٤- الديمقراطية والاهتمامات المشتركة:

إن علاقة الديمقراطية بالتربية تتطلب توسيع مجالات الاهتمامات المشتركة بين أفراد المجتمع، عن طريق تنمية أنماط من النشاط المتنوعة تساير عملية التنمية الاجتماعية الشاملة، وكذلك عن طريق التربية بما توفره من مبدأ تكافؤ الفرص التعليمية مما يجعلها دائماً تحاول تقريب الناس من بعضهم البعض فيحل التعاون وتتسع دائرة النشاطات والاهتمامات المشتركة.

## ٥- محو الأمية وتعليم كبار السن:

ويتضمن توفير الإمكانيات لمحو أمية لمن فاتهم اللحاق بقطار التعليم، وتأهيلهم لممارسة أدوارهم الاجتماعية في مجتمعاتهم بشكل طبيعي. وتشكل هذه الظاهرة في الدول النامية ومنها الدول العربية بعداً سلبياً على نجاح عملية التنمية الشاملة، ولذلك لابد من وضع الحلول لهذه المشكلة الصعبة.

أما الديمقراطية بشكل عام من حيث أنها فلسفة فلها مقوماتها العامة نابعة من مجموعة المبادئ العامة التي تلقي مزيداً من الضوء على مفهومها وأبعادها ومرتكزاتها، ولعل من أهم هذه المقومات والمبادئ العامة ما يلي: (٣٩)

أ- الإيمان بقيمة الإنسان وكرامته بغض النظر عن لونه وجنسه ومركزه وأنه أداة التنمية وغايتها، وله حقوقه التي يجب عدم المساس بها، والاعتراف بدوره في صنع التقدم، فيجب أن تسمو قيمة الإنسان على أية قيمة، لأن الديمقراطية تنظر إلى الإنسان على أنه المكوّن الأساسي لمفهومها، وبجانب هذا لابد من الإيمان بذكاء الإنسان وقدرته على الابتكار والاختراع والتغلب على المشكلات التي تواجهه في الحياة وقدرته على حكم نفسه بنفسه وتشكيل مستقبله.

ب- الإيمان بحقوق الإنسان الأساسية وعدم المساس بها كحقه في الحياة، وحقه في توفير الأمن الشخصي والحماية، والمعاملة العادلة، وحقه في الدفاع عن نفسه أمام قضاء نزيه، وحقه في الحرية الشخصية الملتزمة وحرية التفكير والتعبير عن آرائه، وحرية الانتقال والتنقل، وحقه في المشاركة في شؤون مجتمعه وفي صنع السياسات والقرارات، وحقه في التعليم والتدريب والثقافة والعمل، وفي الفرص المتكافئة المتاحة لغيره حسب إمكانياته وقدراته وإمكانات مجتمعه، والإيمان بتساوي جميع الأفراد في الحقوق والواجبات.

جـ- الإيمان بالفروق الفردية بين الناس، وإنها يمكن أن تكون مصدر تقدم ورخاء وسعادة لكل من الفرد والمجتمع إذا ما أُحسن توجيهها والاستفادة منها.

د- الإيمان بتبني الأسلوب العلمي في التفكير وحل المشكلات بعيداً عن التحيز والأنانية، وبضرورة الالتزام بمتطلبات هذا الأسلوب.

هـ- الإيمان بقيمة التربية والتعليم في تقدم المجتمعات البشرية ونهضتها، فالتعليم هو مفتاح تطوير المجتمعات وتغييرها، ولا يمكن للديمقراطية أن تنجح في أي بلد من البلدان إذا سادها الجهل وتفشت فيها الأمية.

و- العمل على إقامة توازن عادل بين مصالح الفرد ومصالح الجماعة بحيث يسعى كل منهما إلى تقدم الآخر، فالفرد والمجتمع عبارة عن طرفين متكاملين لابد لهما من العمل بتعاون لتحقيق التنمية الشاملة والتحول المرغوب فيه، كما يجب صيانة حقوق الأفراد، وفي المقابل أيضاً الحفاظ على تقدم المجتمع واستقراره، والعمل على تحقيق الانتماء له.

ز- النظر إلى الإنسان على أنه غاية سامية وليس وسيلة للمنفعة فقط، والعمل على تحقيق حياة كريمة له، وأن يحصل على نصيب عادل من التنمية المجتمعية التي يشارك فيها بعيداً عن استغلال الإنسان لأخيه الإنسان.

ح- ممارسة النقد والنقد الذاتي بصورة سليمة فبواسطة النقد البناء تتطور الحضارة.

إن الإنسان في ظل الديمقراطية يعيش سعيداً ويقبل على الحياة بمختلف مجالاتها ويتمسك بالقيم والمثل العليا ويعمل على الوصول إليها محباً للناس لا يعرف الحقد والحسد، ويؤمن بالعمل وأنه مفتاح الحياة والرزق وسبيل الاحترام.

وتنعكس الفلسفة الديمقراطية على كل مجالات الحياة، فبالنسبة لمجال التربية والتعليم نجدها في يد الشعب فهو الذي يحدد أهدافها ومحتواها وبرامجها من أجل خلق إنسان حر قادر على خدمة نفسه وخدمة مجتمعه بإخلاص، ففي مثل هذه المجتمعات يجد الإنسان أن غالبية الشعب تقبل على التعليم وتمويل برامجه طواعية، ويعتبر ذلك واجباً مقدساً؛ لأنه يعتبر أن الدور الأساسي له، وأن المصلحة العامة تتطلب إشراف الدولة على التعليم وإدارته، وهذا يؤدي إلى تحقيق مبدأ تكافؤ الفرص التعليمية بين جميع أفراد الشعب ومختلف المناطق الجغرافية في المجتمع. كما تقتضي المصلحة العامة التعاون بين الشعب والدولة في قضية الإشراف على التعليم وتمويله وإدارته كما هو مطبق في بعض البلدان، وأحياناً يضطلع الشعب بالإشراف وحده على التعليم، فالديمقراطية ليست مبدأً جامداً وإنما هي مجمل عمليات وعلاقات مرنة متداخلة تتطور حسب الظروف والمستجدات [٤٠]، فهناك علاقة قوية بين الديمقراطية وتربية وتهذيب النفس، وأيضاً هناك علاقة ما بين الديمقراطية والبيئة. إنها تحدٍ للناس يتطلب أساليب جديدة للتربية والتعليم تجاه المجتمعات البشرية، وتجاه الحياة الأسرية والحياة المدرسية واحترام مبادئ التنمية المستدامة.[٤١]

وتشمل الديمقراطية ميدان التعليم العالي، وتعني توفير فرص جامعية متساوية للمواطنين المتكافئين في الاستعدادات والقدرات. وقد حققت ديمقراطية التعليم الجامعي في العالم العربي حالياً بعض التقدم، ولكن ما زالت هناك عوائق

تعترض مسيرة الملايين من الطلبة العرب المحرومين من دخول الجامعات أو من الالتحاق بالتخصص الذي يرغبون الالتحاق به. هذه العوائق تعود إما إلى الأسس المعتمدة للقبول في معاهد التعليم العالي والجامعات العربية، أو بسبب الظروف المعيشية التي يعيشها الطلبة الجامعيون العرب وهم يتابعون دراستهم.

وتجدر الإشارة في هذا المجال إلى أن اعتماد معدل علامات الطالب في شهادة الدراسة الثانوية العامة أو ما يعادلها في العالم العربي أو في بعض بلدان العالم، بصورة مطلقة كشرط للقبول في الجامعة أو معاهد التعليم العالي، هو من الأمور التي تتطلب إعادة النظر فيها لأن هذا المعدل لا يشير إلى قدرة الطالب واستعداداته وحدها، بل يتأثر بالظروف الاقتصادية والاجتماعية والثقافية والتربوية التي يعيشها، وبظروف المدرسة التي كان يدرس فيها، ودرجة توفر مناخ تربوي ملائم فيها للعملية التعليمية-التعلمية.

وبعد هذا العرض لابد من الإشارة إلى أن المطلب الديمقراطي في العالم وبالتحديد بعد انتهاء الحرب العالمية الثانية أصبح يتمثل في الحركات الجمعية النشطة كمطلب ليس له قيد أو شرط، فالقوميون يجعلونه في مركز الصدارة في شعاراتهم، والاشتراكيون ينسبون أنفسهم إليه وهناك كثير من الأحزاب جعلته مقروناً بمبدأ الحرية وهو أحد مقدساتها. وفي نهاية القرن العشرين وبفضل تأثير المفاهيم التنويرية وانتشارها في مختلف أرجاء العالم تقدمت الديمقراطية على كل المبادئ والنظم واقترنت بمفاهيم العقلانية وأصبحت أحد أعمدة المجتمع المدني المنشود. وحالياً أصبحت تعني جملة من المبادئ والمواقف والمفاهيم: الحرية العقلانية، الانعتاق من الأفكار المسبقة، العلمانية، التعددية الثقافية والفكرية، المجتمع المدني، التنوير، بناء العقل النقدي، المواطنة الكريمة، بناء دولة المؤسسات، ونقد الاستبداد والقمع مهما كان شكله.[٤٢] لقد أصبحت قضية المجتمعات البشرية كافة، وفي قلب خططها المستقبلية.

وفي الفصول اللاحقة سوف يتناول هـذا الكتـاب بـالعرض والتحليل أهـم المـدارس الفلسـفية وانعكاساتها وتطبيقاتها في المجال التربوي، تلك الفلسفات التي أثرت وما زال تؤثر على المجتمعات البشرية وبدرجات مختلفة. هذه الفلسفات تدور في المجال الكبير المتمثل في إشكالية العلاقة بـين الفكر والوجود والتي كانت وما تزال تؤثر على الفكر البشري وله مواقف متباينة منها: أن بعض هـذه الفلسفات تنطلق من أسبقية الفكر على الوجود، في حين أن البعض الآخر ينطلق من أسبقية الوجود بمختلف أبعـاده عـلى الفكر الإنساني.

# المـراجـع

١- الربيع، أحمد، السلوك الديمقراطي في ضوء التجربة الأردنية، ط (١)، عمان، ١٩٩٢.

٢- الأمين، عاهدة، الديمقراطية وحقوق الإنسان في العالم العربي، الجمعية الفلسفية العربية، دراسة مقدمة إلى المؤتمر الفلسفي العربي الخامس (٢٥-٢٧) نوفمبر ١٩٩٨، عمان، الجامعة الأردنية.

٣- محمد علي، وعلي عبد المعطي، السياسة بين النظرية والتطبيق، ط(١)، دار المعرفة الجامعية، الإسكندرية، ١٩٩٥.

٤- نصار، محمد سامي، وجمان عبد المنعم أحمد، مدخل إلى تطور الفكر التربوي، ط (١)، منشورات ذات السلاسل، الكويت، ١٩٩٥، ص ٣٢.

٥- المرجع السابق، ص ٣٣.

٦- المرجع السابق، ص ٧٦.

٧- عصام سليمان، الديمقراطية، ط(١)، المركز العالي لدراسات وأبحاث الكتاب الأخضر، ليبيا، ١٩٨٨.

٨- نصار، محمد سامي، جمان عبد المنعم أحمد، مرجع سابق، ص ١٦٨.

٩- عصام سليمان، مرجع سابق، ص ١٢.

١٠- الجبوري، نظلة، حقوق الإنسان، دراسة حول إشكالية الفكر والواقع في الخطاب الإسلامي المعاصر، الجمعية الفلسفية العربية، (المؤتمر الفلسفي الخامس من ٢٥-٢٧ نوفمبر ١٩٩٨) عمان، الجامعة الأردنية.

١١- مونتسكيو، روح الشرائع، ترجمة عادل زعيتر، اليونسكو، القاهرة، ١٩٥٣، ص ٢٢٨-٢٢٩.

١٢- حسين يعقوب، حقوق الإنسان: مفاهيمها ومبادئها وطرائق تدريسها في مناهج اللغة العربية، معهد التربية (الأونروا)، اليونسكو - دائرة التربية والتعليم، أيار عام ٢٠٠٠، ص ٣٠-٣٣.

١٣- الأمين، عاهدة، مرجع سابق.

14- Held, D, ١٩٩٥: Democracy and The Global Order, P ٥.

١٥- جدعان، فهمي، نحن والديمقراطية (منظور تنويري)، مجلة عالم الفكر، عدد ٣، المجلد ٢٩، مارس، ٢٠٠١، ص ١٤٥-١٤٧.

١٦- المرجع السابق، ص ١٤٨.

١٧- المرجع السابق، ص ١٤٨-١٥٠.

١٨- الأمين، أحمد، الديمقراطية والعولمة: بين الأيديولوجيا والفلسفة، مجلة الفكر العربي المعاصر، عدد ١١٤-١١٥، ٢٠٠٠م، لبنان.

١٩- المرجع السابق، ص ٨٥.

٢٠- المرجع السابق، ص ٨٥.

٢١- المرجع السابق، ص ٨٦.

٢٢- متولي، عبد الحميد، الحريات العامة، نظرات في تطورها وضماناتها ومستقبلها، منشأة المعارف بالإسكندرية، ١٩٧٤.

٢٣- حباتر، سعد عبد العزيز، مشكلة الحرية في الفلسفة الوجودية، ط(١)، مكتبة الأنجلوالمصرية، القاهرة، ١٩٧٠م.

24- Stevenson, Gay, ١٩٩٨, Philosophy: First edition, New York, Alpha Books .

٢٥-   الأمين، عاهدة، مرجع سابق.

٢٦-   حباتر، سعد عبد العزيز، مشكلة الحرية في الفلسفة الوجودية، ط (١)، مكتبة الأنجلوالمصرية، القاهرة،
      ١٩٧٠، ص ٥.

٢٧-   ماضي، علي، فلسفة في التربية والحرية، ط(١)، دار المسيرة، بيروت، ١٩٧٩، ص ٢٥٤.

٢٨-   حباتر، مرجع سابق، ص ٢٢.

٢٩-   المرجع السابق، ص ٢٢-٢٤.

٣٠-   المرجع السابق، ص ٢٩.

٣١-   قباري، محمد إسماعيل، علم الاجتماع الثقافي، ط(١)، منشأة المعارف بالإسكندرية، ١٩٨٥، ص ٤٤٥.

٣٢-   ديوي، الديمقراطية والتربية، ترجمة نظمي لوقا، مكتبة الأنجلوالمصرية، ١٩٧٨، ص ٩١.

٣٣-   هندي، صالح ذياب وآخرون، أسس التربية، ط(٣)، دار الفكر للنشر والتوزيع، عمان، ١٩٩٥، ص ٦٣.

٣٤-   الشيباني، عمر تومي، ديمقراطية التعليم في الوطن العربي، ط(١)، المنشأة العامة للنشر والتوزيع والإعلان،
      بنغازي، ١٩٨٦، ص ١١-١٢.

٣٥-   المرجع السابق، ص ١٣.

٣٦-   الرشدان، عبد الله، علم اجتماع التربية، ط(١)، دار الشروق، عمان، ١٩٩٩،       ص ٣٠١، ٣٠٥.

٣٧-   التل سعيد وآخرون، المرجع في مبادئ التربية، ط(١)، دار الشروق، عمان، ١٩٩٣، ص ١٥٦-١٥٨. وكذلك
      الرشدان، عبد الله، مرجع سابق، ص ٣١٩.

٣٨- التل، سعيد وآخرون، قواعد التدريس الجامعي، ط(١)، دار الفكر، عمان، الأردن، ص ٥٥-٥٧.

٣٩- الشيباني، عمر تومي، ديمقراطية التعليم في الوطن العربي، مرجع سابق، ص١٣-١٦. وكذلك عبد الله الرشدان، علم اجتماع التربية، مرجع سابق، ص٢٩٨-٣٠١.

٤٠- عبود، عبد الغني، وحجي أحمد اسماعيل، التربية المقارنة، ط(١)، دار الفكر العربي، القاهرة، ١٩٩٧، ص ١٤٤-١٤٥.

٤١- Roger Soder, (١٩٩٦), Democracy, education, and the schools, Jossey- Bass Publishers, San Francisco, U. S.A.

٤٢- جدعان، فهمي، مرجع سابق، ص ١٥٥.

# الفصل الثالث

# الفلسفة المثالية والتربية

- مقدمة
- أفلاطون
- ديكارت
- جورج باركلي
- عمانوئيل كانت
- هيغل
- سبينوزا
- التطبيقات التربوية

# الفصل الثالث

# الفلسفة المثالية والتربية

**مقدمة :**

المثالية "IDEALISM" مأخوذة من المثال وتعني في اللغة الإغريقية الصورة أو الفكرة [١] ويعرف لالاند "Lalande" في معجمه الفلسفي الفكر الفلسفي المثالي بأنه "الاتجاه الفلسفي الذي يرجع كل وجود إلى الفكر بالمعنى الأشمل لهذا المصطلح" بمعنى أن الأشياء الواقعية هي أفكارنا نحن ولا يوجد إلا الذوات المفكرة ، وأن وجود الأشياء هو إدراكها عن طريق هذه الذوات ولا حقيقة غير ذلك، [٢] ويتم ذلك عن طريق الحدس والالهام ،وإن الحقائق التي تدرك بالعقول أكثر من الحقائق التي تدرك بالحواس، أنها رؤية شاملة للكون باستخدام العقل. وتعتبر هذه الفلسفة من أقدم الفلسفات في الثقافة الغربية، إذ ترجع جذورها التاريخية إلى الفيلسوف الإغريقي أفلاطون ( ٤٢٩- ٣٤٧ ق.م.) الذي اعتبره مؤرخو الفلسفة ونقادها أبا لها على الرغم من وجود فكر فلسفي وفلاسفة قبله. لقد آمن بالثنائية، أي بوجود عالمين: العالم الحقيقي وهو عالم الأفكار العامة الحقيقية الثابتة (عالم المُثل)، والعالم الآخر وهو عالمنا الذي نعيش فيه وهو ظل للعالم الحقيقي [٣] ، أي أن الأفكار نهائية وكونية أي أزلية لا تقبل التغير. إذاً تقوم هذه الفلسفة على تمجيد العقل والروح والإيمان بعراقة العقل وسلطانه الراسخ بدون عواطف ، والتقليل من دور المادة. ويتفق المثاليون على أن وجود الأشياء مرتبط بالقوى التي تدركها، وأن وجود العالم الخارجي مستحيل بعدم وجودها ، لذلك فالوجود والمعرفة شيء واحد، وأن الأفكار سابقة على المحسوسات ، وأن المعاني الكلية تسبق الجزئية .

ومن الجدير بالذكر أن الفلسفة المثالية نشأت ملائمة لعصرها ، فالنظام الاجتماعي- الاقتصادي الذي كان قائماً في مدينة أثينا في ذلك الوقت كان قائماً على التقسيم الطبقي للمجتمع إلى ثلاث طبقات : طبقة الأحرار، المحاربين، والعبيد. وكانت التربية الحرة مقصورة على الأحرار التي لا تنظر نظرة احترام إلى العمل اليدوي .

وكان لهذه الفلسفة تأثير كبير على حياة الشعوب, وساعدت الديانتان اليهودية والمسيحية على انتشار الأفكار المثالية على نطاق واسع. ولا يزال أثرها قوياً في أعمال المفكرين والأدباء ورجال الإصلاح والسياسيين ورجال التربية .

ويبدو الاتجاه المثالي في صور مختلفة لعل من أهمها [٤] :

١- المثالية الذاتية : Subjective Idealism

تفسر العالم المادي تفسيراً عقلياً روحياً، إذ ترى أن الوجود هو الإدراك، فوجود الشيء يعني أننا ندركه. والمادة لا تدرك في ذاتها ، أنها معنى مجرد لا يمكن تصوره بعيداً عن كيفياته ، وهذه هي اللامادية التي تنكر وجود المحسوسات ، فهي لا تحول الأشياء إلى معانٍ بل أنها تحول المعاني إلى أشياء ، ومن ممثليها "باركلي" .

إن المثالية الذاتية سميت المثالية السيكولوجية ويسميها " كانت " المثالية المادية، والتي توقف وجود العالم الخارجي على الذات العارفة وهذا ليس معناه أن هذا العالم وهم، بل أن وجوده سواء أدركه العقل أم لم يدركه موجود دوماً في العقل الإلهي اللامتناهي.

٢- المثالية النقدية : Critical Idealism

ومن روادها " كانت " الذي دحض المثالية الذاتية ، إذ بين في كتاباته التمييز الدقيق بين الظواهر العقلية السابقة على كل تجربة والظواهر المكتسبة بالتجربة،

وتعتبر الأولى ضرورية لإدراك الأشياء ومعرفتها. ويرى أن المعرفة لا تستقى من المحسوسات وحدها ولا من العقل وحده ، ولكن الحس ينقل للعقل صور المحسوسات فيضيف إليها علاقات زمنية أو مكانية .

لقد حاول الفيلسوف "كانت" الجمع بين التجربة الحسية التي قال بها التجريبيون، وبين المبادئ التي لا تستطيع التجربة تزويدنا بها لأنها أولية سابقة على كل تجربة وهي مقولات فطرية في العقل وهي التي تجعل إدراك التجربة ممكنة ، وهي تركيبية وليست تحليلية أي أنها تضيف إلى علمنا شيئاً جديداً ، فمعرفتنا تبدأ بالتجربة ولكنها لا تنشأ عنها لأن المعرفة البعدية شرط وجودها قائم في معرفة قبلية ، ومن هنا أضاف "كانت" العقل إلى التجربة كمصدر من مصادر العلم.

ثم هناك المثالية المطلقة التي قال بها "هيجل" وأخذها عنه " برادلي " الإنكليزي؛ ثم المثالية الموضوعية وهي التي عرفت عن أفلاطون قديماً. ثم المثالية الجديدة وهي التي دعا إليها في إيطاليا " كروتشة" ثم المثالية الشخصية عند " سور لي". ومن أراد الإطلاع على هذه الأنواع بصورة موسعة لمعرفة التفصيلات الدقيقة فعليه مراجعة المؤلفات والمعاجم الفلسفية أو كتب هؤلاء الفلاسفة .

ومن أجل فهم هذه الفلسفة لا بدّ من التطرق ولو بشيء من الاختصار إلى أعمال فئة مختارة من الفلاسفة الذين غالباً ما اقترنت أسماؤهم بهذه الفلسفة.

**أفلاطون Plato** (٤٢٩-٣٤٧ق. م)

يعتقد أنه ولد في مدينة أثينا أو في أجينا في أسرة أرستقراطية ، ونال حظاً عالياً من الثقافة من علم وأدب وشعر وفلسفة ، إلا أن ميله كان لعلم الرياضيات، وقضى معظم حياته يؤلف ويفكر في العلم والسياسة والتربية ويمهد لها بالفلسفة. وغادر أثينا إلى نيقاري ألماً وحزناً على موت سقراط (الذي كان له تأثيرمهم على فكر أفلاطون)، ومكث هناك ثلاث سنين ثم سافر إلى بلاد الشرق إلى مصر وقضى

زمناً في عين شمس ودرس فيها العادات والتقاليد المصرية ونظام الحكم والأخلاق, ثم غادرها إلى جنوب إيطاليا ، ولكنه اعتقل لمهاجمته الفساد الذي كان منتشراً في مدينة صقلية ووضع في باخرة إسبرطية متجهة إلى جزيرة أجينا التي كانت حليفة لإسبرطة في ذلك الوقت ، وهناك عرض للبيع في سوق الرقيق، إلا أن رجلاً كان يعرفه افتداه بمبلغ من المال، فرحل إلى أثينا وأنشأ أكاد يميته عام (٣٨٧) ق.م, التي كانت عبارة عن جامعة حفظت تراث اليونان الثقافي من هوميروس إلى سقراط، وبقي في الجامعة يعلم عن طريق الحوار والجدل، ومارس الكتابة قرابة أربعين عاماً ونشر أفكاره التربوية في كتابيه " الجمهورية " و " القوانين " التي كانت مشتقة من فلسفته وبالأخص أفكاره في طبيعة الدول والمواطنة فيها ، فوضع بذلك نظاماً تربوياً شاملاً يكشف عن مواهب الفرد من أجل تحقيق العدالة والفضيلة في المجتمع، ويرى أن المدينة الفاضلة التي تصورها تمتاز بصفات الحكمة والعدالة والعفة والشجاعة [٥] .

وسعى من وراء نظريته في الأفكار " نظرية المثل " إلى إيجاد المسكن الحقيقي للروح ، فالحقيقة عنده هي الأفكار وهي مصدر تشابه الأشياء، أنها المثل الأبدية الثابتة القائمة في أساس الظواهر الطبيعية . واعتقد أن الأشياء ما هي إلا نسخ ناقصة لمثل كاملة لا يمكن معرفتها إلا عن طريق العقل وحده، فالعقل إذاً أزلي وكوني لأنه يعمل في أشياء أزلية وكونية وهو الذي يوصلنا إلى المعرفة الحقيقية، فمجموع زوايا المثلث يظل دائماً وإلى الأبد ١٨٠ درجة، وفكرتنا عن الحصان أنه يسير على أربع قوائم تظل أبدية ولو كانت جميع الجياد الموجودة هي جياد عرجاء [٦].

لقد كان أول فيلسوف تناول المسائل الرئيسية في الفلسفة من كون ومعرفة وافعال ووضعها في نظام متماسك.ويعتبر الكون القاعدة الأساسية التي قامت عليها فلسفته والتي تضمنت أيضا مجموعة من الأفكار والأفعال التي تنير الطريق عن

ماهية الكون.ويعتبره البعض ملك الفلاسفة،وكان يأمل أن تلعب فلسفته دورا قويا في السياسة [٧] .

وركز على العقل وحده دون الحواس، لأنه أراد أن يحدد شيئاً ثابتاً وأزلياً عن طريق خروج النفس من سجنها ومن عتمة الكهف الموجودة فيه الذي هو الجسم ، والتي كانت موجودة في عالم الأفكار قبل أن تسكن الجسد، وبما أن طبيعتها خالدة تحاول العودة إلى مسكنها الحقيقي وهو عالم الأفكار، فتعود إليه بعد الموت على أجنحة الحب لتتحرر من سجنها الذي هو الجسد.

وبحث أفلاطون أيضاً في الاجتماع واعتبر أن الإنسان مدني بالطبع ، فهو يجتمع في الأسرة ثم في الدولة من أجل تلبية ضروريات الحياة التي لا يقوى فرد على القيام بها وحده، مما يجعل المجتمع قائماً على التكافل والتضامن وعلى قيام كل فرد بأداء وظيفة معينة [٨]. ويعتبر أن التخصص وتقسيم العمل أساس الحياة الاجتماعية مما يؤدي إلى ظهور المهن والحرف والفنون، وعن طريق التبادل يتسع الأمر وتوجد التجارة المنظمة، ثم يوجد المال لتسهيل عملية التبادل التجاري . ومع مرور الزمن تتسع المهن والفنون ويبدأ الإنسان يبتعد شيئاً فشيئاً عن الحالة الطبيعية الأولى مما يؤدي إلى فساد المجتمع. وقد أحسّ بمرارة هذا الفساد عندما حكم على معلمه سقراط بالموت، وخرج بنظريته في كتاب "الجمهورية" والتي ترتكز على التخصص في التربية وعلى بناء مدينة فاضلة، وكما تصورها يرأسها الحاكم الفيلسوف الذي يهتدي بنور العقل ويسعى إلى الخير ، ومع مرور الزمن يأتي بعد حكومة المدينة الفاضلة حكومة الكرامة التي يهتدي حاكمها بالشرف، ولكن نتيجة لانغماس الحكام في الملذات والشهوات والرشوة تتحول هذه الحكومة إلى حكومة إقطاعية ، وتأتي بعدها حكومة المال التي تسيرها علاقات إنتاجية وقوى إنتاجية قائمة على المال وهي حكومة القلة، بعدها تأتي حكومة الديمقراطية التي وجه إليها سهام نقده بشدّة. ورأى أفلاطون أن الشعب يصبح فيها عبداً للعبيد مما يؤدي إلى

ظهور حكومة الاستبداد نتيجة الفوضى السائدة، فينهض من بين الشعب رجل يتولى إدارة الحكم ورعاية مصالح الدولة [٩] .

وفيما يتعلق بالنساء فقد طالب بحرية المرأة لأول مرة في التاريخ وعلى أساس فلسفي ينطلق من طبيعة الإنسان، فالمرأة تشارك الرجل في الإنسانية ولا بد من تربيتها وتعليمها، وعليها بلوغ مرتبة الفلاسفة مثلها مثل الرجال، إلاّ أن هذا الحلم الأفلاطوني لم يتحقق للمرأة إلا بعد عصر النهضة ومنذ القرن التاسع عشر. لقد آمن أفلاطون بقدرة التربية على علاج الفساد والتغيير للأفضل، وتبدأ منذ الطفولة وتبصّر الناس بفن الحياة وفن السلوك وفن الحكم، شرط أن يكون ذلك مبنياً على المعرفة، فهي الكفيلة بأن تكون عاملاً مهماً ومؤثراً في بناء شخصية الفرد وتحقيق السعادة في المجتمع عن طريق إصلاحه وتحسين أوضاعه، وعن طريق التدقيق في التراث الثقافي وتنقيحه قبل نقله إلى الأجيال اللاحقة.

لقد كانت آراؤه واتجاهاته طوبائية بعيدة عن الواقعية الاجتماعية وغير متناسقة في إطار فكري ينظمها ويحويها ، وانما عكست بيئته الاجتماعية المتسمة بالبلبلة الفكرية والتفسخ التنظيمي مما دفعه إلى الهروب منها إلى تصور ذهني لتخطيط مثالي للتنظيم الاجتماعي المرتكز على أساس فلسفي و أخلاقي يتطلع إلى المدى البعيد.

بعد هذا العرض لنشأة أفلاطون وحياته وأفكاره يجد القارئ أن المذهب المثالي التقليدي ارتبط باسمه وسميت مثاليته بالمثالية الإلهية [١٠] .

وبعد عصر النهضة والإصلاح الديني الذي حدث في الغرب ومنذ القرن السادس عشر- أصبحت المثالية من أكثر الفلسفات ذيوعاً وانتشاراً، ويرجع الفضل في ذلك إلى مساهمة عدد من الفلاسفة فيها مثل رينيه ديكارت الفرنسي- (١٥٦٩-١٦٥٠م.) والأسقف جورج باركلي (١٦٨٥-١٧٥٣م) وعمانوئيل كانت الألماني

(١٧٢٤-١٨٠٤م) وهيجـــــــــل الألمـــــاني (١٧٧٠-١٨٣١م) وبــــاروخ ســـبينوزا الهولنــــدي (١٦٣٢- ١٦٧٧م).

وسوف يتطرق هذا الكتاب إلى كل واحد منهم بإيجاز.

**ديكارت DESCARTE (١٥٦٩-١٦٥٠م)** :

يعتبر هذا الفيلسوف من الفلاسفة المثاليين على الرغم من أن جزءاً كبيراً من فلسفته تقع في نطاق الفلسفة الواقعية، وقد اعتبره المؤرخون مؤسساً للفلسفة الحديثة لأنه حاول إشادة صرح فلسفي لم يتحقق منذ الفيلسوف اليوناني أرسطو طاليس، وكانت كتاباته في الرياضيات والفلسفة ذات أهمية بالغة. ومنذ ريعان شبابه كان يحاول التوصل إلى معارف بشأن الإنسان والكون، ولكن تعمقه في دراسة الفلسفة أوصله إلى قناعة بجهله الكامل عن الوصول إلى معارف أكيدة.

نشر معظم كتاباته في كتاب "مبادئ الفلسفة" عام (١٦٣٧م)، وارتبط اسمه بمذهب الشك المنهجي الذي من خلاله يتوصل الباحث والدارس إلى اليقين، فأعطى قيمة للشك باعتباره نوعاً من التفكير، وأن التفكير ما هو إلا وجود، ووصل إلى المبدأ الآتي وهو " أنا أفكر إذاً أنا موجود " أي أنه إذا انعدم التفكير انعدم الوجود.

واعتبر ديكارت ثنائياً في فلسفته, إذ ميّز بين الواقع المادي والروحي، وحرص على تنبيه الدارسين إلى ضرورة الالتزام بالعقل واعتبار وضوح الأفكار مقياس الصواب والخطأ ، مما نفى عن الكتب القديمة والسلطة الكنسية اعتبارها مصدراً للحقيقة. لقد كان يهدف من كتاباته البداهة الرياضية معتبراً أن الأحكام الرياضية شديدة البساطة قليلة العدد، ويسلم بها الجميع، وتعتمد على الحدس العقلي الذي يعني الرؤية العقلية المباشرة للحقيقة والذي يرتبط بالذهن اليقظ الذي وحده يقود إلى الفكرة الواضحة.

واعتقد أن الحقيقة قائمة في العقل ولا وجود لها خارجه، فمعرفة الأشياء الخارجية تكون بالذهن لا بالحواس ، ولكنه يؤكد أن الفكر ليس سبباً في خلق الوجود على نحو ما يراه بعض المثاليين، إذ إنه فصل بين العقل والمادة وبين الفكر والوجود كما فعل أفلاطون.

**الأسقف جورج باركلي (Barkley ١٦٨٥-١٧٥٣ م ) :**

هو أسقف أيرلندي تبدأ فلسفته بالروح والعقل، وناضل باركلي ضد المادية لأنها تتعرض للإيمان، ويعتبر من ممثلي المثالية المتطرفة لأنه أنكر في كتابه " مبادئ المعرفة الإنسانية " وجود المادة متذرعاً باستحالة إدراك الأشياء المادية، فمثاليته مثالية ذاتية ترى وجود الشيء في إدراكه وأن الأشياء ليس لها وجود مادي مستقل عن الذوات التي تدركه، فالإنسان خلال عملية الإدراك يدرك الأصوات والألوان وهي أمور عقلية لا وجود لها على أرض الواقع، لكنها توجد في الذهن ، فهي صفات لا توجد إلا في عقل الإنسان باعتبارها أفكارالإنسان عن الأشياء المادية أو صورها الذاتية ، فالجوهر المادي حسب رأيه ما هو إلاّ وهم باطل ولذلك سمّى مذهبه باللامادية بمعنى إلغاء وجود المادة أو الجوهر، وإلغاء الصفات المادية لأنها قائمة خارج عقول البشر ، فهي فقط صور ذهنية يضفيها العقل على الأشياء، فالعالم موجود سواء أدركه الإنسان أم لم يدركه لأنه موجود في العقل الإلهي الذي يحتويه، أي يعتقد أن وجود العالم الواقعي لا يتم إلا عن طريق الله ، وهو بهذا قريب من ديكارت في مثاليته المنهجية عندما اعتبر وجود الله هو الأساس في وجود العالم [١١]. فعلى سبيل المثال عندما يحس الإنسان أن الطاولة صلبه فسبب هذا الإحساس هو خارج عن الوعي، إنه سبب له طبيعة روحية لا مادية، إنه الروح أو الإرادة ، فروح الإنسان هي سبب تصوراته كما هو الحال في الأحلام، وكل شيء يفيض من الروح (الله)، وكل ما يحسه الإنسان هو نتيجة لقدرة الله الموجودة

في ضمير الإنسان، وهو الذي يبعث الأفكار والتصورات, إنه العلة لكل ما هو موجود.

**عمانوئيل كانت ( Kant ١٧٢٤-١٨٠٤م) :**

يعتبر من مشاهير الفلاسفة المحدثين، ويرى بعض المؤرخين والنقاد أنه عملاق الفلسفة الحديثة ومؤسس الفلسفة النقدية وزعيم للمدارس المثالية الألمانية . لقد عمل أستاذاً للفلسفة في جامعة لكسمبورغ ، وكان جوهر فلسفته الإيمان بوجود مفاهيم قبل التجربة أو خارجه عن نطاقها وهذا ما يشبه عالم الأفكار عند أفلاطون. فالعالم الخارجي يشكل مادة الإحساس فقط إلاّ أن العقل هو الذي ينظم هذه المادة في المكان والزمان، ويمد الإنسان بالتصورات التي عن طريقها تفهم التجربة. فالحواس والعقل يلعبان دوراً كبيراً في المعرفة مؤكداً مغالاة الفلاسفة العقلانيين في دور العقل ومبالغة التجريبيين في الوقوف فقط عند تجاربهم الحسية.

أرجع "كانت" كل شيء للإيمان وأن القدرة على المعرفة هي من عند الله. وآمن بخلود الروح وبالضمير الحي واعتبرها مسلمات لفلسفته.

واعتبر النقاد والفلاسفة أن مثاليته مثالية نقدية لها صفتان[١٢] :

١- أنها مثالية نقدية لأنها وجهت اهتمامها إلى وضع حدود للعقل, عليه أن لا يتعداها إلاّ في حدود التجربة الممكنة.

٢- أنها شارطة لأنها تضع الشروط الأولية التي تجعل التجربة ممكنة، وهي شروط عقلية يضعها العقل دون الاعتماد على التجربة مثل مفهوم المكان والزمان والسببية، وهي أطر عقلية تنظم المعرفة التي تأتي عن طريق حواس الإنسان.

لقد اهتم "كانت" برسم القوالب التي تشكل ما يصادف الإنسان من محسوسات موجودة في الطبيعة، وهي عالم المعرفة، وهي شروط مكتسبة من التجربة وهي من عمل العقل أي أنها أولية ضرورية وهي التي تجعل التجربة ممكنة، وهي باطنة

وليست مفارقة للتجربة، معتقداً أن للعقل ناحية باطنية موجودة في المادة الحسية . وهنا اختلف مع الفلاسفة المثاليين في جعل العقل باطناً في المادة ، فالعالم الحسي لا يستطيع الوقوف على أرجله وحده فهو بحاجة مستمرة إلى أضواء المعرفة العقلية.

**هيغل ( Hegel ١٧٧٠-١٨٣١م) :**

ولد في ألمانيا في مدينة شتوتقارت ومارس تدريس الفلسفة في عدة جامعات ألمانية ، واعتبره مؤرخو الفلسفة الابن البار للرومانسية. واعتمد على "كانت" كثيراً وكان لفلسفته تأثير كبير على الكثير من الفلاسفة الماديين وعلى مباحث التاريخ والنظرية السياسية.

دافع في كتاباته عن وجود حقيقة خارجة عن تجارب الإنسان ، وكل ما يعمله البشر ما هو إلاّ نتاج لنشاط العقل المطلق، الذي يعتمد عليه عالم البشر الحسي، فالعالم ما هو إلاّ تعبير عن العقل المطلق مجسداً في شكل مادي، والذي هو مجمل الظواهر ذات الطابع الإنساني ذلك أن الإنسان وحده هو الذي يمتلك فكراً ، فهو لا يعتقد بوجود حقيقة خارج أو فوق العقل الإنساني ، فكل معرفة هي معرفة إنسانية. ويعني عنده مصطلح فلسفة منهجاً لفهم حركة التاريخ الذي هو في تغير مستمر يربط الفكر بسياقه التاريخي، أي أن معرفة الإنسان في تطور مستمر تتجه إلى الأمام إلى العقلانية والحرية، فالعقل من هذا المنظور تقدمي. وللتاريخ هدف واحد وهو أن يتجاوز نفسه.

آمن هيجل بالتطور الجدلي للأفكار ، فكل فكرة تبنى على فكرة أخرى أقدم منها، ثم تأتي فكرة أخرى جديدة فيستمر التوتر بين الفكرتين إلى أن تزيله فكرة ثالثة تحافظ على الأفضل من سابقتيها، ومجرى التاريخ هو الذي يثبت للإنسان الصواب من الخطأ . ويعتبر الفلسفة هي العلم الأكثر سمواً للعقل فهي مرآة روح العالم .

ويمثل "هيغل" من خلال ما كتب المذهب المثالي المطلق أو الموضوعي الذي جاء كرد فعل ضد المثالية الذاتية والذي يؤمن بوجود عقل مطلق في الطبيعة. وتطور الطبيعة وحركتها يخضعان للمطلق الذي تختلط حركته بحركتها، والمطلق كما أشرنا عنده هو الوجود الواقعي كله [١٣].

لقد حاول أن يقف موقفاً متوسطاً بين الفلاسفة الطبيعيين الذين يؤمنون بوجود طبيعة مستقلة تماماً عن الذوات الإنسانية، وبين المثالية الذاتية التي قيدت الطبيعة بالذوات ، فمنهجه عبارة عن تأليف بين موضوع هو الطبيعة وبين لا موضوع وهو النقيض أي الذات (الجدل).

أما بالنسبة للفيلسوف **سبينوزا (SPINOSA١٦٣٢** -١٦٧٧م)، فقد ولد في أمستردام من طائفة يهودية .وأراد والده له أن يصبح حاخاماً، مدرساً للعبرية والتوراة والفلسفة اليهودية في العصر- الوسيط، وأن يتعلم صناعة صقل النظارات لضرورتها لمن يصبح حاخاماً (إتقان صناعة يدوية)، ولكن شكه في الدين جعله يعدل عن مشروعه وتحول إلى العلوم الإنسانية وابتعد عن اليهودية وكان محبوباً كثير الاختلاط، فكان أينما يحل في ترحاله يلقى أصحاباً معجبين به. واتخذ اللاتينية لساناً يكتب به وكان أول ما كتب (١٦٦٠م) رسالة في مبادئ فلسفة "ديكارت" مبرهنة على الطريقة الهندسية، ثم عرض فلسفته في " الرسالة الموجزة في الله والإنسان وسعادته "، ثم وضع رسالة في " إصلاح العقل " وهي بمثابة مقدمة في المنهج وقيمة المعرفة ، أما كتابه الأكبر فهو " الأخلاق " الذي طرح في منهجه عملية شفاء العقل وتطهيره لكي يجيد معرفة الأشياء عن طريق التمييز بين ضروب المعرفة وتقدير قيمة كل منها لأجل الاهتداء إلى المعرفة الحقة، إذ بين أننا إذا صرفنا النظر عن المعرفة السمعية انحصرت المعرفة في ثلاثة ضروب [١٤]:

- الاستقراء العام ، وهو إدراك الأجزاء بالحواس.
- المعرفة العقلية الاستدلالية وهي التي تستنتج شيئاً من شيء آخر.
- معرفة عقلية حدسية تدرك الشيء بماضيه أو بعلته القريبة.

لقد كان فكرهُ موزعاً بين المثالية والمادية ، فهو مثالي من خلال اعتباره أسبقية الفكر وثانوية المادة معتبراً إيّاها صورة للفكر . واعتبر مادياً لقوله إن الفكر كظاهرة ترجع في وجودها إلى المادة ، وقد انتقد في كتاباته الديانتين اليهودية والمسيحية .

وأخيراً انه كان فاتحة عصر التنوير في الفكر اليهودي باخراجه العقل من نطاقه الضيق وتطبيقه في الاجتماع والسياسة والتاريخ، وحارب الوهم والخرافة في كل مجالات الحياة.

وتجدر الإشارة هنا إلى ورود بعض ممثلي هذه المدرسة في الأدبيات الفلسفية من مثل كروتشه، جنتلي، كولريدج، وكارلايل. ويجمع الفلاسفة المثالون على أن أهداف التربية تتلخص فيما يلي [١٥] :-

- **أولاً:** دمج الإنسان في تراثه الثقافي من أجل تحصيل ما هو ضروري لنفسه من أجل أن يحقق ذاته وكيانه وبناء شخصية منتمية للمثل السياسية العليا للمجتمع.
- **ثانياً:** تحقيق كمال الذات أي إيصال الشخصية الإنسانية إلى مكانة مرموقة .
- **ثالثاً:** إحاطة المولود البشري بالمثل الأخلاقية المثلى وغرس فكرتي الخير والشر فيه حيث ينشأ على حب ما يحب وكره ما يكره من أجل تحقيق تطور روحي للإنسان.
- **رابعاً:** تنمية شخصية الفرد تنمية تقوم على احترام الآخرين واحترام القيم المطلقة وهي : الحق المطلق، الخير المطلق، والجمال المطلق، وهي قيم لا تتبدل ولا تتغير عبر التاريخ.

- **خامساً:** تقوم التربية بتوليد الأفكار والمعاني مـن عقول المتعلمـين التـي هـي فطريـة كامنـة، بغـرض الوصول إلى مبادئ عامة مرشدة وموجهة في الحياة الإنسانية.

وهناك عدة مبادئ تؤمن بها الفلسفة المثالية قديماً وحديثاً ولكن بدرجات متفاوتة، لعل من أهمها :

١- **تنظر** إلى العالم نظرة ازدواجية ، فهناك عالم الأفكار (المثل) وهو العالم الحقيقـي، والعـالم الآخـر وهـو العالم الأرضي وهو الظل للعالم الحقيقي، وأن الحقيقة النهائية موجودة في عالم الأفكار وهـي ليسـت من صنع الفرد أو المجتمع لأنها مطلقة وشاملة ويمكن للعقل معرفتها عن طريق الإلهام أو الحـدس، وليس عن طريق الطرائق العلمية، أو الوصول إليها بواسطة العقل المطلق، وأن هـذه الحقيقـة ذات طبيعة عقلية أو ذهنية أو روحية وهي المعرفة الحقيقية.

٢- **تنظر** إلى الإنسان نظرة ازدواجية فهو مكون من عقل أو روح وجسم ، وتركـز علـى الـروح أو العقـل وتهمل الجسم .

٣- **تنظـر** إلى الكـون المـادي مـن خـلال الـذات العارفـة وتعلـق وجـوده علـى وجـود العقل الذي يدركه ، وإن الأشياء المادية هي مصدر الفساد وأصل المعرفة الظنية .

٤- **تؤمن** بأن الوجود لاحق على الماهية ، بمعنى أن جوهر الإنسان (ماهيته) الـذي يعـبر عـن خصائصـه الذاتية التي تميزه عن غيره من الكائنات تسبق وجوده الفعلي .

٥- **تكمن** الجذور العرفانية للمثالية في المبالغة في جانب واحد مـن جوانـب عمليـة المعرفـة المعقـدة، وتضفي عليه صفة الإطلاق وتفصله عن الواقع والعالم المادي.

٦- **تفسر** نشوء الأفكار من تلقاء نفسها مستقلة عن الواقع ، فمفهوم الأشياء يوجد مستقلاً عنها.

٧- **تعتبر** أن العقل البشري جزء من العقلي الكلي الشامل المتغلغل في الكون، والمعرفة الحقيقية هي من نتاج هذا العقل والحقيقة كامنة في أفكار العقل.

٨- **القيم** ثابتة لا تتغير، ويتوصل إليها العلماء والعظماء عن طريق الإيحاء ولا يجوز الشك فيها ، وصالحة لكل مكان وزمان، وإذا حصل تعارض وتنافر بين هذه القيم والحياة الاجتماعية بمطالبها ومشكلاتها فهذا لا يعني الشك في صدق هذه القيم بل أن الخلل يعود إلى أساليب حياتنا الخاطئة والتي تحتاج إلى تصحيح ، وكل تغيير مقبول ما دام لا يتعارض مع هذه القيم، وأهم القيم في نظرها هي القيم المطلقة وهي: الحق المطلق والخير المطلق والجمال المطلق، وهي موجودة قبل وجود الإنسان وجزء من تركيب الكون؛ لذا يجب أن تقوم سياسة المدرسة على مبادئ راسخة ثابتة.

٩- **تبحث** الفلسفة المثالية في أمور الحياة والكون ، فتكتشف ثغرات وفجوات تحاول سدّها بمنهج العلم فتفشل، ومن ثم تلجأ للعقل وحده تسأله عن الحل فيدلها على أفكار خارج الطبيعة.

وتجدر الإشارة هنا أن أهم المدارس المتفقة مع هذه الفلسفة هي :

أ- **مدرسة التدريب العقلي النفسية** التي طورها العالم الألماني "فردريك هربارت"، والتي ترى أن العقل الإنساني شبيه بالبئر يجب ملؤه بالحقائق والمعلومات الدراسية المقررة بواسطة معلمين مختصين، بحسب خطوات هربارت في التعلم وهي : الإعداد للدرس (تمهيد)، تقديم، مقارنة، تعميم ثم التطبيق.

ب- **مدرسة الملكات النفسية** وتعود في جذورها التاريخية إلى الفيلسوف اليوناني "أفلاطون" الذي اعتقد بأن عقل الإنسان مكون من عدة ملكات غير مترابطة وكل منها بحاجة إلى تدريب مثل ملكة التذكر، الصبر، الحفظ، والمحاكاة.

وفيما يتعلق بالميتافيزيقا " Metaphysics" فهي كلمة تتكون من مقطعين المقطع الأول "Meta" ويعني باليونانية بعد والمقطع الثاني "Physics" ويعني الطبيعة أي أن الكلمة كاملة تعني بعد الطبيعة ( ما وراء الطبيعة ). وهي علم يبحث في مسائل ثلاث هي: مبادئ المعرفة، الأمور العامة للوجود ، والألوهية رأس الوجود [١٦] . مما يدل على أن الميتافيزيقا هي مجمل الفلسفة النظرية واهتمامها الأول هو الحقيقة القصوى ، والتفكير الميتافيزيقي يعتبر صميم الفلسفة المثالية فهو أنقى صورة للوحدة ، أو للبحث عن تفسير موحد للعالم خارج العالم نفسه.

والعلاقة قوية بين الميتافيزيقا والتربية لأن التربية والممارسات التربوية تثير أسئلة وقضايا في مجال النظرية التربوية، والممارسات التربوية ليس لها إجابات علمية، لذلك نحتاج للرجوع إلى الفكر الميتافيزيقي أحياناً، فهي تساعد المعلم في ممارساته التربوية عندما ينظر في مسائل تتعلق بالمعاني القصوى، فالمعلمون عندهم آراء وإن كانت غامضة عن مصير الإنسان وطبيعة الكون ، والطبيعي وما وراءه ، والثبات والتغير وهي أمور تقع في مجال الميتافيزيقيا ، وعدد الأفكار الميتافيزيقية لا يحصى ولكن الذي يهم هنا هو توضيح علاقة الميتافيزيقيا المثالية والتربية.

ترى الميتافيزيقيا المثالية ، أن تربية الطفل هي جزء من كون روحي وله مصيره الروحي الذي عليه أن يحققه وفقاً لإمكانياته الخاصة مما يضع على عاتق التربية ما يلي [١٧] :

- **بث** علاقة ودية بين الطفل والعناصر الروحية للطبيعة.

- **التركيز** على التناسق الفطري بين الإنسان والكون ، ورؤية الكون من قبل المتعلم على اعتبار أن له معنى وغرضاً.

- **يقوم** المعلم بتوليد الأفكار من حيث هي إمكانات في داخله تحتاج إلى تنمية، وعليه أن يكون رفيع الأخلاق ليستحق الجدارة للاقتداء به .

**التطبيقات التربوية:**

**التوجيه المثالي للتربية:**

في هذا المجال لابد من تناول مفهوم التربية والمنهاج وطرق التدريس:

١- **مفهوم التربية عند الفلاسفة المثاليين:**

يتلخص مفهوم التربية عند المثاليين في أنه مجهود بشري للوصول إلى كمال العقل والتغلب على الشر، فالتربية هي العملية التي تساعد المتعلم للتعبير عن طبيعته الخاصة، أي إعداده للحياة من خلال تزويده بالمعرفة والبحث عن الحقيقة كي يصبح إنساناً خيراً، ويعرّفها أفلاطون " بأنها ذلك المجهود الاختياري الذي يبذله الجيل القديم لنقل العادات الحسنة وحكمة الكبار إلى الجيل الجديد " [١٨] . ولا تعترف بوجود طلاب كسالى في أي نظام مدرسي وإن وجدوا فإنهم قد ظلوا الطريق للنظام الخلقي الأساسي للكون، أي أنهم لم يصلوا لفهمه فهماً تاماً، ومهمة المدرسة إيصالهم إلى فهم هذا النظام.

وتؤكد على تنمية الجوانب العقلية والروحية في الإنسان، وهذه مهمة المدرسة، فأي تربية لا تهتم بالعقل أو الروح فهي ليست تربية واقعية لأن مهمتها صقل روح الإنسان لأنها أهم جزء في كيانه.

وبما أن الإنسان له هدف روحي سامٍ فعليه تعلم احترام القيم الروحية واحترام وطنه ومجتمعه وإدراك المقومات الثقافية للأمة، واحترام الغير لتحقيق الغايات الروحية، وهذا يتم من خلال تحقيق تنمية الجانب الأخلاقي عند المتعلم في انسجام مع الكل الروحي الذي ينتمي إليه. لقد حددت المثالية أهداف التربية في البحث عن الحقيقة المطلقة اللامادية، والاهتمام بتحقيق الذات من خلال أن يدرك الإنسان ويحقق نفسه كجزء من العقل المطلق، وتقع مهمة تكوين هذا على المدرسة التي عليها الالتزام بنظام دقيق يعتمد على النظام والطاعة والمحافظة على التراث ونقله من السلف إلى الخلف.

وتتفق نظرة المثالية للتربية مع النظرة الازدواجية للمثالية ، فهناك ازدواجية في التربية ، إذ تؤمن بتربية وتدريب المعلم من خلال توفير المواد المناسبة والتدرب على بعض المهن التي يحتاج إليها ، لكنها لا تنظر للتدريب نظرة احترام ولا تعتبره من مهام التربية . وانسجاماً مع هذه النظرة الازدواجية فقد دعت إلى الإعداد التربوي للقادرين على العمل العقلي، وغير القادرين ، فلهم التدريبات الخاصة لتحقيق ما توصل إليه القادرون وهم الفلاسفة والمفكرون[١٩] .

**٢- المثالية والمنهاج:**

تعتقد المثالية أن هدف المناهج التربوية لا يخرج عن كونه محاولة للوصول إلى المطلق باعتباره الجوهر، والمطلق لا يمكن الوصول إليه من أول محاولة؛ لذلك تؤكد المثالية على التكرار لأنه الوسيلة للوصول إليه، ولكن بما أن المطلق كل كبير واسع الحدود فإن المناهج هي جزئية لا تقوى إلا على الوصول إلى بعض النواحي الهامة فيه، لذلك فإن المناهج التربوية مهما بلغت من الكمال والدقة عاجزة عن الوصول إلى الهدف النهائي[٢٠] .

بناءً على هذا التصور فإن المنهاج الذي تقترحه ثابت غير قابل للتطور انطلاقاً من فكرة ترك القديم على قدمه ، ولكن من الممكن الوصول عن طريق الحكماء إلى معارف جديدة . وينتقل المنهاج من جيل إلى جيل وهدفه توسيع فهم المتعلم للكون والإنسان من خلال تنظيم قدراته وتنمية ذكائه، ويمكن أن يتحقق هذا من خلال دراسة الفنون الحرة والعقلية والكتب العظيمة التي أنتجها العظماء والمفكرون والدراسات الكلاسيكية والاهتمام بالفلسفة والتاريخ والأدب والدين والفنون الجميلة.

ولقد أضاف بعض المحدثين من فلاسفة المثالية مواد أخرى؛ فعلى سبيل المثال اقترح "هارس" خطة ترتكز على خمسة مجالات هي :

أ- الرياضيات والعلوم. ب- البيولوجيا. ج- الآداب والفنون.

د- القواعد والنحو. هـ- التاريخ.[٢١] .

إذاً منهاج المثالية منهاج مقفل يهتم بالمادة الدراسية أكثر من اهتمامه بالمتعلم؛ حيث يتقيد بحدود من الصعب تعديلها، ولا يؤمن بالنشاطات اللاصفية الخارجة عن المقرر الدراسي، إلا في حدود ضيّقة اعتقاداً بعدم مساهمتها في تدريب عقول المتعلمين وسلئها بالحقائق. كما لا تؤمن بالمشاركة الجماعية في رسم السياسة التربوية ووضع المناهج، لأنها لا تشجع الإرشاد والتوجيه، وترى حلاً واحداً لكل مشكلة، كما أنها لا تشجع مجالس الآباء والمعلمين انطلاقاً من إيمانها بأن المدرسة وحدها هي القادرة على تعليم وتدريب المتعلمين على الحياة السعيدة وحل مشاكلها.

### ٣- المثالية وطرق التدريس:

اعتمدت المثالية على طرق التدريس التي تهدف إلى حشو عقول التلاميذ حشواً ميكانيكياً بالحقائق والمعلومات التي توصل إليها الأجداد ، فالمعلم عليه تلقين المعلومات وما على المتعلم إلا أن يحفظها وأن يخزنها في عقله، وتقاس درجة معرفته لها بقدرته على الحفظ والاسترجاع. ويرى "أفلاطون" أن المعرفة ما هي إلا

تذكر المعاني الفطرية الموجودة في نفس الإنسان والتي نسيها عندما هبطت النفس إلى الأرض.

ويجب أن يكون المعلم قادراً على ملء عقول المتعلمين وليس المهم أن يكون ضليعاً في الموضوع الذي يدرسه، فالأهم هو القدرة على تدريب الملكات العقلية بحسب مدرسة الملكات النفسية، وعلى المعلم أو المربي استعمال العقاب البدني من أجل المحافظة على الهدوء للنظام في غرفة الدراسة.

وتؤكد على عرض المادة عرضاً منطقياً دون الأخذ بعين الاعتبار خبرات المتعلمين مهملة الفروق الفردية لديهم ، لذلك تركز على طرق المحاضرة والإلقاء. وفي نظرها يعتبر التلميذ مثالياً إذا جلس صامتاً ساكناً ليتمكن من استيعاب المعارف التي تلقى عليه من أجل خزنها وحفظها ، لذلك ركزت المثالية على العقوبات البدنية لإخضاع الجسم خضوعاً تاماً للعقل لتحقيق الهدوء والنظام الذي يؤدي إلى تدريب ملكة الصبر والإرادة عند المتعلم.

إنها تركز على التعليم السردي الذي يعتمد على طنين الكلمات وليس قوتها وقدرتها على احداث تحول. فالمتعلم يسجل ويحفظ ويردد الجمل دون فهمها. وهذا يحوّل عقل المتعلم إلى اناء يقوم المثير (المعلم) بملئة وكلما زاد المعلم من ملء الوعاء اعتبر اكفأ في التعليم. وهنا يصبح التعليم عبارة عن عملية ايداع, وهذا هو المفهوم البنكي في التعليم الذي يعتبر المعرفة هبة يمنحها المعلم للمتعلم من أجل خزنها في عقله وليس من أجل تحقيق الخلق والابداع بل من أجل استحضارها حين الطلب. (٢٢)

وعموما فإنها في مجال التربية والتعلم قد ركزت على تدريب الجانب العقلي، وأهملت تدريب الجسم والاهتمام به مقارنة بالاهتمام بالعقل. وأهملت تأثير

البيئة على الإنسان، وركزت على تعليم الصفوة؛ لما لهم من إمكانات نظرية للـتعلم والاسـتمرار فيه.

لقد بدأ تأثير هذه الفلسفة يضعف شيئاً فشيئاً منذ نهاية القرن التاسـع عشـر ـ عـلى الـرغم مـن وجـود الكثيرين من الفلاسفة والأدباء ورجال التربية والسياسة والمصلحين الـذين لا يزالـون يعتنقـون أو يؤيـدون الفكر المثالي وهناك عدة أسباب أدت إلى هذا الوضع لعل من أهمها:

- **نتيجة** التطور العلمي والتكنولوجي الكبير وثورة المعلومات التي شهدها العالم في النصف الثاني مـن القرن العشرين مما أثار مشكلات وقضايا تحتاج إلى حل، ولم تكن الفلسفة المثالية مهتمة بها.

- **ظهور** أفكار فلسفية جديدة كالفكر الواقعي والمادي في النصف الثاني من القرن التاسـع عشـر، والتـي وجهت نقدها اللاذع إلى الفكر المثالي كالفلسفتين البراجماتية والماركسية .

- **الاهتمام** الضعيف بـالأمور الحياتيـة والأوضـاع الاقتصـادية والاجتماعيـة السـائدة، وإغفالهـا النقـد والتحليل كأدوات مهمة من أدوات الفكر، والتي ركزت عليها الفلسفة في العصر الحاضر.

- **فشلت** في فهم طبيعة المتعلم ونظرت إليه على اعتبار أنه عقل خـالص، فاهتمـت بالمعرفـة أو تنميـة العقل فقط، ولم تهتم بتنمية شخصية المتعلم من جميع جوانبها.

- **فرضت** على المتعلمين معلومات ومستويات بعيدة عن حياتهم وخارجـة عـن مسـتوياتهم، وفرضـت أهدافاً لم يضعوها لأنفسهم بل وضعها الكبار وحاولوا فرضها عـلى الصـغار، وبـذلك أهملـت المـتعلم بخبراته واستعداداته وفرضت عليه خبرة الكبار وطرقهم التي لا تتناسب مع طبيعتهم.

- لم **تؤمن** بـالتغير سـواء أكـان هـذا التغـير في المجتمـع بمؤسسـاته المختلفـة وتفاعلاتـه أو عـلى صـعيد الحقائق المكتشفة.

- **فصلها** بين الجسم والعقل وجعلها العقل أسـمى مـن الجسـم مـما نـتج عنـه ازدواجيـة في النظـر إلى الفصل بين العلوم التي تتصل بالعقل ، والعلوم التي تتصل بالجسـم، مـما جعـل الـبعض ينظـرون إلى العلوم النظرية (أو الدراسات الأكاديمية) نظرة إعجاب وتقدير وإلى احتقار المهن والحرف ودراستها.

**وأخيراً** يؤكد جون بروبيكر (Brubacker) أن المثالية الحديثة تركز على الأفكار باعتبارها حالات عقليـة؛ لـــــذلك فإنــــــه يقـــــترح أن تســـــمى فلســـــفة الأفكـــــار (Idea-ism) بدلاً من تسميتها الشائعة عبر التاريخ المثالية (Ideal-ism) [٢٣].

# المراجــع


١- الحفني، عبد المنعم، **المعجم الفلسفي**، ط.(١) ، الدار الشرقية للطباعة والنشر، القاهرة، ١٩٩٠ .

٢- بدران، شبل ومحفوظ أحمد فاروق، **في أصول التربية** ، ط.(١)، دار المعرفة الجامعية، الإسكندرية، ١٩٩٤، ص ١٧٥-١٧٦.

٣- الرشدان، عبد الله، و جعنيني نعيم، **المدخل إلى التربية والتعليم**، الاصدار الخامس، دار الشروق ، عمان، ٢٠٠٦، ص٥٩-٦٠.

٤- الطويل، توفيق، **أسس الفلسفة**، ط.(١)، دار النهضة العربية، بدون تاريخ، القاهرة، ص٣٣٢-٣٣٦.

٥- شفشق، محمود عبد الرزاق، **الأصول الفلسفية للتربية**، ط.(٣)، دار البحوث العلمية، الكويت،١٩٨٢، ص٤٣-٤٤.

٦- غوستاف، غاردر، عالم صوفي، **رؤية تاريخ الفلسفة**، ط.(٢) ترجمة/ حياة الحويك عطية، دار المنى، ستوكهولم، السويد، ١٩٩٦.

٧- Stevenson Gay , philosophy,first ed, copyright ١٩٩٨ Alpa books, Newyork,p.٤٦-٤٨ .

٨- الأهواني، أحمد فؤاد، **أفلاطون**، ط.(١)، دار المعارف، القاهرة، ١٩٦٥، ص ١٣٧.

٩- Armstrong ,**An Introduction to Ancient Philosophy**, First edition,lon-Don- ١٩٦٥. P ٣٠-٣٣.

١٠- التل، سعيد وآخرون، **المرجع في مبادئ التربية**،ط.(١) ، دار الشروق، عمان،١٩٩٣، ص ١٧٩.

١١- بدران، شبل، **مرجع سابق**، ص ١٧٩.

١٢- التل، سعيد وآخرون، **مرجع سابق**، ص ٦٦-٦٧.

١٣- **المرجع السابق**، ص ٦٧.

١٤- كرم، يوسف، **تاريخ الفلسفة الحديثة**، ط.(١)، دار المعارف بمصر،١٩٦٢، ص ١٠٧-١٠٩.

١٥- فرحان، محمد جلوب، **دراسات في فلسفة التربية**، ط.(١)، الموصل ، ١٩٨٩، ص٤٥-٤٦.

١٦- أبو ريّان، **الفلسفة ومباحثها مع ترجمة كتاب المدخل إلى الميتافيزيقيا** ، برغسون، دار المعارف القاهرة، ١٩٩٦، ص ١١٤.

١٧- نيلر، جورج ف. ، **مقدمة في فلسفة التربية** ، ترجمة نظمي لوقا، ط.(١) مكتبة الإنجلو المصرية، ١٩٧١، ص١٣-١٤.

١٨- التل، سعيد وآخرون، **مرجع سابق**، ص ٦٩.

١٩- الرشدان، عبد الله، و جعنيني نعيم، **مرجع سابق**، ص ٦٠.

٢٠- قوره، حسين سلمان، **الأصول التربوية في بناء المناهج**،ط.(١) دار المعارف بمصر، القاهرة، ١٩٧٧، ص ١٧٢.

٢١- بدران ، شبل ومحفوظ أحمد فاروق، **مرجع سابق**، ص ١٨٧.

٢٢- باولو, فريري, نظرات في تربية المعذبين في الأرض, ط (١) دار التنوير, رام الله, فلسطين ٢٠٠٣ ص من ٤٧-٥٣.

٢٣- علي، سعيد إسماعيل وآخرون، **دراسات في فلسفة التربية** ،ط.(١)، عالم الكتب، القاهرة، ١٩٨١، ص ٤٦.

# الفصل الرابع
# الفلسفة الواقعية والتربية

- الميتافيزيقا الواقعية والتربية

# الفصل الرابع

# الفلسفة الواقعية والتربية

**مقدمة:**

**تعني** الواقعية "**Realism** " الأحداث والأشياء الموضوعية والعالم بما فيه من علاقات وروابط وعمليات، وأيضاً الأقوال اليقينية التي ثبتت صحتها (كقولنا النحاس ناقل للكهرباء)، والواقع هو القسم الأكثر يقينية في صرح المعرفة العلمية [١]. وجاءت هذه الفلسفة كردة فعل على الحركة الإنسانية في عصر النهضة مع أن جذورها التاريخية ترجع إلى الفيلسوف اليوناني أرسطو (٣٨٣-٣٢٢ق.م) الذي اعتبر أباً للواقعية لأنه حوّل الفكر اليوناني من التفكير في عالم الخيال إلى التفكير في العالم الذي نعيش فيه، واعتبر أن مصدر الحقائق هو العالم الحسي الذي نعيش فيه، ولا تستقى عن طريق الحدس أو الإلهام كما هو الحال في المثالية، وإنما تكتشف في عالم التجربة والخبرات اليومية [٢] . وتطورت الواقعية لاحقاً وأصبحت تضم عدة مذاهب واتجاهات واقعية، انها مصطلح شامل تندرج تحته عدة مدارس فكرية مستقلة عن بعضها البعض، على الرغم من أن كل فلاسفتها ومربيها يؤكدون على واقعية وجود المادة ولكنهم يختلفون على قضية أصل العالم المادي الفيزيقي، وأنه موجود مستقلاً عن الملاحظة [٣] .

**وتجدر** الإشارة هنا إلى أن الواقعية لا تحطّ من قيمة الأفكار ولكن تثبيتها يتم عن طريق التجربة الحسية اعتقاداً منها أن الفكرة والنظرية يجب أن يتفقا مع الوجود الواقعي (الفيزيقي) .من هنا يجب تعليم الدارسين المناهج والأساليب التجريبية والعملية كعمليات عقلانية.

**ومن** أبرز فلاسفتها ومفكريها وروادها أرسطو ، توما الأكويني، كومينوس التشيكي، أوغست كونت، فرانسيس بيكون، جون لوك، جون ستورات مل، وبرتراندرسل ، وسوف يتناول هذا الكتاب بالشرح لأهم مشاهير هذه الفلسفة .

**أرسطو AristoTele** (٣٨٣-٣٢٢ ق.م) :

**ينظر** مؤرخو الحضارة الغربية والتربية إلى اليونان قديماً على أنه أصل الحضارة الغربية. وتعتبر الأليـاذة والأوديسا للشاعر "هوميروس" من بين المراجع الأولية التي أعتمد عليها في هذا المجال. وبدأت الإشارة إلى التربية مع الفلاسفة السوفسطائيين ثم جاء "سقراط" وأفلاطون وفلاسفة السياسة والأخلاق مع "أرسطو" الذين حاولوا إيجاد تفسير عقلي منظم للظواهر الطبيعية وبناء نظرية في المعرفة معتبرين النظرية أحسن موجه للسلوك [٤].

**ولد** "أرسطو" في أسطاغيرا اليونانية على بحر إيجه ، وكانت أسرته تعمل في المجال الطبي، إذ عمل والده كطبيب في بلاط "أمنتاس" الملك المقدوني والد فيليب المقدوني وجدّ الإسكندر الأكبر. توفي والده وهو صغير ولما بلغ الثامنة عشرة سافر إلى أثينا ليدرس فيها فهو لم يكن أثينياً ، فدخل أكاديمية "أفلاطون" وسمّاه "أفلاطون" (العقل) لذكائه ومعرفته الواسعة ثم عينه معلماً للخطابة في الأكاديمية، وبقي فيها إلى أن توفي أفلاطون. لقد استفاد الكثير من مرافقة "أفلاطون" الذي كان يملك عقلاً محباً للبحث إلا أنه نقد معلمه في نظرية " المثل". غادر أثينا إلى آسيا الصغرى ومكث فيها سنوات قليلة وتزوج، إلا أنه عاد إلى أثينا بعد أن استدعاه الملك فيليب ليقوم بتربية ابنه الاسكندر الذي بقي معه أربع سنوات [٥].

**ومنذ** عام ( ٣٣٥ ق.م.) استقر في أثينا وأنشأ مدرسته المشهورة بالليسيوم "Lyceum"، حيث كانت الدروس الصباحية مخصصة لدراسة الفلسفة، أما المسائية فكانت للخطابة، وكان من عادته المشي في ساحة المدرسة وطلبته ملتفون

حوله يلقي عليهم الدروس فلقبوا " بالمشائيين ". وبعد وفاة الاسكندر العظيم غادر أثينا عام( ٣٢٣ق.م.) بعد أن اتهمه خصومه بالإلحاد وهي نفس التهمة التي وجهت لسقراط [٦].

**لقد** كان تجريبياً واهتم بتصنيف العلوم وكان ذا قلم جرار حيث كتب ما يقارب من (٢٧) محاورة اختفى كثير منها لاحقاً. كتب في المنطق والعلوم والميتافيزيقيا والجمال والأخلاق والسياسة ووجه اهتمامه إلى التربية أيضاً ، ولكنه قصر اهتمامها على حفظ النظام القائم واستقراره ، واقترح للمرأة قليلاً من التعليم ليس لأن قدرتها العقلية محدودة، بل لأن وظيفتها في البيت لرعاية الأطفال وهي تابعة للرجل وطبيعتها مختلفة عنه ومن ثم لا تتمكن من جني ثمار التربية [٧] ، وبقيت أفكاره سائدة في العالم حتى القرون الوسطى .

**وكانت** الفلسفة في عصره نشاطاً شفوياً، فأسس المنطق كعلم لأنه أراد ترتيب مفاهيم البشر وتنظيمها ، وهذا المنطق يقوم على العلاقات بين الأشياء. وكان لفلسفته التربوية أثر واسع ومهم في العصور التالية خاصة على أصحاب نظرية التعلم بتداعي الأفكار. لقد قام بتفسير التعلم وبين أن ما يكتسبه المتعلم من علم جديد يندمج مع تعلمه القديم فيتكون عنده قاعدة تكون الأساس لتعلم لاحق،ووضح أن الإنسان يتذكر الأشياء عندما تكون متشابهة أو متباينة أو متعاقبة أو مقترنة، ويعتبر الاقتران أكثر أهمية لأن الباحث أو الدارس يجده متضمناً في جميع تفسيرات التعلم، والذي ينص على أنه كلما تزامن وقوع حدثين معاً بشكل متكرر فإنهما يرتبطان معاً فعندما يقع أحد حدثين(مثير) فيحصل في الفكر تذكر الحدث الآخر(استجابة). هذا الكشف المبكر كان له تأثير كبير على التربية لاحقاً وخاصة في موضوع التعلم المدرسي الذي يلعب فيه الاقتران (الترابط) دوراً مهماً. فتعلم تهجئة الحروف، والتدرب على جداول الضرب، ومعرفة عواصم دول العالم أمثلة على ذلك إذ يحصل التعلم عن طريق تكوين ارتباطات.

**لقد** وافق معلمه على أن أسمى الفنون هي السياسة التي هدفها إعداد المواطن الصالح وتحقيق الحياة الصالحة من خلال التربية، إلا أنه اختلف معه في الطريقة؛ فطريقته كانت موضوعية بينما كانت طريقة أفلاطون فلسفية تأملية لأن أفلاطون كان يبحث عن الحقيقة عن طريق العقل مباشرة، في حين كان أرسطو يبحث عنها أولاً في حقائق الطبيعة الموضوعية وفي حياة البشر الاجتماعية وفي روح الإنسان(تجارب النوع الإنساني الواقعية) وفي استخدام الطريقة الاستنباطية، ولم يلجأ إلى استخدام التأمل الباطني إلا للتثبت بعد معرفة المعاني العامة التي استخدمت وهي من مفردات وحقائق تستند إلى شعور النوع البشري. لذلك يعتبر من أوائل الّذين وضعوا الأسس المنطقية للطريقتين القياسية والاستقرائية في التفكير والاستنباط. وكغيره من اليونانيين اعتبر أن الموسيقى أهم وسيلة للتربية الخلقية من أجل الوصول إلى الحياة السعيدة. وأشار في كتاباته إلى ما يسمى بالتربية العالية في مجال الهندسة والرياضيات لفائدتها في الحكم والقياس وكذلك الفلك والطبيعة، وأما الذين يهتمون بالأمور المقدسة فيدخلون في سلك الكهنوت [٨] .

**وبعد** أرسطو بقرون عديدة ومنذ عام (٥٢٩م) حاول رجال الكنيسة وضع يدهم على الفلسفة الإغريقية فظهر مفهوم منح البركة الذي اعتبر أول قانون كهنوتي. ومنذ ذلك الوقت سيطر الكهنة على التربية والتعليم والفكر. الا أن توما الأكويني (١٢٢٥-١٢٧٤م) حاول ربط فلسفة أرسطو باللاهوت المسيحي وإقامة مصالحه بين الإيمان والمعرفة أو العقل، وهذا ما دارت حوله فلسفة القرون الوسطى .

**لقد** كان الأكويني من الفلاسفة المدرسيين أو من القائلين بالتربية كترويض عقلي في كتابه "الإلهيات " الذي اعتبر أوسع وأضبط ما كتب في اللاهوت المسيحي، ولا تزال الكنيسة الكاثوليكية تعتبره المثل الأسمى للعقائد [٩] .

فرانسيس بيكون Francis Bicon (١٥٦١-١٦٢٦ م) :

**ولد** في مدينة لندن من أسرة لها علاقة بالبلاط الملكي، ودرس في جامعة كمبردج، ولكنه تركها بعد ثلاث سنوات دون أن يحصل منها على إجازة علمية، ولكن بعد انقطاعه بسنوات عاد ودرّس القانون فيها، وبعد تخرجه انتظم في سلك المحاماة . ومرت الأيام وأصبح عضواً في مجلس النواب الإنكليزي. كما تقلد عدة مناصب قضائية ووزارية، وإلى جانب هذه الوظائف كان يهتم ويعالج فكرة إصلاح العلوم وإحيائها اعتماداً على الطريقة الاستقرائية دون القياسية ، ووضع تصنيفاً للعلوم . ومن أشهر كتبه " التجديد العظيم" في تقدم العلم, وكتب باللاتينية كتاب "الأرجانون الجديد " أو العلامات الصادقة لتأويل الطبيعة، ووضع كتاباً في السياسة أسماه "أتلنتس الجديدة" وله مؤلفات أخرى فقدت أهميتها بتقدم العلم، وكذلك كتب كتابات تاريخية وأدبية أخرى في أحكام القانون [١٠].

**نقد** بيكون التعليم الجامعي في عصره وقدم مقترحات لإصلاحه مدعياً أنه يركز على الدراسات النظرية والإنسانية ويهمل دراسة العلوم والفنون والبحث والتجريب، وكل شيء له هدف فأهمية الأشياء تأتي من كونها ذات أهداف عملية.

**لقد أراد** وضع خطة جديدة للعقل البشري يسير عليها ، فنادى بتطهير العقول من الجمود وما علق بها من الماضي من جمود وتعصب، فإذا أراد الإنسان أن يفكر تفكيراً سليماً وأن يبحث بحثاً منتجاً فإن عليه التخلص من الأوهام الباطلة الكامنة في عقله والتي تقف حجر عثرة ضد سلامة التفكير، وقد حصر أسباب الخطأ في مجموعات أربع سماها الأوهام أو الأصنام وهي [١١] :

١- **أوهام الجنس**: وهي تلك الأخطاء التي غرست في طباع البشر، فمن أخطاء العقل التي غرست فيه افتراضه وجود درجة من النظام والاطراد أحسن مما هي عليه في الواقع، فقد يزعم الفرد باطلاً مثلاً أنه مقياس الحقائق بما يملكه

من حواس وعقل، ولكن ما يدركه بهما ما هو إلا صورة لنفسه أكثر مما هي صورة للكائن الخارجي، فليس العقل كالمرآة الصافية التي تعكس صور الأشياء كما هي، ولكن كالمرآة الملتوية التي تمزج صورة نفسها بصورة الأشياء التي تصدرها فتصيبها بالتشويه.

٢- **أوهام الكهف:** وهي الميول الشخصية للفرد ومنها ما تخلفه مهنة الشخص في نفسه من ميول ونزعات تحصر تفكيره في حدود مهنته الضيقة.

٣- **أوهام السوق** : المرتبطة بالمعايير الاجتماعية من عادات وتقاليد وأعراف وقيم، بالإضافة إلى الأسباب الناتجة عن التبادل التجاري واجتماع الناس، فالناس على سبيل المثال يتحدثون أحياناً باللغة التي شكلت وفقاً لعقلية السوق فينشأ من سوء تشكيلها تعطيل للفاعلية العقلية.

٤- **أوهام المسرح:** والناتجة عن العقائد الفلسفية والدينية التي انحدرت من مذاهب القدماء وعقائدهم وسميت بهذا الاسم لأن الأنظمة الفلسفية التي يأخذها الجيل اللاحق ما هي إلاّ روايات خلقها الفلاسفة بفكرهم كما يخلق الروائي أفراد روايته وحوادثها، فليس الكون كما صوّره أفلاطون إلاّ عالماً صوّره وبناه هو حسب خياله وعقله الذي قد لا يتفق مع الواقع.

**كومينوس Comenius** (١٥٩٢ -١٦٧٠م) :

**ولد جان** كومنسكي التشيكي المعروف بكومينوس في مدينة نيفينس في مورافيا ودرس في مدارس مدينته ، وأكمل دراسته الجامعية في جامعة هيلدبرغ في ألمانيا، ثم عاد إلى بلده واشتغل بالتدريس، وعين أسقفاً للكنيسة البروتستانتية، وعانى مشقة الاضطهاد أثناء حرب الثلاثين بين البروتستانت والكاثوليك وأحرق منزله مرتين ونفي إلى بولندا وأحرق له قاموس كبير باللغتين اللاتينية والبوهيمية. وقد لقب بالمبشر الأول للتربية وغاليليو التربية. وتحتوى نظريته التربوية على أفكار رائدة

تتعلق بتوفير المناخ الطبيعي لنمو الأطفال، وكمصلح تربوي حاول تطوير طريقه فعّالة في التدريس تعتمد على مبادئ نمو الطفل بحيث تكون طريقة التعلم ملائمة لمرحلة النمو كما يلي [١٢] :

١- دور الطفولة المبكرة من (١-٦) سنوات يحصل التعلم بطريقة غير مقصودة في المنزل أو في مدارس الأمهات.

٢- دور المدرسة الوطنية : من (٦-١٢) سنة والدراسة باللغة القومية.

٣- مرحلة المراهقة : من سن (١٢-١٨) سنة يدخل المتعلم المدارس اللاتينية أو الجمنازيوم .

٤- مرحلة التحصيل العالي : من (١٨-٢٤) سنة يرحل الطالب إلى بلد أجنبي طلباً للعلم. ووضع تسعة مبادئ للتعليم تعكس طريقته الاستنباطية كما يلي:

- يتطلب التدريس تقديم الموضوع أو الفكرة مباشرة وبتسلسل.

- يتطلب التدريس التطبيق لكل مظاهر الحياة اليومية.

- يجب أن تقدم المادة المتعلمة بطريقة واضحة مهما كانت طبيعتها.

- فيجب ومهما كانت طبيعة الشيء المتعلم أن يرتبط بطبيعة الحقيقة ومصدرها.

- يجب تعلم المبادئ العامة أولاً وبعدها تأتي التفاصيل.

- يجب أن تعلم الأشياء بارتباطها بالكل وتبيان كيفية ترابط الأجزاء.

- يجب أن تعلم الأشياء بالتتابع، ويعلم موضوع واحد أو شيء واحد في الزمن المقرر.

- يجب على المعلم أن لا يترك موضوعاً إلا بعد فهمه من المتعلمين.

- يجب أن يعلم الاختلاف والفروق بين الأشياء حتى تكون المعرفة المحصلة واضحة.

**ومن** أشهر مؤلفاته "التعلم الكبير" أو "المرشد الأكبر" في التعليم، و"باب اللغات المفتوح"، و"عالم المحسوسات المصورة".

**جون لوك John Locke** (١٦٣٢-١٧٠٤م) [١٣]

**إنكليزي** الأصل نشأ في بيئة متواضعة كانت عاملاً لتفتح ذهنه على بعض الأفكار السياسية السائدة، واشتغل بالسياسة وأصبح يعرف بفيلسوف الحرية في أوروبا. درس الفلسفة في جامعة أكسفورد وحصل على البكالوريوس والماجستير، ثم عين مدرساً للفلسفة اليونانية في جامعة أكسفورد منذ عام ١٦٦٠م، كما درس الطب وحصل على درجة علمية تؤهله لممارسة المهنة إلا أنه لم يعمل في مهنة الطب كمهنة أساسية، وكان يميل ميلاً كبيراً للعلوم الطبيعية.

ولاضطراب الحياة السياسية في زمنه رحل إلى هولندا التي كان يسودها جو من الحرية في ذلك الوقت، لكنه عاد إلى إنكلترا بعد نجاح الثورة الإنكليزية عام (١٦٨٨م)، وأصبح له مركز مرموق باعتباره فيلسوف الثورة، وعرض عليه الملك منصب سفير لإنكلترا لدى حاكم براند نبرج ولكن لأسباب صحية اعتذر، لكنه لاحقاً عاد فقبل المنصب.

**كانت** فلسفته تحليلاً نقدياً للعقل البشري معتمداً فيها على احترام الحرية والقيم الإنسانية، وكان نصيراً لسيادة الشعوب، وأثّر تأثيراً مباشراً على نجاح الثورة الفرنسية في القرن الثامن عشر، ولم يقتصر تأثيره على أوروبا بل امتد إلى أمريكا؛ إذ إنه يعتبر مصدراً للتفكير السياسي الذي سادها إبّان ثورتها، وحين كتب قادة الثورة الأمريكية وثيقة الاستقلال اعتمدوا على أفكاره.

**ويعتبر جون لوك** ممثلاً للتيار التجريبي الواقعي الإنكليزي ومن كتبه: "مقالة في العقل البشري"، وهو أول محاولة منظمة لفهم المعرفة الإنسانية وتحليلها. ويعتبر من واضعي نظرية الترويض العقلي الذي يرى أن العقل هو المسّير الأكبر وأن

حب الحقيقة هو الأسمى [١٤]. ولهذه النظرية أشكال مختلفة ، ولكنها تتفق في الرؤية بأن الهدف الأسمى من التعليم هو تحقيق النضج العقلي عند المتعلم وأن كمية المادة الدراسية أمر ثانوي. فالعمل الفكري أو العقلي إذا أحسن اختياره، فينتج عنه قابلية أو ملكة عقلية تفوق بأهميتها ما أنفق في سبيل توليدها من طاقة، هذه القدرة إذا نمت أمكن استخدامها في كل فاعلية أو نشاط وفي مجالات متعددة حتى لو كانت هذه الفاعلية الجديدة لا تمت إلى الملكة المنمّاة بصلة .

**ويعد** لوك خير ممثل للنزعة الحسّية والفلسفة التجريبية في العصر الحديث، الذي رفض إرجاع المعارف إلى الفطرة واعتبر المعرفة مستمدة من التجربة والخبرة الحسية ، فالإحساس هو المصدر الوحيد للمعرفة ، ومن فقد حاسة فقد المعاني المتعلقة بها والتجربة عنده نوعان: تجربة ظاهرية تتصل بالعالم الخارجي، وتجربة باطنية أو التأمل أو الاستيعاب الذي يتعلق بعالمنا الداخلي [١٥] .

**ويمكن** تلخيص أفكاره التربوية بما يلي [١٦] :

١- **دعم** الدراسات المتعلقة بالحياة مثل الجغرافيا والفلك والتاريخ أكثر من التركيز على قراءة الشعر وكتابة النثر.

٢- **تزويد** المتعلمين بنتائج العلوم الطبيعية التي تشير إلى التقدم الملحوظ في عصرهم.

٣- **العناية** بالتربية الرياضية لأنها تساعد الفرد على تحمل الصعاب والمثابرة على العمل.

٤- **غرس** الفضائل الاجتماعية في النفوس بجانب العلوم, فبهذا يعطي دوراً مهماً للأخلاق في التربية السليمة.

٥- **الابتعاد** عن تخويف الطفل أثناء تربيته لأنه لا يمكن تعلم الطاعة وشبح العصا موجود، فالقسوة تحطم روح الطفل وتهدد عقله.

٦- **التركيز** على ضرب الأمثلة أكثر من ذكر القواعد والأحكام لأنها طريق التربية الصحيحة، وأن تلائم طرق التدريس طبيعة المتعلم ، فتكون مرنة مناسبة لنموه.

٧- **إعداد** الطفل لمواجهة الحياة من خلال الإعداد الشامل لشخصيته والابتعاد عن الحشو الميكانيكي بالحقائق الجافة.

٨- **التركيز** على الجوانب التطبيقية في عملية التعلم، لذلك لا جدوى من دراسة التلاميذ اللغتين اليونانية واللاتينية فأي علم لا يفيد الإنسان إذ لم تكن له جوانب تطبيقية, فالخبرة هي أساس التربية.

**وكان** للفلسفة الواقعية تأثير كبير على ثقافة العالم ونظمها التربوية بعد عصر النهضة الأوروبية، ولكن تأثيرها على ثقافتنا ونظمنا التربوية بدا واضحاً في مطلع القرن العشرين. كما كان لها تأثير عميق على الصناعة والإنتاج فظهرت الدراسات العلمية التحليلية للمهن بهدف تحديد الطرق الأصلح لمزاولة الأعمال، وأصبحت المدرسة تهتم بتهيئة الجيل الصاعد للعمل المستقبلي الملائم له.

**وعلى** الرغم من وجود تفسيرات وآراء مختلفة وأحياناً متضاربة للفلاسفة الواقعيين إلاّ أن هناك جملة من المبادئ الأساسية المتفق عليها من قبل جميع فلاسفتها وهي: -

أ. **ترى** هذه الفلسفة أن معرفة الأشياء هي نسخة طبق الأصل وصورة صحيحة في عقولنا لما هو خارج عنها، وأن الأشياء في الواقع مطابقة لمظاهرها التي ندركها عن طريق القوى المدركة، فالعالم الخارجي هو حقيقة ما ندركه، ووجوده مستقل عن إدراكنا، وإدراكنا لمظاهر الأشياء كما هي في الواقع هو المعرفة والعلم بها [١٧] .

ب. **إن عالم** الواقع (العالم الفيزيقي) يشتمل على جميع الحقائق ومصادرها وهو عالم مستقر وثابت، ونستطيع عن طريق التحليل العلمي اكتشاف الحقائق الشاملة الموجودة فيه والمستقلة عن إدراكنا لها، وهذه الحقائق

هي القوانين الطبيعية التي تتحكم في سير الوجود والإنسان [١٨] .

ج. **بما أن** العالم له وجود مستقل عن الإنسان ومحكوم بقوانين ليس للإنسان عليها إلا سيطرة ضئيلة محدودة ، لذلك فإن دور المدرسة، يتمثل في القيام بنقل اللب الجوهري للمادة الدراسية لتعريف التلاميذ بالعالم من حولهم.

د. **ترفض** الواقعية النظرة الثنائية للإنسان كالمثالية ، وتعتبره كسائر الموجودات الأخرى يمكن فهمه ومعرفته عن طريق دراسة ومعرفة مكوناته، لذلك تدعو المدارس والمدرسين إلى الاهتمام بالفروق الفردية بين المتعلمين.

ه. **توجد** الأشياء مستقلة عن الإدراك, فما نراه ونتذوقه ونلمسه ونسمعه ونشمه ليس انطباعات بل هي الأشياء ذاتها ، والعقل يتلقى المعلومات من العالم بدلاً من خلق عالمه الخاص أو إعادة خلقه كما في المثالية ، فلم يعد العقل يملي أوامره على الواقع بل الواقع هو الذي يملي أوامره [١٩] .

و. **ترى** الفلسفة الواقعية أن المجتمعات البشرية تسيرها قوانين موضوعية طبيعية وهي عامة وشاملة ولا تتغير حسب المكان والزمان ، وكلما أطاع الإنسان هذه القوانين وفهمها كان سير المجتمع حسناً وطبيعياً ، وهي تركز على أهمية تكيف الفرد مع المجتمع الذي يعيش فيه.

ز. **ترى** الفلسفة الواقعية أن مصدر القيم في العقل وهي ثابتة، وتحتل القيم العقلية والتجريبية الحسية درجة عالية في سلّم القيم لأنها تساعد على التوافق مع الواقع الموضوعي وقوانين الطبيعة وقواعد المنطق، لذلك أكدت على وجود عالم للقيم والأخلاق ثابت، يحصل الإنسان عليه بالاستدلال وبالأسلوب العلمي، ولا بد أن تترجم هذه القيم إلى سلوك عملي وإلا كانت

خالية من كل دلالة، وعلى المعلم القيام بغرس هذه القيم في أذهان التلاميذ وخاصة المبادئ والأخلاق الدينية الرسمية الأساسية. كما تؤكد على أن القيم الجماعية تكمن في النظام الطبيعي الواقعي والمبادئ والأسس الشاملة التي تحكمه.

ح. **تؤمن** هذه الفلسفة بأن التربية يجب أن تهدف إلى إعداد الفرد لتقبل حظه في هذه الدنيا من خلال مساعدته على التكيف مع بيئته لا ليشكلها أو يؤثر فيها، لذلك عليه أن يفهم العالم الذي يعيش فيه ، وهذه المعرفة من الممكن اكتشافها وتلقينها للصغار بطريقة منظمة في المدارس، وهدف المدرسة هو تعليم ما هو ضروري للحياة. وأن يكون المعلم ضليعاً في مادته، وتفضل أن يكون خبيراً أو قادراً على استعمال آلات التعليم وكتب العمل [٢٠] .

**ومن** الجدير بالذكر بعد هذا العرض لأهم مبادئها التأكيد على أن المدرسة النفسية التي تتفق مع هذه المدرسة هي المدرسة السلوكية الترابطية (م-س) أي(مثير-استجابة) فالمثير مرتبط بالاستجابة ويقود إليها . وقد تطورت على يد كل من واطسون وثورندايك، ومما لا شك فيه أن الكثير من المدرسين والتربويين يعملون ويمارسون عملهم من وجهة نظر هذه المدرسة السلوكية [٢١] .

### الميتافيزيقا الواقعية والتربية:

يتفق الواقعيون على أن المادة هي الواقع الأقصى، فالأشجار والبحار والمدن والأرض وما فيها كلها ليست إلا مجرد أفكار في عقول الناس الذين يشاهدونها وليس في العقل المطلق (حسب الميتافيزيقا المثالية) بل هي موجودة في ذاتها وبذاتها ومستقلة عن العقل الذي يتصورها، إلا أن هناك خلافاً بين فلاسفتها في نواح عديدة، وهكذا يمكن تقسيمهم إلى مدارس واتجاهات فرعية:

## ١: الواقعية الكلاسيكية (الواقعية الدينية):

ترى أن العالم المادي واقعي وموجود خارج عقول الـذين يلاحظونـه منطلقـين مـن مبـدأ أرسطو. أمـا التوماويون من اتباع الأكويني فيقولون أن الله خلق المادة والروح معاً، فأنشأ كوناً منظماً ومعقولاً بحكمته، وهذا دليل على واقعيته ، وكل شيء يخلقه الله فهو واقعي وحقيقي، وعلى الرغم من أن الروح ليست أكـثر واقعية من المادة لكنها أهم منها لأن الله نفسه روح فهي ضرب من الكينونة أسمى مـن المـادة، ومنطلـق تفسيرهم هذا يستمدونه من الوحي والكتاب المقدس، أي من الإيمان غير مهملين العقل والتجربة ولكـن لدعم هذا الإيمان [٢٢].

## ٢: الواقعية الطبيعية والعلمية:

جاءت هذه الواقعية الفلسفية نتيجة نهضة العلم في أوروبا في القرنين الخامس عشر والسادس عشر ـ وما تلا ذلك من تقدم في الصناعة والتكنولوجيا . ومن أنصارها " فرانسيس بيكـون " و " جـون لـوك " و " دافيد هيوم " و " جون ستوارت مل " و " برتراند رسـل " ، بعكس الواقعيـة السـاذجة التي كانـت تمثـل مرحلة سابقة على التفكير العلمي والفلسفي ولا تخضع للتفكير النقدي، ووضعت ثقتها في كل مـدركات الحس فهي تفسر الأشياء باتفاق مع الحس العام عندما يرى عامة الناس أن أفكـارهم هـي صـور مطابقـة للأشياء في الخارج ، وأن العالم الخارجي يبدو لنا في صور كثيرة موجودة بالفعل حتى عنـدما تكـون بعيـدة عن الإدراك الحسي، وهي موجودة بنفس الحال الموجودة عليه عندما تقع في الإدراك، أي أن العالم مسـتقل عن الإدراك.

وتعتمد الواقعية العلمية على الشـك والتجربـة وتعطـي دوراً للعلـم أكـثر مـن الفلسـفة في استقصـاء خصائص العالم، وتؤمن بالتغير المستمر الذي يحدث وفقاً لقوانين الطبيعـة الدائمـة التـي تمـنح الكـون بنيـة متصلة. وتؤكد أن على الفلسفة السعي

للوصول إلى الدقة الموضوعية التي يتسم بها العلم الطبيعي، وخاصة في التنسيق بين المفاهيم ومكتشفات العلوم المختلفة.

**٣: الواقعية النقدية :**

**ظهرت** في أمريكا في القرن العشرين وجاءت كمحاولة لتطوير بعض أفكار الواقعية الجديدة في نظرية المعرفة، وتؤكد على خصوصية الوعي النوعية ، وترى أن العملية المعرفية معقدة لها ثلاث حلقات متوسطة تتألف من عناصر ثلاثة: الذات، والموضوع، والمعطيات (الماهيات). ولم تكوّن الواقعية النقدية اتجاهاً متجانساً فقد كانت تياراً مثالياً ذاتياً ينطوي على عناصر مادية وأيضاً على عناصر مثالية موضوعية [٢٣].

**ويمثل** الواقعية النقدية ثلاثة تيارات هي الواقعية النقدية التقليدية، الواقعية النقدية الجديدة، والواقعية النقدية المعاصرة [٢٤].

أ. **الواقعية النقدية التقليدية:** اعتمدت على العلوم الطبيعية بعد إخضاعها للنقد العلمي، وتعتقد أن الحواس تدرك حقائق الأشياء ولكنها تمحص في ضوء قوانين العلوم الطبيعية، فالمادة لها وجود عيني حقيقي خارج عن حواس الإنسان، ولكن الكيفيات التي تدركها الحواس هي من عمل الذهن. وتعتمد على النقد محاولة إثبات الحقيقة من خلال مناقشة الحجج ودحضها. إنها تعتبر صورة عن الواقع بواسطة العقل الذي يتجاوز الجزئيات والمحسوسات إلى الكليات، فالصورة المعدلة هي من فعل العقل، كما هو الحال عند جون لوك الذي رفض إرجاع الحقائق المسلم بها إلى فطرة العقل، بل جعل له وظيفة إيجابية بحيث يؤلف من الصور الحسية معاني جديدة.

ب. **الواقعية النقدية الجديدة:** رفضت التسليم بمنطلقات الواقعية النقدية التقليدية بوجود وسط بين الشيء المدرك والذات العارفة، فركزت على وصف

الظواهر والوقائع وتحليلها، أما فاعلية الذهن فتتمثل في الاهتداء والكشف من خلال التمييز والمقارنة، لقد رفضت دمج العارف والمعروف في نسق واحد وأيدت الثنائية (وجود المدرِك والشيء المدرَك) .

ج. **الواقعية النقدية المعاصرة** : وجاءت كتعبير عن نظرية المعرفة الجديدة التي تعتبر أن الحركة هـي قوتها الدافعة، لذلك يقف هذا الاتجاه عند وضع معين فهو ينمو من خلال تطور الفكر وتقدمه لأنه يهتم بالعلم. ومنهجها مشترك مع العلوم، فاستفادت من علوم الرياضيات والفيزياء الحديثـة ، وعلم الحياة وعلم النفس وتركز على معرفة الأجزاء أكثر من الكل مع الحرص علـى القيـام بـأعمال تفصيلية دقيقة أكثر من الأداء الشامل. إن هذه الواقعية نقدية لا تأمليـة تلتـزم بالوقائع بوضوح ونزاهة ، وتعادي الميتافيزيقيا أحياناً، ولا تهتم بأي شيء يتجاوز التجربـة ويصعب فهمـه بالبحـث العلمي .

٤: **الواقعية الوجدانية** : يعتبر هذا الاتجاه أن المعرفة الفلسـفية تمـنح موضوعـات الإدراك قيمـة إنسانية نابعة من الوجدان الإنساني الذي يحوّل التجارب العلمية المنطقيـة مـن وضعهـا المطلـق إلى وضعها الإنساني تدريجياً، فالوجدان هو الذي يسبغ عليها بعداً اجتماعياً وشعورياً. ويتجه الإنسـان في التـأثير تدريجياً في واقعه الذي يكشف عنه العلم من خلال إدراجه في مجال الاستعمال الحياتي لسد وإشباع الحاجات الإنسانية مما يجعل هذا الواقع له قيمة إنسانية [٢٥].

٥: **الواقعية التحليلية** : لقد أثر تقدم العلـوم والتكنولوجيا تـأثيراً عميقـاً علـى مختلـف التيـارات الفكريـة والفلسفية المعاصرة في مجال المعرفة والكشوفات وخاصة في مجال الـذرة، ورد كـل شيء مـادي إلى جزيئات صغيرة مما جعل الطابع العام للفكر والعلم هو الطابع التحليلي الواقعي انسجامـاً مـع روح العصر. فالفلسفة الحقة إذاً هي التي تعبر عن عصرها الذي نشأت فيه وتسايره وتعمل على تطويره للأمام مما أدى إلى تعدد الاتجاهات الفلسفية المعاصرة في مجال

التحليل الواقعي. ومن أبرز ممثليه "برتراند رسل" صاحب الفلسفة التحليلية أو الرياضية، إذ يؤمن بتحليل الفكر والمادة ، وتحليل اللغة والكلام، وربط التحليل مع المنطق .

٦: **الواقعية الجديدة غير النقدية** : تؤمن بوحدة تطابق الموضوعي والذاتي، الواقعي والذهني في عملية المعرفة، أما معنى هذه الوحدة فيتحدد بكيفية فهم التجربة وعناصرها، إن ما يقوم في صلب الموجودات كلها ليس المادي أو المثالي، وإنما شيء ثالث هو التجربة والتي تتألف من عناصر محايدة. ويعتبر هذا الاتجاه قريباً من المثالية الذاتية ولا يقدم تفسيرات مقنعة بين المعرفة الحقة والباطلة لذلك حلت محله الواقعية النقدية الجديدة.

**إنّ** أغلب هذه التيارات حبذت عدم استخدام الطرق التقريرية عند تعليم القيم وإنما بواسطة طريق التحليل النقدي ، واستخدام الثواب لتشجيع العادات المرغوبة في التعلم لحفظ النظام وجذب الاهتمام واستثارة النشاط . وعلى الرغم من أن جميع الواقعيين يتفقون على أن القيم موضوعية ودائمة إلا أنهم يختلفون في تبريراتهم، فالواقعية الكلاسيكية مثلاً تتفق مع أرسطو على أن هناك قانوناً خلقياً شاملاً متاحاً للعقل وملزماً لجميع الناس باعتبارهم كائنات عاقله، في حين نجد أن الواقعية التومية ترى أن الناس يمكن أن يميزوا هذا القانون الخلقي باستخدام العقل الذي أرسيت قواعده من قبل الله الذي وهب الإنسان القدرة على الفهم ، فالإنسان وحده لا يستطيع فهم القانون الخلقي إلاّ بمساعدة الله لأن طبيعة الإنسان فسدت منذ الخطيئة الأولى. أما الواقعية العلمية فتنكر وجود قانون للقيم فوق البشر.

ويتفق الواقعيون في مجال التربية على أن أي نظام تربوي يجب أن يتكيف مع قيم محددة تحديداً جيداً، وبما أن القيم لا تتغير لذلك فالأهداف الحقيقية للتربية لا تتغير. وبالمثل فإن المعايير الخلقية التي نعلمها للأطفال يجب أن لا تتأثر بآراء

المعلمين أو الأفكار الشائعة في العصر إلا بدرجة قليلة جداً، وبدلاً من ذلك يجب تطابقها مع ما قد ثبت أنه أكثر القيم دواماً للإنسان عبر مسيرة التاريخ [٢٦].

**وفيما** يتعلق بالنظرة إلى الإنسان فالواقعيون يختلفون بعض الشيء، ففي حين يرى التيار الواقعي الديني أنه كائن روحي، يؤكد الكلاسيكيون على الصفة العقلانية للإنسان وهي أعلى صفة إنسانية، ولا يؤيدون وجهة النظر التي ترى أنه خلق بقدرة إلهية (التوميون). وترى الواقعية العلمية أنه كائن بيولوجي له جهاز عصبي متطور جداً واستعداد اجتماعي طبيعي فأنشطته المختلفة ما هي إلا عمليات جسمية معقدة عجز العلم عن شرحها بدرجة مقبولة، وينكرون حرية الإرادة فالإنسان يعتقد أنه يختار لكنه في الواقع لا يفعل شيئاً فهو محكوم بتنشئته الاجتماعية أكثر من الأصل الفطري الموروث.

**وتؤمن** أيضاً بأن الطفل يولد وعقله صفحة بيضاء ومن خلال تفاعله الاجتماعي وتشعب علاقاته مع واقعه تنطبع في ذهنه الاحساسات والمشاعر وهكذا يتعلم من خلال حواسه وباستخدام عقله من خلال التجربة، فيستفيد من هذه المعرفة المحصلة لاكتشاف عالمه بما فيه من أشياء وما بينها من علاقات متشعبة [٢٧].

**التطبيقات التربوية :**

**الفكر الفلسفي الواقعي والتربية:**

**أولا: الواقعية والأهداف التربوية:**

تتحدد أهداف التربية الواقعية بالمثيرات التي تمر بمرحلة البحث النظري وتحدد حتى تستقر، وبعد الاعتراف بها من الباحثين والمختصين تصبح مطبوعة بروح الواقعية، لذلك تعتبر أن جوهر الثقافة الواقعي الخارجي مصدر للأهداف التربوية لأنه مرّ بمرحلة البحث النظري والصراع حتى استقر، واختبارها يحكمه الحاضر والبيئة التي يعيش فيها المتعلم، كما ترى أن المعرفة القيّمة هي التي تجمع وتنظم

وتنسق في إطار عقلاني منطقي وبعدها تقدم إلى المتعلمين لينهلوا منها، كما يتم إعداد المراجع والمطبوعات بواسطة خبراء مع الاستعانة بالوسائل التعليمية المختلفة كوسيط للمساعدة على التعلم بواسطة معلم خبير في مادته الأساسية.

**ولا** تقتصر وظيفة المدرسة على مجرد نقل المعلومات والمعارف والحقائق بل زيادة فهم المتعلم لواقعه فهماً مباشراً بعمق وشمول، وخاصة في الأساسيات العلمية بعد التدريب عليها والاهتمام بالفروق الفردية على الرغم من اعترافها بأن مرحلة الطفولة لا تثير اختلافات كبيرة بين الأطفال، ولكنها تطلب من المتعلم أن يكون على مستوى عالٍ من التركيز وحب النظام لأنّ تشتت الذهن غير محبذ ويجعل التلميذ لا يحصر انتباهه في المثير ، وتهتم بالسلوك الحسن وتؤمن بالتوجيه والإرشاد.

**ثانياً: ماهية التربية الواقعية:**

**لقد** وجهت سهاماً إلى التربية الإنسانية معتبرة إياها تربية عقيمة لأنها تقصر اهتمامها على دراسة اللغات القديمة وآدابها وتهتم بالشكل على حساب المحتوى فركزت على المواد الطبيعية في الدراسة المدرسية.

**ولقد** سادت التربية الواقعية وأثرت تأثيراً كبيراً خلال القرن السابع عشر فكانت من أهم نتائج الثورة الفكرية التي ولدها عصر النهضة ، والتي تعتبر أساساً للحركة العلمية الحديثة لأنها تهتم بالبحث عن الحقيقة وعن مظاهر الحياة الواقعية والطبيعية، فبواسطتها اتجهت الأفكار وجهة فلسفية علمية وسميت بالحركة العلمية الأولى التي أثرت على ما بعدها من تطورات ومهدت للإصلاحات التربوية اللاحقة(٢٨) .

**وتنقسم** التربية الواقعية إلى ثلاثة أطوار مختلفة : التربية الواقعية الإنسانية، التربية الواقعية الاجتماعية، والتربية الواقعية الحسية [٢٩] .

١- **التربية الواقعية الإنسانية** : جاءت تجديداً لفكر النهضة واحتجاجاً على التربية الإنسانية الضيقة خلال القرنين السادس عشر والسابع عشر، والتي أكدت على اعتبار اللغات والآداب القديمة وكأنها الموضوع الوحيد للدراسة أو الواسطة الوحيدة للتربية، معتقدة أنها أسمى ما أنتجه الفكر البشري، لذلك جعلت اللغات القديمة وآدابها الغاية القصوى من التربية. ولكن التربية الواقعية نظرت إليها على أنها واسطة لا غاية ، فهدف التربية هو تمكين الفرد من السيطرة على حياته والبيئة المحيطة ، ووسيلة للوصول إلى تطبيق المبادئ والأفكار التي جاء بها الأقدمون. ومن أشهر ممثليها "أراسموس" الذي شملت آراؤه حقولاً واسعة، "ورابيليه" الذي كان أحسن المدافعين عنها، وتعود أهميته الكبرى في تأثيره على "مونتاني"، و"لوك" و"روسو"، الذي وجه نقده الإصلاحي إلى الأفكار والتربية الكلامية التي كانت سائدة في القرن السادس عشر، مطالباً بتربية تؤدي إلى حرية الفكر والعمل. ومن ممثليها أيضاً جون ميلتون(١٦٠٨-١٦٧٤) الذي طالب في التربية بالتركيز على المضمون ، وعدم المبالغة في القواعد النحوية والأسلوب اللغوي ، ولعل أعظم ما تركه للتربية هو تعريفه لها إذ يقول: " التربية الكاملة الكريمة تلك التي تعد الإنسان لأداء الأعمال الخاصة والعامة في السلم والحرب بأحكام ومهارة وشرف" [٣٠] . وقد مهدت هذه التربية إلى ظهور التربية الاجتماعية وهيأت للواقعية الحسية وقادت إليها.

٢- **التربية الواقعية الاجتماعية** : اعتقد مربوها أن من واجب التربية تكوين المحاكمة لدى الطفل وتنمية استعداداته ومواهبه ليعيش بسعادة وتضمن له عملاً ناجحاً في الحياة ويكون رجل أعمال ناجحاً ، لذلك تبتعد عن المثالية العليا أو التقشف الضيّق أو العاطفة الجامحة، وتشجع الرحلات والسفر من

أجل التعرف على العالم والناس. ووجهت نقدها إلى محتويات التربية الإنسانية مدعية أنها لا تصلح لتهيئة الفرد لحياة عملية. ومن أشهر ممثليها المربي الفرنسي- ميخائيل مونتاني (١٥٣٣- ١٥٩٢م) الذي لم يهتم بدراسة الآداب القديمة، وركز على دراسة العلوم التي تفيد المربي في حياته المستقبلية فقط، فهو مادي نفعي بآرائه وقد حث على الاهتمام بالتربية الرياضية وتدريب الحواس، وأن هدف التربية عنده هو الفضيلة، وأكد على الفهم والتطبيق وليس الاستظهار فقط، أما أثره على المدارس فقد كان ضعيفاً [٣١].

٣- **التربية الواقعية الحسية** : تكونت خلال القرن السابع عشر- ونمت من فكرتي التربية الإنسانية والاجتماعية ولكنها أضافت إلى ذلك بذور النظرة الحديثة إلى التربية في المجالات الاجتماعية العلمية والنفسية. لقد آمنت بالمعرفة عن طريق الحواس لا عن طريق فعل الذاكرة فقط، وسميت بالحركة العلمية المباشرة التي وضعت أسس الحركة العلمية الحديثة والمعاصرة.

**جاءت** نظرتها هذه بتأثير الاكتشافات الحديثة في الحقول المختلفة والاختراعات التي أدت إلى الاستفادة من قوى الطبيعة، واعتبرت الطبيعة منبعاً للمعرفة والفضيلة، فالتربية إذاً عملية طبيعية لا اصطناعية، فالقوانين التي يجب أن تبنى عليها التربية موجودة في الطبيعة ومتصلة بالحياة، وأهدافها تتمثل في تطبيق الطريقة الاستقرائية في التدريس والتي تناسب المواضيع الجديدة والأهداف الجديدة التي ركزت عليها، وهي الطريقة التي أوجدها أشهر ممثليها فرانسيس بيكون (١٥٦١-١٦٢٦م) والتي اعتبرت مفتاحاً لحل المشاكل التربوية كلها وتسهيل عملية المعرفة وتعلم اللغات القديمة والقومية وفق منطلقاتها. وآمن بأن بناء المعرفة إنما يكون عن طريق بناء الحياة الفكرية على أساس جديد هو الطبيعة، فلا الميتافيزيقيا ولا اللاهوت اللذان كانا أساس الفلسفات السابقة يصلحان للأساس الجديد للمعرفة، لذلك يجب أن تكون الفيزياء هي هذا الأساس، كما يجب أن تصبح الفلسفات

الأخلاقية والسياسية مبنية على العلوم الطبيعية وعلى الأفكار التطورية كما يصبح لها معان جديدة مفيدة في تفسير حوادث الطبيعة وطرق البحث العلمي [٣٢].

**ومن** ممثليها أيضاً مولكاستر المربي الإنكليزي (١٥٣٠-١٦١١م) وجون آموس كومنسكي (كومينيوس ١٥٩٢-١٦٧٠م) [٣٣].

ويمكن تلخيص المبادئ الرئيسية لهذا الاتجاه بما يلي [٣٤].

١- **يجب** أن تهدف التربية إلى تمكين الإنسان من السيطرة على البيئة الطبيعية، ويتم هذا من خلال دراسة العلوم الطبيعية، وطرقها العلمية ضرورية لأنها تساعد الإنسان على الفهم الأفضل، والتركيز على التجريب والتطبيق والاكتشافات.

٢- **يجب** أن لا تقتصر العملية التعليمية-التعلمية على الكتب وحدها بل يجب العودة إلى الواقع لأنه الكتاب الأعظم وهو كتاب مفتوح يتعلم الإنسان أسراره وقوانينه من أجل السيطرة عليه.

٣- **ينبغي** أن تهدف التربية إلى إثراء المعرفة وتنميتها لتحقيق رفاهية أفضل للإنسانية والتقدم البشري.

٤- **يجب** على التربية اكتشاف قوانين الطبيعة الإنسانية التي تتحكم في تربية الإنسان وتعليمه للحصول على تربية سليمة تتمشى مع مراحل النمو النفسي الطبيعي للمتعلم ومع قدراته.

٥- **تعتبر** الحواس المصدر الضروري للمعرفة، ومهمة التربية تسخيرها بكفاءة وتنميتها من خلال التعلم عن طريق اللعب والعمل والنشاط المتعدد الوجوه.

**ثالثاً: تطبيقات الواقعية التربوية في المنهاج وطرق التدريس :**

**اكتسبت** الواقعية كفلسفة تربوية أرضية جديدة في عصرنا نتيجة التقدم العلمي والتكنولوجي الذي يحتاج إلى نوعية جديدة من الجيل الصاعد، يمكنهم التكيف مع المتغيرات والتطورات السائدة في العالم في مختلف المجالات، فساهمت في نشوء وتطور الدراسات التحليلية للمهن. ومن الأهمية بمكان الإشارة إلى المجالات التربوية التي من الممكن تطبيق هذه الفلسفة في حدودها.

**١- الفلسفة الواقعية والمنهاج :**

**ترى** هذه الفلسفة أن التربية يجب أن تكون عملية واقعية متطابقة مع الوجود الذي يعيش فيه الإنسان، لذلك فالمنهج الدراسي يجب أن يشتمل على أحدث المعلومات عن الواقع والتي توصل إليها العلماء والمختصون للوصول إلى معرفة علمية مبنية على الحقائق وليس على الخيال وتبقى ثابتة وتغيرها بطيء ، ويجب أن ينظم المنهج على أساس المواد الدراسية في ارتباط مع الأسس النفسية للتعلم التي تنطلق من البسيط إلى الصعب، ومن المعلوم إلى المجهول.

**ومكونات** المنهاج هي الرياضيات والعلوم ، والعلوم الاجتماعية، والإنسانيات والقيم، ويؤكد على آثار البيئة الاجتماعية على حياة الإنسان من خلال معرفة القوى التي تحدد حياته ليستطيع السيطرة عليها والتحكم بها. وتعطي اهتماماً خاصاً للتربية المهنية، ولكن بعض مدارسها لم تعط الجانب التجريبي للتعليم المهني أهمية بل على أساس علمي محض.

**وتميل** هذه الفلسفة إلى الأسلوب التسلطي في الإشراف على وضع المناهج التربوية وتخطيطها وفرضها على المتعلمين لضرورتها في فهم الحياة. أما دراسة الآداب واللغات والمجردات فقيمتها ثانوية إذا ما قيست بالأساسيات العلمية والثقافية

المتعلقة بالتقاليد ، ويجب دراسة الأخلاق والدين بحيث تكون دراسـة رسـمية ومتصـلة في صـلب المنـاهج الدراسية.

٢- الفلسفة الواقعية وطرق التدريس (٣٥):

**تعتمد** طرق التدريس الواقعية على النظرة الترابطية ، فيقوم المعلم بتقسيم موضوع درسه إلى عناصره الأساسية وتحديد المثيرات والاستجابات، فلكل مثير استجابة معينة، ومـن ثـم تقدم للمتعلمين بطريقة تجعلهم يستجيبون الاستجابة الصحيحة للمثير المحدد، ويكرر إحداث المثير لكي تتبعه الاستجابة الصحيحة، ويُكافأ المتعلم كلما قام بالاستجابة الصحيحة مما يـؤدي إلى تقويـة الرابطـة التـي تـؤدي إلى الـتعلم ، أنهـا تنطلق من تعلم الأجزاء حتى يتم تعلم الكل متفقة مـع النظريـة التجزئيـة للمدرسة السلوكية، وتفضل استخدام آلات التعليم (التعليم المبرمج) .

**وتطلب** من المعلم أن يكون قادراً على استرجاع وشرح المعلومـات ومقارنـة الحقـائق وتفسـير العلاقـات بينها واستنباط المعلومات الجديدة وأن يكون موضوعياً ينطلق من اهتمامات المتعلمين رابطاً بين ما يدرس وخبرات المتعلم ، وأن يحدد المادة المدروسة تحديداً دقيقاً ما أمكن، وتبقى المبادرة في التدريس بيد المعلم فهو الذي يحدد المعرفة المطلوب تعلمها.

**وفيما** يتعلق بالنشاطات اللاصفية فيجب أن تكون محدودة وغيـر أساسية وأن لا تقوم عـلى رغبـات المتعلمين بل مخططة من قبل الجهات العليا في المدرسة.

**أما** بالنسبة للسلوك فتهتم بالنظام والسلوك الحسن في المدرسة فوضعت لكل مخالفـة العقوبـة التـي تناسبها، وتؤمن بالتوجيه والإرشاد الذي يقدمه الخبير أو المرشد، وتـرى أن الـتعلم مـن الممكـن أن يـتم في المدرسة وخارجها ما دام يوجد استعداد لذلك ، لكـن لا تمـانع بإنشاء المـدارس الحديثـة المجهـزة ولكـن لا تعتبرها شرطاً أساسياً للنجاح في التعلم.

**وأخيراً** تؤمن بالتغير المحدود الذي يسير في اتجاه واحد لأن المعرفة والحقائق المكتشفة تصبح ثابتة لأنها اكتشفت بالطرق العلمية في العالم الذي يعيش فيه الإنسان ، ولكن يسمح بالتغير الذي يأتي من خلال اكتشاف الحقائق والمعارف والقوانين الجديدة المكملة لما اكتشف في هذا المجال وبحيث لا تكون مخالفة لها.

وباختصار ومن خلال ما تقدم يتبين أن فلسفة التربية الواقعية إجمالا تهتم بالأمور التالية:

أ- التركيز على مظاهر الطبيعة الواقعية والحقيقة الموجودة في حياة الإنسان ويحسها كل يوم مما يجعل أساليب التربية متفقة مع البيئة المحيطة بالانسان وليس كما كانت قديما خيالية وصورية.

ب- الجمع بين القديم والجديد(التربية الواقعية الإنسانية) وكان هذا في بداية انتشار الواقعية ولكن مع تطور الحياة أصبحت علمية خاصة في أدوارها الأخيرة.

ج- التركيز على العقل في الحياة الاجتماعية، وتثقيف المحاكمة العقلية لدى الطفل ليكون رجل عمل يحسن الاستفادة من محيطه العملي والتأكيد على فهم الدروس وتطبيقها عمليا وليس حفظها فقط.

د- التركيز على التربية الواقعية الحسية التي وضعت بوادر الحركة العلمية الحديثة والحصول على المعرفة عن طريق الحواس ،بتدريب الفرد على حسن استخدام حواسه،وتطبيق الطريقة الاستقرائية في التدريس واستبدال اللغة اللاتينية باللغات القومية، والتركيز على العلوم الطبيعية.

# المراجـــع

١ —  المعجم الفلسفي المختصر، ترجمة توفيق سلّوم، ط(١) ، دار التقدم، موسكو، ١٩٨٦، ص ٥٢٧ .

٢ —  الرشدان، عبد الله وجعنيني، نعيم، المدخل إلى التربية والتعليم، الاصدار الخامس، دار الشروق، عمان، ٢٠٠٦، ص ٦٣.

٣ —  مرسي، محمد منير، فلسفة التربية اتجاهاتها ومدارسها ، ط(١)، عالم الكتب، القاهرة، ١٩٨٢، ص ١٧٤.

٤-  Allen C. Ornstein , An Introduction to Foundations of Education First Edition, Rand McNally College Publishing Co. U.S.A. ١٩٧٧.    P ٩١-٩٣

٥ —  شفشق، محمود عبد الرزاق، الأصول الفلسفية للتربية ، ط(١)، دار البحوث العلمية، الكويت، ١٩٧٧، ص ٦٣-٦٤.

٦ —  المرجع السابق، ص ٦٤.

٧-  Adolphe E. Meyer , Educational History of the Western World, First Edition, McGraw Hill Book Co. New York. ١٩٦٥, P ٣٤-٣٦.

٨—  شفشق، محمود عبد الرزاق، مرجع سابق، ص ٧٨.

٩—  عاقل، فاخر، التربية قديمها وحديثها، ط(١)، دار العلم للملايين، بيروت، ١٩٨٠، ص ٢٩.

١٠—  شفشق، محمود عبد الرزاق، مرجع سابق، ص ١٩٥-١٩٧.

١١—  الرشدان، عبد الله وجعنيني، نعيم، مرجع سابق، ص ١٥٢. وأيضاً شفشق، محمود عبد الرزاق، مرجع سابق، ص ٢٠٢.

١٢- Allen C. Ornstein , Ibid, P ١٢٠-١٢١ . وأيضاً الرشدان، عبد الله وجعنيني نعيم، مرجع سابق، ص ١٥٢.

١٣- شفشق، محمود عبد الرزاق ، **مرجع سابق**، ص ٢٢٩-٢٣١.

١٤- عاقل، فاخر، مرجع سابق، ص ١٣٠.

١٥- محمد، علي عبد المعطي، اتجاهات الفلسفة الحديثة، ط(١)، دار المعرفة الجامعية، الإسكندرية، ١٩٩٣، ص ١٠٧.

١٦- شفشق، محمود عبد الرزاق ، **مرجع سابق**، ص ٢٤٣- ٢٤٤ .

١٧- ديوبرت، أبس، **مبادئ الفلسفة**، ط(٨)، ترجمة محمد أمين، مكتبة النهضة المصرية ، القاهرة، ١٩٧١،ص ٢٣١.

١٨- عبد الرحمن، هاني، **فلسفة التربية**، ط(١)، عمان، ١٩٦٧، ص ٥٠-٥٦.

١٩- مرسي، محمد منير، **مرجع سابق**، ص ١٨١.

٢٠- الرشدان،عبد الله وجعنيني،نعيم ، **مرجع سابق**، ص ٦٤.

٢١- التل، سعيد وآخرون، **المرجع في مبادئ التربية**، ط(١)، دار الشروق، عمان، ١٩٩٣، ص ٨٠.

٢٢- نيلر، جورج ف.، **مقدمة إلى فلسفة التربية**، ط(١) ، ترجمة نظمي لوقا، مكتبة الإنجلو المصرية، ١٩٧١، ص ١٦-١٧.

٢٣- المعجم الفلسفي المختصر، **مرجع سابق**، ص ٥٢٨-٥٢٩.

٢٤- التل، سعيد وآخرون، **مرجع سابق**، ص ٧١-٧٥.

٢٥- سماح، رافع محمد، **المذاهب الفلسفية المعاصرة**، ط(٢) مكتبة مدبولي، القاهرة، ١٩٨٥، ص ٨٤-٩١.

٢٦- مرسي، محمد منير، **مرجع سابق**، ص ١٨٤.

٢٧– قورة، حسين سليمان، <u>الأصول التربوية في بناء المناهج</u>، ط(٧)، دار المعارف، القاهرة، ١٩٨٢، ص ١٨٧.

٢٨– عاقل، فاخر، **مرجع سابق**، ص ١٠٦-١٠٧.

٢٩– الرشدان، عبدالله وجعنيني، نعيم، **مرجع سابق**، ص ١٥١.

٣٠– عاقل، فاخر، **مرجع سابق**، ص ١١٨-١١٩.

٣١– الرشدان، عبد الله وجعنيني، نعيم، **مرجع سابق**، ص ١٥١.

٣٢– عاقل، فاخر، مرجع سابق، ص ١١٨-١١٩.

٣٣– الشيباني، عمر التومي، <u>تطور النظريات والأفكار التربوية</u>، ط(١)، دار الثقافة، بيروت، ١٩٧١، ص ١٠٩-١١٨.

٣٤– مرسي، محمد منير، **مرجع سابق**، ١٧٧-١٧٨.

٣٥– عبد الرحمن، هاني، **مرجع سابق**، ص ٦٣-٦٦. وأيضاً التل، سعيد وآخرون، **مرجع سابق**، ص ٧٦.

# الفصل الخامس

# الفلسفة الطبيعية والتربية

- المبادئ الأساسية للفلسفة الطبيعية
- التطبيقات التربوية للفلسفة الطبيعية

# الفصل الخامس

# الفلسفة الطبيعية والتربية

**مقدمة:**

**تعود الطبيعية** "NATURALISM" إلى الأيام الأخيرة من النهضة العلمية عندما ضعفت الحركة الإنسانية ، فجاءت كثورة فكرية وعملية لا تقل أهميتها وأثرها عن أهمية عصر ـ النهضة، لقد حاولت دحض المفهوم القائل إن التربية تنحصر ـ في حفظ الكتب وإتقان الأسلوب والشكل وركزت على أن العواطف وهوى النفس هي المحرك الأول والأساس الصحيح الذي يجب أن تقوم عليه التربية والاجتماع . وقد كانت هذه الحركة ثورة على منطق القرون الوسطى ونزعته الدينية وقلة فائدة التعليم للمتعلمين وجموده. فكان لا بدّ أن يتلو هذا الجمود قيام حركة طبيعية تعيد للتربية مرونتها وتبعث فيها حياة جديدة.

**ففي** أواخر القرن السابع عشر وطيلة القرن الثامن عشر سادت الأخلاق الصورية والشكلية في قطاعات الحياة فقامت حركات عديدة في فرنسا وألمانيا وإنكلترا من أجل التغيير، ولكنها لم تستمر لأنها لم تحقق نجاحاً يذكر من خلال التركيز على الشكلية واتباعها مُثُلاً غير قابلة للتحقيق، فتأثرت العلاقات الاجتماعية والآداب وسادها نزعة انحطاط ، هذا بالإضافة إلى الضغط على الفكر والعمل الذي احتفظ به بعض رجال الكنيسة من الماضي وخاصة في فرنسا ، وسار معهم النبلاء الذين غطوا مفاسدهم وبذخهم بالإخلاص الشديد للدين، هذا البذخ زاد من بؤس أغلبية الناس، كما أن سيادة الحكم المطلق في السياسة والأمور الدينية، والفكر والعمل أدت إلى قيام ثورتين في القرن الثامن عشر: ثورة الفكر على الظلم (حركة

التنوير)، وثورة الجماهير مطالبة بحقوقها وسميت (الحركة الطبيعية)، [1] وبين الحركتين نقاط تشابه واختلاف كثيرة .

وبعد الحرب العالمية الأولى قامت حركة طبيعية لأسباب مشابهة تتمثل في أن المثل العليا التي نادى بها المفكرون من رجال التربية في القرن التاسع عشر قد بقيت دون تطبيق في المدارس ولم ينتج عنها تأثير يذكر أكثر من محو الأمية، مما دعا إلى المطالبة إلى إحداث تغييرات جوهرية في نظم التربية والتعليم وخاصة في الأهداف والخطط والمناهج والطرق بحيث تتمشى مع الأسس الطبيعية .

**ومن** الجدير بالاهتمام التطرق إلى حركة التنوير والحركة الطبيعية ليطلع القارئ على نقاط التشابه والاختلاف.

**١- حركة التنوير:**

**يعتبر** فولتير( ١٦٩٤-١٧٧٨م) قائداً لهذه الحركة التى أعلت من شأن العقل والثقة به ، فقد بدأ عصر التنوير بثورة هادئة في الآراء والأفكار والتصورات مما مهد الطريق للثورة الصناعية (١٧٥٠-١٨٥٠م) التي كان من نتائجها تغيير أسلوب العمل اليدوي بالعمل الآلي فظهرت مخترعات جديدة وتوجت باختراع الطاقة البخارية. ويرى بعض المفكرين والعلماء أن العالم المعاصر تغير بسبب هذا التقدم في مائتي سنة بدأت بالثورة الصناعية، أكثر من تغيره في ستة آلاف سنة سبقت الثورة الصناعية [2] .

**لقد** كانت حركة التنوير خطوة كبيرة في تحقيق الحرية الإنسانية ، فكانت كرد فعل للشكلية والأوهام والخرافات التي كانت سائدة ، وضد سلطة الكنيسة المطلقة وأيضاً جاءت كثورة على السلطة المطلقة في الحكومة والمجتمع ، ومبدؤها الأساسي هو الاتكال على العقل البشري الذي اعتبر كافياً في تقدير الحياة الصحيحة وتحقيق السعادة من خلال القضاء على كل مؤسسات المجتمع الثابتة وإعادة بنائها،

بهدف تحرير النفس البشرية من العنف والطغيان وتحرير أخلاقيات الفرد من السلطة الاجتماعية وسلطة رجال الدين والبرهنة على حرية الإنسان الفكرية. لقد كانت حركة أرستقراطية يهمها تثقيف الأقلية وخدمة الأقلية المصطفاة، مهملة الجماهير الفقيرة معتقدة أنها لا يمكن أن تحيا من أجل العقل، لذلك لا يمكن تربيتها وإن على رجال الدين قيادتها. ولأن نظرتها كانت ضيقة وأنانية حين طالبت بعيش جماعة مختارة على حساب الأكثرية المظلومة فقد تحتم عليها الانحلال والتمزق، وفقدت كل صلة بطرق الحياة الطبيعية وخسرت كل شعور محلي وقومي ، وبما أنها حاربت البساطة والطبيعة معتبرة إيّاها خروجاً على العقل فقد استوجب ذلك أن يتوجه الناس نحو أهداف جديدة تحت قيادة "جان جاك روسو" الذي يعتبر مؤسساً للحركة الطبيعية[٣] الذي نقد التربية القديمة نقداً مريراً, وعلى الرغم من مثالية أهدافه إلا أنه كان ثائراً على كل الهيئات الاجتماعية ونظمها القائمة التي أكدها في عبارته المشهورة: "سيروا ضد ما أنتم عليه تجدوا أنفسكم دائماً في الطريق الصحيح". وفي قول آخر مشابه يقول: "كل الهيئات الاجتماعية ما هي إلا كتلة واحدة من السخافات والمتناقضات وأن الناس ضحايا مدننا "[٤] . إن إيمانه هذا دعاه أن يطالب بإبعاد الطفل عن أبويه وعن المجتمع ومدارسه من أجل تربيته وفق الطبيعة وبين أحضانها على يد مربٍ خاص، إذ يقول في هذا الصدد: " كل شيء حسن ما دام من صنع الخالق، وكل شيء يصيبه الدمار إذا مسته يد الإنسان" [٥] .

### ٢- الحركة الطبيعية:

**كان** هدفها بناء مجتمع مثالي من خلال التركيز على العواطف بوصفها أحسن تعبير وأصدقه عن طبيعة الإنسان هادفة إلى تحسين حال الجماهير الشعبية من خلال موقفها ضد الظلم الاجتماعي الذي ساد حياة القرن الثامن عشر ، والدعوة إلى الإيمان بالإنسان وخلق مثل عليا جديدة للحياة وبث روح جديدة في المجتمع وتحقيق العدالة وإيجاد قواعد جديدة لطبيعة الإنسان والدين معاً.

**أما** بالنسبة لموقفها من الدين، فالدين في نظر "روسو" هـو الـدين الطبيعـي الـذي يضـم أخـلاق الـدين المسيحي والتخلص من عناصر ما فوق الطبيعـة فيـه، فالطبيعيـة تـؤمن بالـدين وتعتـبره جـزءاً هامـاً مـن المجتمع البشري، ومن الخبرة الإنسانية، بعكس حركة التنوير التي كانت ملحدة، ففولتير وجماعتـه حـاولوا القضاء على الدين معتبرينه وَهْماً من قبل المؤمن وغشاً من قبل الكاهن ، وحرمـان جماهـير الشـعب مـن كل حق محاولين إقامة مجتمع عقلي يحافظ على هويته بشكلية باردة، وعلى أخلاقه بقواعد ضيقة معتبرة المادة مقياس الأخلاق، والنفع الشخصي مبدأ العمل.

**جان جاك روسو Rousseau (١٧١٢-١٧٨٧م) :**

**ولد** في مدينة جنيف بسويسرا من أب فرنسي الأصل وأم سويسرية، إذ رحـل أجـداده مـن فرنسـا إلى سويسرا واشتغلوا بالتجارة، وورث عن أبيه "إسحق" خفة الروح والاندفاع والخيال، وعن أمه "سوزان" قوة العاطفة وحب الجمال، والتي توفيت وهو في اليوم الثامن من عمره, فاعتبر لاحقا أن موتها سـوء حـظ لـه في هذه الحياة، إذ يقول: " لقد ولدت ضعيفاً مريضاً وفقدت أمي حياتها بولادتي، فبولادتي بدأ سوء حظـي"[١] . وبعد ذلك قامت عمته بتربيته فكانت لطيفة معه وظل يذكرها بعلمه وقلبه ولسانه. أما والده فكـان يعمل في صناعة الساعات وأحياناً معلماً للرقص، وكان روسـو يحبـه ويعتـبره أبـاً فاضـلاً ويحـترم مبادئـه . وعندما بلغ السادسة من العمر بدأ أبوه يعلمه القراءة والكتابة، وفي سن العاشرة أرسـله أبـوه إلى مدرسـة ريفية عند أحد أقربائه مما نمّى عنده حب الطبيعة والجمال الخلاب في الريف، ولكنه انقطع عن الدراسـة ، فوضعه أبوه عند أحد الصناع ليعلمه الصناعة إلا أنه هرب منه لقسوته وغـادر المدينـة متـنقلاً في بلـدان أوروبا هائماً على وجهه يحترف المهن في إيطاليا وباريس .

**وبدأ** شبابه يعلم الموسيقى على الرغم من جهله بها من أجل أن يستمر في العيش، ولكنه مع مرور الزمن أظهر تقدماً فيها، وكان محباً للترحال في المدن الفرنسية وواجهته صعوبات معيشية وسكنية كثيرة فنام في العراء خلال سفره أو في الأكواخ القديمة في الليالي الباردة. وعندما بلغ سن الثالثة والثلاثين من العمر استقر في باريس وأخذ يتردد على الفلاسفة والمفكرين والكتاب، وحصل من أكاديمية ديجون على جائزة في مقال كتبه حول " مسألة معاونة الفنون والعلوم على تنقية الأخلاق " وهذا المقال كان أصل كتابه الأول " مقال في العلوم والفنون " نشر عام (١٧٥٠م)، وأصدر بعدها كتابه الثاني "مقال في أصل التفاوت بين الناس" ومن كتبه أيضاً كتاب "العقد الاجتماعي" و "أميل في التربية" الذي لم يلاقِ قبولاً من السلطات الفرنسية فحاولت اعتقاله فهرب [٧] .

**تعرف** خلال حياته في فرنسا وفي أحد فنادقها (سانت كنتين) على شريكة حياته (تيريز)، والتي كانت تعمل خادمة في الفندق فأحبها وأعجب بها فتزوجها، وكانت لا تعرف القراءة والكتابة، دائمة النزاع والتشاجر معه محبة للنميمة، ولكنه مع ذلك أعجب بها وبجمالها، ومع مرور الزمن تغير حبه وإعجابه بها إلى الكره لأنها أصبحت لا تكترث به ولا تشاركه آراءه، وخلال حياتهما أنجبت له طفلاً فنصحه أحد أصدقائه بإرساله إلى الملجأ على الرغم من معارضة الزوجة، وأرسل بالطريقة نفسها خمسة أطفال دون أن يجد حرجاً في ذلك [٨] . لقد أهمل تربية أطفاله ولم يربيهم على المبادئ التربوية التي آمن بها، لقد فضّل أن يعيش أبناؤه يتامى كي لا يعيشوا معيشة البؤس والشقاء مع أبيهم، وكان يتألم من هذا الوضع الذي به حرم من اللذة التي يشعر بها الآباء عند معانقة أطفالهم. وقد كفّر عن خطيئته في إهمال أبنائه بتأنيب الضمير وتحمل النقد المرير من خصومه، فألف كتاب" أميل في التربية" وفيه ذكر واجب الآباء والأمهات نحو أطفالهم.

**ومن** الجدير بالذكر أن زوجته لازمته حتى نهاية حياته على الرغم من الخلاف المستمر بينهما وطلبها الطلاق عدة مرات. لقد كانت حياته محزنة مملوءة بالآلام والاضطهاد، وقد أقام بقية حياته في كوخ في إحدى الغابات حتى توفي ودفن بالقرب من المكان الذي عاش فيه في فرنسا. ولكن بعد قيام الثورة الفرنسية عام (١٧٨٩م) نقل جثمانه إلى مقبرة العظماء في باريس [٩] . ومن الجدير بالذكر أنه على الرغم من آلام وقساوة الحياة عليه وتشرده المستمر إلاّ أن حياته كانت خصبة منتجة، وكان مبدعاً ترك ثروة علمية وتربوية وسياسية واجتماعية خلّدت اسمه إلى يومنا هذا ، واعتبره بعض النقاد في فرنسا من مبشري الرومانسية الذين فتحوا باب الخيال على مصراعيه .

**عصره وفلسفته:**

**عاش** روسو في عصر كثر فيه الظلم والاضطهاد والفساد ممّا كان له أبعد الأثر في تكوين ونضج آرائه وسمو تفكيره، لقد كافح من خلال المعاناة وساهم في الكشف عن كثير من أسرار المجتمع الذي عاش فيه، وتألم لما فيه من مفاسد وانعدام للمساواة، وعرض آراءه في التربية والاجتماع والسياسة والاقتصاد غير خائف من عذاب وتشريد. لقد درس الحياة على الواقع من خلال التجربة فتعرف على أشياء كثيرة عن معاملة الطفل في الأسر والمجتمع، فاستنتج أن الطفل مقيد لا يسمح له بالتفكير المستقل مما يضعف ثقته بنفسه وقدرته على الاعتماد على النفس، لذلك دافع عنه دفاعاً قوياً مطالباً من خلال آرائه التي عرضها في مؤلفاته بالاهتمام والعناية بميوله ورغباته من أجل أن تتفتح شخصيته النامية. وطلب من المربين والمعلمين التعرف على هذه الميول والرغبات وتشجيع النافع منها وتهذيب ما يحتاج إلى التهذيب . وثار ضد التقاليد القديمة في التربية والتعليم وأزال الكثير من العادات السيئة في المدارس والمتصلة بطرائق التدريس، فكان أول من طالب بإدخال النور والهواء إلى مدارس كانت مظلمة ورطبة، ممّا جعل البعض يعتبره

أباً للتربية الحديثة ورائد أفكارها الجديدة لذلك ذاع صيته في عالم التربية. وتنطلق فلسفته من أن الأصيل في الإنسان هو حال الطبيعة ، لذلك يجب الرجوع في تربية الطفل إلى الطبيعة، فيترك الطفل يربي نفسه بنفسه وبذلك ينشأ حراً جديراً بأن يكوّن مجتمعه، وما من وسيلة لتربية الطفل لأجل الحرية إلا تربيته بالحرية، وهذا يعني أن التربية يجب أن تكون سلبية مقتصرة على معاونة الطفل في تربية نفسه بنفسه، وتجنب كل ما يضيّق عليه ويقيده، ولكن إذا تعرض للخطر فعلى المربي أن ينبهه وينهاه بقوة.

**إن** برنامج التربية عنده يشمل أربع مراحل هي : الحياة الطبيعية، الحياة العقلية، الحياة الخلقية، والحياة الدينية. ففي المرحلة الدينية وهي المرحلة الأخيرة يتخذ الطفل ديناً له بعد أن يعرفه عليه رجل الدين، ولكن عقائد هذا الدين هي عقائد طبيعية بحتة لا تستند إلى الوحي حسب رأيه.

**من** هذا نستدل أن روسو في فلسفته التربوية كان رائداً وقائداً لمسيرة اهتمت بالطفل بعد أن كان الاهتمام منصباً على المجتمع والمادة الدراسية، فأصبح الطفل محوراً للعملية التربوية بما عنده من استعدادات وإمكانات يجب استغلالها. لقد مهدت فلسفته هذه إلى ظهور فلاسفة آخرين مثل "بستالوتزي" ، "هربارت"، "فروبل"، الذين ساهموا في تطوير طرق ومناهج التدريس والخطط الدراسية [١٠] .

**وهناك** عدة عوامل أثرت في حياته الفكرية لعل من أهمها ما يلي:

١- **مجموعة** الصفات والسمات التي ورثها عن أبويه وكان لها أبعد الأثر على شخصيته المرنة والمتفتحة .

٢- **علاقته** المستمرة خلال حياته مع قادة حركة التنوير، ومع الفلاسفة والمفكرين والكتّاب والأدباء الذين اتصل بهم وكان في علاقة مستمرة معهم.

٣- حياة الفقر والتشرد التي عاشها، وعلاقاته الاجتماعية المختلفة مع الفئات الفقيرة والمظلومة من أبناء الشعب.

٤- اتصاله واهتمامه المتواصل بالتراث الفكري والأدبي والفلسفي لمن سبقوه وعاصروه، مما كان له أعمق الأثر في حياته وفكره وكتاباته.

**آراؤه التربوية:**

**شغل** روسو مكانة سامية في عصره بين زعماء الإصلاح لآرائه القيّمة في التربية والاجتماع والتي كان لها أثر كبير على حرية الشعوب . وكان لكتابيه شهرة واسعة النطاق في العالم، فاعتبر كتاب " العقد الاجتماعي " من وجهة نظر المؤرخين السياسيين "إنجيل الحرية". أما كتاب "أميل" فاعتبره قادة الفكر التربوي "إنجيل التربية" والـذي كـان لـه تـأثير كبير عـلى الفكـر التربـوي لاحقـاً، وترجم إلى عـدة لغات [١١] . يعرض في هذا الكتاب تربية غير قائمة على نمط المجتمع ، ولا على التقاليد المدرسية، ولكن على احترام الطفولة ومعرفة حقيقية للإنسان وحقوقه التي هي مستمدة من قوانين الطبيعة، والتربية تسير بحسب هذه القوانين . أما التربية القائمة على المحافظة على العادات والتقاليد ومن أجل المجتمع فهي تربية استبدادية لأنها تهمل طبيعة الطفل والعوامل التي تساعد على سعادته.

**اعتبر** التربية عادة واعتبر أن خير عادة أن لا يكون للطفل عادة، بل يتم تشكيله وفق قوانين الطبيعـة ، فالانفعالات الفطرية والغرائز الطبيعية هي أصدق أساس للعمل من التفكير والحذر والخبرة الناشئة عـن الارتباط بالآخرين، وأن المدن ما هي إلا مقابر للجنس البشري من الناحيتين الطبيعية والخلقية [١٢] .

**أما وسيلة** التربية فهي النمو الحر الطليق لطبيعة الطفل لأنها خيرة، وكذلك لقواه وميوله الفطريـة فيقول: " لا تدعوا الطفل يحصل على شيء لأنه يريده، بل لأنه يحتاجه، وأن يقدر حريته ويعترف بها في أعماله" [١٣] .

**لقد** أراد بالتربية السلبية أن تكون مخالفة لما كان معهوداً في النظم التربوية في عصره، وجعل الطفل يتحمل النتائج الطبيعية لأعماله دون تدخل ، ومعنى هذا أن المربي يمكنه تقويم أخلاق الطفل من خلال توضيح أن العقوبة كانت طبيعية وأن لا دخل للإنسان فيها، فإذا أبطأ الطفل في ارتداء ملابسه للخروج للنزهة فليترك في المنزل، وإذا كسر زجاج النافذة فليترك في البرد، وإذا أفرط في الأكل فيترك حتى يمرض، كل هذا يعني تربية الطفل، حسب قوانين الطبيعة، وأن يتحمل النتائج الطبيعية لعدم انصياعه لقوانين هذه الطبيعة.

**أورد** روسو في كتاب " أميل" أصول التربية الحقة التي يريدها لأميل وقسمّها إلى مراحل بما يتناسب وأعمار الأطفال وهي كما يلي:-

**أ- من الميلاد إلى سن الخامسة من العمر:**

لقد تطرق إليها في الجزء الأول من كتاب أميل، وفيها يعتبر الأب والأم المربيين الطبيعيين للطفل، ويركزان على إعداده جسمياً ، ولكن بطرق تختلف عن الطرق التقليدية المقيدة لحريته، ويجنب في هذه المرحلة التربية الخلقية والعقلية وأن يبعد عن كل شيء يقف في سبيل رقي الطبيعة الإنسانية. وعلى الأبوين في هذه المرحلة تحديد مفردات الطفل اللغوية، فمن الضروري أن يعرف الطفل النطق بكلمات أكثر من قدرته على التفكير وبما يتناسب مع هذه المرحلة وبأسلوب المحاكاة. ورأى أن يؤخذ الطفل إلى الريف ليعيش في أحضان الطبيعة بعيداً عن شرور المدن ، وينصح بممارسة الأعمال اليدوية والرياضة البدنية الحرّة للمحافظة على الصحة وتقوية الجسم.

**ب- من الخامسة إلى الثانية عشرة من العمر:**

**وتطرق** إليها في الجزء الثاني من كتاب إميل حيث ينصح الطفل في هذه المرحلة بالتكلم مع غيره ويسأل ويجيب ويعبر عمّا في نفسه من أفكار ومعانٍ،

ويسمح له باللعب والتمتع به إرضاء لميوله ورغباته، ومن الحكمة تقليل الأوامر والتركيز على تربية الحواس وإبعاده عن الأعمال السيئة، وأن يقتصر في التربية على الأشياء التي يفهمها ويحس بها، ويتعلم الأخلاق والآداب، والاعتماد على النفس بطريقة الحرية المنظمة، والتعلم من خلال التجربة وبطريقة عملية وبيئية تتسم بالبساطة.

**ويرى** روسو أن على أميل احترام من هُم أكبر منه سناً، وأن يحب لغيره ما يحب لنفسه، وأن يحب العمل والابتكار حتى تظهر قوته ونشاطه (١٤).

**جـ- من سن الثانية عشرة إلى الخامسة عشرة:**

**تطرق** روسو إليها في الجزء الثالث من كتاب أميل، وفيها يزود الطفل بالمعلومات والمعارف والتربية العقلية، فهذه المرحلة مرحلة علم وعمل وكفاح ودراسة وملاحظة بدافع حب الاستطلاع ويقصد به التعطش للعلم تعطشاً ينشأ عن رغبات الطفل (إميل) الطبيعية. ويهتم روسو بهذه المرحلة اهتماماً كبيراً، ويطالب بالاهتمام بفروع المعرفة التي تدفعنا غرائزنا إلى تتبعها ولها فائدة عملية، كما نصح بقراءة القصص التي تدور حول الحياة وفق أ اة وانين الطبيعة وتبرز أهمية الاعتماد على النفس مثل قصة " روبنسون كروزو ". وينصح الطفل في هذه المرحلة من تعلم حرفة لا بقصد معرفتها ولكن من أجل غرض أسمى وهو التغلب على الأفكار الفاسدة التي تحط من قيمة هذه المهن والحرف ، فالنشاط اليدوي والصناعي في التربية له مزايا كثيرة، ويضيف أن أميل في هذه المرحلة يصبح غلاماً مجداً هادئاً صبوراً حازماً مملوءاً بالشجاعة لذلك نعلمه البحث عن الحقيقة (١٥).

**د- التربية من سن الخامسة عشرة إلى العشرين:**

**تناول** روسو هذه التربية في الجزء الرابع من كتاب أميل فيرى أن يربّى أميل تربية وجدانية خلقية ودينية، فهو حتى سن الخامسة عشرة لا يعرف شيئاً عن الدين

ولا عن الآداب والأخلاق، ولم يتصل بالمجتمع اتصالاً كافياً لمعرفة آدابه وأخلاقه. لقد رأى أن تكون دراسة الدين في سن العشرين وأن تكون من خلال ملاحظته للطبيعة فمن خلالها يعرف أن هناك خالقاً ومنظماً لها وللعالم [١٦].

هـ- تربية المرأة:

وتطرق إلى تربيتها في الجزء الخامس من كتاب أميل، ويعتبر هذا الجزء أقل أجزاء كتاب أميل منزلة في التربية وهو خاص بتربية الفتاة لتكون زوجة صالحة لأميل ، وقد اختار لها اسماً سماها به وهو " صوفي " تفاؤلاً بهذا الاسم، ففي هذه المرحلة يتعدّى أميل سن العشرين من العمر ويصبح شاباً لا يستطيع العيش وحده؛ لذلك يبدأ بالبحث عن زوجة له ولكنه يبحث عنها في الريف . ويرى روسو أن تكون تربيتها جسمية بالإضافة إلى تعلم الطهي والموسيقى والتطريز والعناية بالطفل مع عدم الاهتمام بالعلوم العقلية لأن وظيفة المرأة حسب رأيه إسعاد زوجها وإرضائه وتربية أطفالها. ويتجلى رأيه في تربية المرأة حين قال: " إن المرأة المثقفة وبال على زوجها وأطفالها وعائلتها وخدمها وعلى كل فرد " [١٧].وهذه آراء متطرفة من الصعب الأخذ بها في العصر الحاضر.

لقد ساهم روسو في وضع الأسس والقواعد النفسية في التربية الاجتماعية وكتبت عنه الكتب الكثيرة، وكانت آراؤه منهلاً عذباً للكثير من المهتمين بالفكر التربوي وتطبيقاته من أمثال بستالوتزي، وفروبل، وسولزمان، وكامب، وهربارت، وسبنسر، وجون ديوي، وكلباتريك، وباركهرست، ومنتسوري ، ورسل وغيرهم من المفكرين والمربين في القرن العشرين [١٨] .

ويمكن إجمال فلسفته التربوية في ما يلي:-

- وجهت فلسفته التربوية أنظار المربين والمعلمين إلى الطفل ذاته باعتباره يشكل المركز الأساسي في العملية التربوية ، واعتبار مرحلة الطفولة مرحلة

هامة تختلف عن المراحل اللاحقة، وأن عقل الأطفال وتفكيرهم يختلف عن عقل وتفكير الكبار لذلك تختلف طرق تربيتهم .

- **المبالغة** في رعاية الطفل وعزله عن المجتمع الذي يعيش فيه وتركه للطبيعة متغافلاً أثر الثقافة بما فيها من عادات وتقاليد وقيم والتي تلعب دوراً لا ينكر في تكوين شخصية الطفل النامية.

- **تعتبر** التربية عملية مستمرة وأنها عملية نمو نابعة من داخل الطفل ونتيجة احتكاكه وتفاعله مع بيئته. وأن الأهداف التربوية يجب أن تصاغ لتكون ملائمة لمراحل نمو الطفل.

- **المربي** يجب أن يكون موجهاً فقط ويشجع الطفل على تربية نفسه بنفسه انطلاقاً من تجاربه الذاتية وبحرية حسب نواميس الفطرة الإنسانية الحقيقية.

**تعليق على آرائه:**

**وجه** بعض النقاد نقداً لبعض آرائه فهذا فولتير يوجه له نقداً مريراً متهماً إيّاه بالغرور، إلا أن نابليون أعلن أن الثورة الفرنسية مدينة له ولولاه لما قامت، فلا أحد ينكر أن كتاب أميل كان له أثر قوي ولا يزال لا يعادله أهمية (وحسب رأي النقاد) إلا كتاب الجمهورية لأفلاطون الذي قال عنه روسو " إن كتاب الجمهورية أعظم رسالة كتبت في عالم التربية [١٩] .

**وبين** النقاد أن التربية السلبية التي نادى بها ربما تؤدي إلى وقوع الأذى على حياة الطفل، وأنها تؤدي إلى الحكم على جميع الأعمال من نتائجها لا من دوافعها، مما يؤدي إلى الحذر أكثر من عملية بناء الأخلاق، فالفضائل الإيجابية لا يمكن أن تكون نتيجة لتجنب النتائج غير السارة لذاتية الإنسان [٢٠]. كذلك اغفل الكتب المدرسية كوسيلة مهمة في العملية التربوية وركز على الخبرات المباشرة .كما وجه النقد إلى فكرة العقاب الطبيعي، فكيف يترك للطفل التعرض للأذى أو الموت لمجرد

التعلم من نتائج أفعاله.كما انه لم يعط اهتماما للثقافة فثار على الضوابط الاجتماعية، هذا مع العلم أن هذه الضوابط مهمة في عملية التكيف مع الواقع الذي يعيش فيه الإنسان.

**إلا أن** "روسو" مع ذلك كان عبقرياً من خلال طموحه إلى إيجاد بدائل للتربية السيئة التي كانت موجودة في عصره فلم يحمل معول الهدم بل جدّ في إيجاد أساليب جديدة لتصحيح المفاهيم القديمة، فكان ناقداً لما يدور من حوله ومخالفاً لما هو معتاد ومتعارف عليه من عادات وتقاليد وما فيها من خداع، والدعوة إلى الطبيعة الخالية من زيف المدينة.لقد اراد في منهجه التربوي ان يحرر الجيل الصاعد من قيود المجتمع لأن هذه القيود حسب رأيه لا تحقق العدالة البشرية.

لقد أراد من المؤسسات المختلفة في المجتمع ان يتغير دورها الحضاري لتحقق للأفراد المزيد من الحرية والثقة بالنفس من خلال التعاقد الاجتماعي المتبادل الذي يحقق حماية وتعاونا اكبر للفرد ودون أن يفقد حريته الذاتية.

**ربما** كان الخطأ في الحكم على روسو يعود إلى أن أراءه تتأرجح بين المثالية والطبيعية. فنجد أن "ماكدوغال" صاحب نظرية الغرائز كان من أكبر الداعين للحركة الطبيعية في علم النفس الذي رأى أن الهدف من التربية هو إعلاء شأن الغرائز والاستعدادات الفطرية بحيث يحدث فيها توجيه جديد واتزان، أي أن التربية يجب أن تمكن الفرد من الوصول إلى أهدافه التي رسمتها له الطبيعة بطريق يستفيد منها من الناحية الشخصية والاجتماعية معاً [٢١].

**المبادئ الأساسية للفلسفة الطبيعية:**

١-  **تؤمن** بالعالم الواقعي الذي يعيش فيه الإنسان ويظهر من خلال الحواس ويكتشف من خلال الدراسات العلمية، وتسيره قوانين كثيرة بانتظام [٢٢].

٢- **تؤمن** بأن طبيعة الإنسان خيرة وأنها وحدة متصلة لا تنقسم إلى أجزاء منفصلة، وبما أنها خيرة يجب تربية الطفل بعيداً عن الضغوطات الاجتماعية وحسب فطرته واستعداداته مما جعل "جان جاك روسو" يبدأ كتابه أميل بهذه العبارة: " كـل شيء خـير إذا مـا جاء عـن الخالـق، وكل شيء يصيبه الانحلال والفساد إذا ما مسته يد البشر " (٢٣). وتتطور طبيعة الإنسان وتنمو حسب قوانين ثابتة مشابهة لقوانين الطبيعة الخارجية وما على المربين إلا تفهم هـذه القوانين دون تـدخل في عملها فقوانين الطبيعة أفضل وأكمل .

٣- **تهتم** هذه الفلسفة بالخبرة الاجتماعية والتي تكتسب من خلال الممارسة العملية في الواقع وليس عـن طريق المحاكاة الكلامية، وإقامة مجتمع طبيعي قائم على العدالة بين الأفراد لا مجتمع طبقـي قـائم على الظلم والاستقلال، وإن من واجب التربية أن تعمل على خلق مثل هذه المجتمعات (٢٤) ، فيقوم التلاميذ بتنظيم مجتمع طبيعي تظهر فيه مواهب كل تلميذ حيث يكون كل مـنهم قائـداً في ناحيـة مقوداً في ناحية أخرى.

٤- **تنادى** بأن تكون التربية سلبية من سن الخامسة إلى سـن الثانيـة عشرة لا يتدخل فيها أحـد لتشجيع استقلالية الطفل بعيداً عن التوجيه المباشر، لأن تدخل الإنسان يعيـق نمـو الطفـل الطبيعي ويفسـد طبيعته من خلال مبدأ الاهتمام بالطفل وتنمية ميوله وإشباع حاجاته انطلاقاً مـن طبيعته الذاتيـة وبالتركيز على حاضره أكثر من مستقبله، وحتى تكون التربية طبيعية فإنها تنادى بالتعليم المختلط وعدم تحبيذ نظام المدارس الداخلية (٢٥) ،لأنه ليس من الطبيعي فصل الطفل عـن والديه صغيراً، ولكن إذا كانت هذه المدارس جيدة فإنها تهيئ بيئة أصلح من البيت لنمو الأطفال طبيعياً.

**أما الصفات** العامة للتربية الطبيعية فتتمثل فيما يلي (٢٦) :

أ. **الاهتمام** بطبيعة الطفل والتي هي خيرة، هذا الاهتمام مركز على الطفل كما هو كائن فعلاً أكثر من الاهتمام به كما يجب أن يكون، فالطبيعية لا تعتبر التربية عملية إعداد للمستقبل، تطبيقاً لعبارة روسو: "أن الطبيعة تتطلب من الأطفال أن يكونوا أطفالاً قبل أن يصبحوا رجالاً " . منتقداً التربية في عصره التي تضحي بتربية الطفل الحالية من أجل مستقبل غير محقق، محملة الطفل مالا طاقة له به، فتتعسه من أجل إعداده لمستقبل وسعادة بعيدة التحقيق قد لا يصل إليها. إن اهتمام الطبيعية بطبيعة الطفل ما هو إلا اهتمام بعامل نموه الطبيعي مما دعا الطبيعيين إلى التوجه نحو علم النفس لدراسة سيكولوجية الطفل، وهذا دعم الدراسات التربوية وعمل على تعديل التربية على هذا الأساس. كما اتجه البعض الآخر منهم إلى الناحية البيولوجية فدرسوا الغرائز والدوافع الفطرية. وهناك دراسات أخرى اتجهت إلى دراسة الأطفال البالغين بطريق مباشر وموضوعي، كل هذا من أجل توسيع المجال للنمو الطبيعي للطفل وفق ميوله وما يحب من أنشطة دون تدخل وبحرية، وأن يكون المربي موجهاً يعمل من وراء الستار يشجع الطفل على أن يربي نفسه بنفسه، فالمربي وظيفته مقصورة على إعداد مسرح التعلم وتهيئة الفرص والظروف الملائمة لنمو الطفل وتشجيعه على النشاط والبحث ، ولذلك نجد " منتسوري " تحيط الطفل بالأجهزة التي من شأنها تربية حواسه وإغراؤه على أن يربي نفسه بنفسه.

ب. **تنادي** بالتربية السلبية كما ذكر سابقاً فهي أحد مبادئها فقد نادى المربون الطبيعيون بأن تكون تربية الطفل من سن الخامسة إلى سن الثانية عشرة سلبية، إذ تؤمن بأنها أخطر مرحلة في حياة الطفل، أي أن لا يعلم الطفل شيئاً ولا تفرض عليه قراءة أي كتاب بل الاهتمام بتربية جسمه وتقوية

أعضائه وإرهاف حواسه، انطلاقاً من أن مركز الاهتمام هو الطفل وليس المربي، أوالمدرسة أو الكتاب، فكتاب الدنيا من حول الطفل هو الأم.

ج. **الحركة** الطبيعية مؤسسة على أسس نفسية: يعتبر روسو أول من بدأ الحركة النفسية الحديثة مسلّماً الشعلة إلى خلفائه من أمثال " هربارت الألماني" و "بستالوتزي" و "فروبل" مما ساهم في تقدم علم النفس الحديث الذي أكد على دور الاهتمام والميل والفروق الفردية في حياة الإنسان, فأثر على التربية الحديثة فأصبحت اهتمامات الطفل وميوله والفروق الفردية رائدها ومحورها, بعكس علم النفس القديم الذي ركز على الملكات العقلية بالدرجة الأولى وأهمل النوابض العاطفية التي تسير حياة البشر، ولم يهتم بالبيئة المحيطة بالطفل. ومن أهم رواد الحركة الطبيعية من علماء النفس:" ماكدوغال" الذي أكد قيمة الغرائز ودوافع السلوك في تكوين العواطف وخاصة عاطفة اعتبار الذات والإرادة مما أفاد المربين والمدرسين في ممارسة مهنة التعليم. وأيضاً "ثورندايك" الذي قام بدراسة قوانين التعلم التي أمكن الاستفادة منها في تدريس المهارات اليدوية والعقلية. وكذلك "فرويد" زعيم مدرسة التحليل النفسي- الذي بين أن العقل ليس وحده الذي يقود أفعال الإنسان فهناك الغرائز الي هي الدفاعات لا عقلانية مثل الرغبة الجنسية، وهذه الحاجات الأساسية ربما تظل مقنعة مكبوتة، فكانت طريقة فرويد تعتمد على التنقيب الأثري في النفس البشرية من خلال العودة إلى مراحل الطفولة المبكرة، فالمحلل النفسي- يحفر في النفس البشرية كما يحفر عالم الآثار ليخرج التجارب التي سببت في يوم ما آلاماً نفسية وكبتت في اللاشعور. لقد كانت تعاليم "فرويد" ذات أثر كبير على جماعة الطبيعيين بعد الحرب العالمية الذين طبقوا تعاليم مدرسة التحليل النفسي على التربية، فكان من أهم النتائج التي ظهرت في التربية اهتمام المربين بالتربية الجنسية

والنظر إلى الجنس نظرة بريئة، كما أثرت في مجال عدم استخدام العقاب البدني أو اللجوء إلى القوة الغاشمة.

د‌. **تدافع الطبيعية** عن التعليم المختلط فالفصل بين الجنسين مضر بالنمو الطبيعي للجنسين. وقد أثار هذا نقداً لها أحياناً ودعماً لها أحياناً أخرى من قبل المربين والمفكرين في مختلف بقاع العالم.

هـ **ينادي الطبيعيون** بأن التعليم يجب أن يتم بروح اللعب، لأن طبيعة الطفل تظهر على أتم ما يكون في أثناء اللعب فاللعب منفذ للرغبات المكبوتة ، مما ساعد على انتشار رياض الأطفال في مختلف أنحاء المعمورة.

**وتعتبر** المدرسة السلوكية وطريقة المحاولة والخطأ في علم النفس متفقة مع منطلقات الطبيعية وخاصة من خلال آراء ثورندايك .

**التطبيقات التربوية للفلسفة الطبيعية:**

**الطبيعية والمنهاج :**

**بما أن** الطبيعيين يؤمنون بأن من واجب التربية العمل على تهيئة الفرصة للطبيعة الإنسانية كي تنمو متبعة قوانين الطبيعة, لذلك يجب أن يتربى الطفل في مراحل معينة من عمره بعيداً عن تدخل المجتمع، لذلك فإن على المنهاج أن يراعي نمو الطفل واهتماماته من خلال الخبرة الذاتية له لأنه يولد باستعدادات فطرية وعلى المربين احترامها، وتنمية الطبيعة الذاتية للطفل تتم من خلال استخدام الأنشطة والخبرات المناسبة للنمو. ويتألف المنهاج من العلوم الطبيعية والفلك والجبر والجغرافيا التي يجب تدريسها عن طريق الرحلات لا الكتب ويتعلم الحرف في مرحلة معينة من العمر كما أشار إلى ذلك روسو في كتابه أميل.

**الطبيعية وطرق التدريس :**

**أهم** طريقة للتدريس هي الخبرة، إذ يؤمن الطبيعيون بأهميتها "فروسو" ركز على عدم إعطاء دروس شفوية للطفل مطلقاً وأن يتعلم الأشياء قبل الألفاظ ، وأن يشارك في العمل والتجريب في المعامل، وأن تُهيأ له دراسة الظواهر الطبيعية مباشرة كلما أمكن ذلك. ومجمل القول أن المعلم أو المربي لا ينظر إلى نفسه على أنه مصدر المعرفة بل أيضاً ينظر إلى تجربة الطفل نفسه على أنه ذلك المصدر أيضاً، مما يدل على أن المعلم هو موجه وملاحظ، وظيفته إعداد المسرح التربوي للتعليم فقط ليشجع الطفل على تربية نفسه بنفسه بإشراكه في اكتساب الخبرات ووضع القوانين والتعليمات التي تحكم تصرفاته في الأنشطة التربوية.

**الطبيعية والسلوك:**

**لا تؤمن** الطبيعية باستخدام القسوة أو العقاب البدني، أو اللجوء للسلطة والقوة الغاشمة في التعلم أو في حفظ النظام وإنما تلجأ إلى القانون الطبيعي، الذي يربي الطفل طبقاً لقوانين ونواميس الطبيعة [٢٧] . من هذا المنطلق ترى الطبيعية ضرورة مشاركة الأطفال بعد اكتسابهم الخبرات في إدارة أنفسهم داخل البيئة المدرسية والاجتماعية، مما يشجع الاعتماد على النفس وعلى الحكم الذاتي دون تدخل، وترفض سيطرة الدولة على التعليم وتطالب بإشراف هيئات أهلية بالتعاون مع أهالي الأطفال، ولا تتدخل الدولة إلا إذا تأكد لها وجود خلل كبير يؤثر على العملية التربوية .

# المراجـع

١ – عاقل، فاخر، <u>التربية قديمها وحديثها</u>، ط(١)، دار العلم للملايين، بيروت ١٩٧٤، ص ١٤١-١٤٢.

٢ – عبود، عبد الغني، <u>دراسة مقارنة لتاريخ التربية</u> ، ط(١)، دار الفكر العربي، القاهرة، ١٩٧٨، ص٢٨٧-٢٩٠.

٣ – عاقل، فاخر، مرجع سابق، ص ١٤٢-١٤٣.

٤ – عبد العزيز، صالح، <u>التربية الحديثة-مادتها، مبادئها، وتطبيقاتها العملية</u>، ج(٣)، ط(٤)، دار المعارف بمصر، ١٩٦٩،ص ٩٢-٩٣.

٥ – المرجع السابق، ص ٩٣.

٦ – الأبراشي، محمد، <u>جان جاك روسو وآخرون وآراؤه في التربية والتعليم</u>، ط(١)، القاهرة، ١٩٥١، ص٥-٦.

٧ – شفشق، محمود عبد الرزاق، <u>الأصول الفلسفية للتربية</u>، ط(١)، دار البحوث العلمية، الكويت، ١٩٨٢، ص ٢٦٥-٢٦٧.

٨ – الأبرشي، عمر محمد ، <u>تطور النظريات والأفكار التربوية</u>، ط(١) دار الثقافة، بيروت، ١٩٧١، ص ١٥٨.

٩ – شفشق، محمود عبد الرزاق، مرجع سابق، ص ٢٦٧.

١٠ – أحمد، نازلي صالح ، <u>مقدمة في العلوم التربوية</u>، ط(١) مكتبة الأنجلو المصرية، القاهرة، ١٩٧٨، ص ٢٦.

١١ – الأبرشي، محمد، مرجع سابق، ص ٧.

١٢ – شفشق ، محمود عبد الرزاق، مرجع سابق، ص ٢٧٤.

١٣- **المرجع السابق**، ص ٢٧٥.

١٤- الأبرشي،محمد، **مرجع سابق**، ص ١٧٠.

١٥- شفشق، محمود عبد الرزاق، **مرجع سابق**، ص ٢٨٠.

١٦- الأبرشي، محمد، **مرجع سابق**، ص ٢٨٧-٢٨٨.

١٧- شفشق، محمود عبد الرزاق، **مرجع سابق**، ص ٣٢٥، وأيضاً الأبرشي، محمد، **مرجع سابق**، ص ٢٨٩.

١٨- الأبرشي، محمد، **مرجع سابق**، ص ٦.

١٩- عبد العزيز، صالح، **مرجع سابق**، ص٩٣.

٢٠- شفشق، محمود عبد الرزاق، **مرجع سابق**، ص ٣١٩-٣٢٠.

٢١- عبد العزيز، صالح، **مرجع سابق**، ص ٩٤.

٢٢- الرشدان،عبد الله وجعنيني، نعيم، **المدخل إلى التربية والتعليم**، الاصدار الخامس، دار الشروق، عمان، ٢٠٠٦ ، ص ٧٤.

٢٣- Ulich, R. **History of Educational Thought**, First Edition, American Book Co. ١٩٥٠, P. ٢١٣.

٢٤- ناصر، إبراهيم، **أسس التربية**، ط(٤) دار عمار، عمان، ١٩٩٩، ص ٧٦.

٢٥- سرحان، منير المرسي ، **في اجتماعيات التربية**، ط(١)، دار النهضة العربية بيروت، ١٩٨١، ص ٥٣.

٢٦- عبد العزيز، صالح، **مرجع سابق**، ص ٩٥-١٠١.

٢٧- الرشدان، عبد الله وجعنيني، نعيم، **مرجع سابق**، ص ٧٥.

# الفصل السادس

# الفلسفة البراغماتية والتربية

- الميتافيزيقا البراغماتية والتربية
- فلسفة التربية البراغماتية
- التربية التقدمية
- التربية التجديدية

# الفصل السادس
# الفلسفة البراغماتية والتربية

**مقدمة:**

**كلمة** براغماتية "**Pragmatism**" مشتقة من الكلمة اليونانية (Pragma) وتعني عمل، فعل، نشاط، ولذلك أطلق عليها اسم المذهب العملي،[١] وهي عبارة عن اتجاه أو موقف مؤداه تحويل النظر عن الأوليات والمبادئ إلى الغايات والنتائج من خلال وضع العمل كمبدأ مطلق، فالمنفعة العملية للمعارف مصدر لها ومعيار رئيس لصحتها. وكانت المبادئ الأساسية لها قد صيغت في سبعينات القرن التاسع عشر- على يد " شارلس بيرس " الذي طرح موضوعته الشهيرة : "وجود الشيء يعني كونه نافعاً " [٢] وتنفر البراغماتية من كل نظر عقلي مجرد يهدف إلى الكشف عن الحقيقة ويقتصر على مجرد المعرفة، فالأفكار لا قيمة لها إلا متى تحولت إلى أفعال تؤدي إلى إعادة تنظيم العالم الذي نعيش فيه ومن ثم فإن محل صدقها هو التجربة.

**تعود** الجذور التاريخية لها إلى العصور القديمة إلى هيراقليطس (٥٣٥-٤٧٥ق.م.) الفيلسوف اليوناني والمعروف بالجد الأعظم للجدل، الذي آمن بأن الوجود في تغير مستمر وأن السكون موت وعدم، ولا وجود لحقائق مطلقة أو ثابتة. وتعود أيضاً إلى كونتليان(٣٥-٩٥م) المدرس والخطيب الروماني المشهور الذي اعتبر أن الممارسة العملية هي الأساس في التعلم، بعكس المثالية التي آمنت بأنه من خلال الحدس والإلهام يصل الإنسان إلى المعارف والحقائق [٣]. وأيضاً إلى بروتاغوراس(٤٨١-٤١١ق.م) الذي قال: "إن الإنسان مقياس كل الأشياء "[٤].

**أما** البراغماتيـة المعـاصرة فتعـود البـذور الأولى لنشـأتها مـن خـلال تشـكل أمـة جديـدة في أميركـا مـن المهاجرين الذين قدموا إليها من مختلف بقاع العالم حـاملين معهـم التقاليد الثقافيـة، وبـاحثين عـن عـالم مثالي، وهاربين من الظلم والاضطهاد في بلدانهم. فالمجتمع الأمريكي مجتمع جديد ساهم في تشكيل أفكاره ومنطلقاته ذلك الكل الوافد والمكون أيضاً مـن بعثـات التبشير، والأفكـار الفلسـفية المختلفـة، والتـأملات الميتافيزيقية الأسيوية ، والفنون الجميلة للشرق الأقصى، ونظـم الهندسـة الجديـدة، ومـدارس الجزويـت، والمذاهب اللاهوتية البروتستانتية ، والمعتقدات اليهودية. هذا الفكـر الجديـد بعلومـه وفلسـفته وتجاربـه وسواعد أبنائه وعقولهم ساهم في البناء ودخل في صراع مع الطبيعة من خلال الاعتماد على النفس والتحرر من القيود، وحب المغـامرة والاكتشـاف، واسـتخدام العقـل، واحـترام العمـل اليـدوي والتطلـع إلى التغيـير والتجديد وإلى المستقبل باستمرار. لقد آمن هذا الفكر بتحسين ظروف الحياة من خلال العزم على العمـل الذي يقوده العقل، وأن التفكير مرتبط بالعمل ويتطور من خلاله، وما النظريات إلا موجهة للعمل تمـتحن بما ينتج عنها من خلال الواقع العملي للحياة [٥] . كل هذا شكّل إطاراً تاريخياً ومنطلقاً لها، إلا أنها مع ذلك ارتبطت بالتراث التجريبي البريطاني أشد ارتباط، هذا التراث الذي يؤكد على أننـا لا نسـتطيع أن نعـرف إلا خبراتنا الحسية، وتأثرت أيضاً بنظرية دارون، والنسبية لأينتشاين، وبأفكار بيكون، ولوك، وجان جاك روسو. لقد ساهمت نظرية دارون في دعم أفكارها حين بيّنت أن جميع الكائنات الحيـة تعـيش صراعـاً مـن أجـل البقاء وأن البقاء للأصلح، وعقول البشر وحواسهم هي أهم ما في هذا الصراع، إذ تعتمد نتائجه عـلى قـدرة العقول والحواس، وكل تقدم فيها يعود بالفائدة على الإنسان، وأن حياة الإنسان لكي تستمر لا بدّ لهـا مـن التكيف مع البيئة، وهذا التكيف يتطلب تغيراً في الكائن الحي والبيئة معاً، وكلما ارتقى الإنسان ازداد قدرة على تغيير البيئة لسد

احتياجاته البيولوجية والنفسية ، لذلك فالطبيعة البشرية ليست فطرية وثابتة بل مرنة ومتغيرة لأنها تمتلك القدرة على التفاعل مع البيئة والمجتمع [٦].

**وتقع** البراغماتية في منتصف الطريق بين المثالية والواقعية، فهي ترفض النزعة الأكاديمية المطلقة للمثالية، وفي نفس الوقت تنتقد التغيرات الذاتية التي يقدمها المذهب الواقعي، وترفض اعتبار الميتافيزيقا من المباحث التي تدخل في نطاق الفلسفة، وتعتبر أن الواقع يتحدد حسب خبرات الفرد الحسية فمعرفة الإنسان محددة بنطاق خبراته [٧]. وهذا يدل على أن المذهب العملي يعتمد على التجربة الوجدانية الخالصة وهذه هي التجريبية البحتة، وهي متنوعة متغيرة وتعارض الأحادية والجبرية وتجعل مستقبل العالم معلقاً يحتمل إمكانيات عدة يتوقف تحقيقها على فعل الكائنات التي تقرر مصيره. وبناء على هذا يعرض وليم جيمس البراغماتزم على أنه نظرية في ماهية الحقيقة ، ومنهج لحسم الخلافات الفلسفية [٨]. وتعد البراغماتية تطوراً للاتجاه التجريبي العملي الذي ربط المعرفة بالتجربة، وتتجه بالفكر اتجاهاً جديداً لا يهمه البحث في كنه الأشياء ومصدرها بل ما يترتب عليها من النتائج. وأن أهم ما يميزها التجريب والبحث عن المعرفة، وحل المشكلات، والروح الديمقراطية، وتؤمن بأن الإنسان حامل الفكر المبدع وصانع العمل، وأن العالم مرن، متطور، ومستمر في التطور والتجديد، عالم مستمر في الصيرورة ولا يزال يتشكل ، وأنه عالم مفتوح [٩].

**إن** العنصر المهم لهذه الفلسفة يعود للنظرة الجديدة للعالم التي جاءت نتيجة الثورة العلمية والتقدم العلمي والصناعي ونشوء اتجاهات إنسانية، وبتأثير الأسلوب الجديد للحياة نتيجة عصر التنوير وما تبعه من تغيرات اقتصادية واجتماعية وعلمية وفكرية.

**وانتشرت** البراغماتية في أميركا انتشاراً واسعاً منذ مطلع القرن العشرين كرد فعل لموجات الفلسفة المثالية التي كادت أن تطغى على الفكر الأمريكي والتي

جاءت من القارة الأوروبية وتحديداً من المثالية الألمانية. وكان أكثر المتشيعين لها من أساتذة المعاهد والجامعات والمختصين بالدراسات الفلسفية الذين دعموها بالحجج المنطقية ، وأصبحت اتجاهاً فلسفياً معتبراً من فلسفات القرن العشرين، فهي منهج في التفكير تتألف من مواقف وأفكار تجاه قضايا فلسفية وموضوعات. وسوف تكون الصورة شاملة من خلال عرض لأهم مؤسسيها الرئيسيين الذين ترجع العناصر الفلسفية ومنهجها إليهم وهم : تشارلس بيرس ، ووليام جيمس، وجون ديوي[١٠] .

**شارلس بيرس: Peirce** (١٨٣٩-١٩١٤م) :

**ولد** في مدينة كمبرج بولاية ماساتشوستس الأمريكية، وكان والده رياضياً مشهوراً فنشأ الابن على حبه للرياضيات كأبيه. تخرج من جامعة هارفارد الشهيرة وحصل على درجة البكالوريوس والماجستير في العلوم، وكان اهتمامه منصباً على الرياضيات والمنطق(منطق العلامات والرموز) وكان يتطلع لإقامة نسق فلسفي ضخم (ميتافيزيقا جديدة).

**كان** بيرس أول من اسعمل كلمة براغماتية في الفلسفة الحديثة عام( ١٨٧٨م) حين كتب مقالته بعنوان : " كيف نوضح أفكارنا " [١١] ، وقد عرف كلمة براغماتية من دراسته "لكانت" الفيلسوف الألماني في كتابه (ميتافيزيقيا الأخلاق)، إذ ميز "كانت" بين ما هو براغماتي وما هو عملي. فالعملي ينطبق على القوانين الأخلاقية التي يعتبرها أولية (قبلية)، بينما البراغماتي ينطبق على قواعد الفن وأسلوب التناول اللذين يرتكزان على الخبرة، فاعتبر " بيرس " بحق المؤسس الحقيقي للبراغماتية وأول من أسسها كمنهج فلسفي وليس كمذهب ينطوي على نظريات . وكان تجريبياً يحب الحياة العملية، إذ تأثر بالمذهب التجريبي الإنكليزي منتقداً المذهب التجريبي التقليدي لما فيه من عيوب محاولاً تصحيحه بالمنطق من خلال التوفيق بين مبادئ العقل وحوادث الطبيعة فوضع المنطق الرمزي الذي سمّاه منطق العلامات[١٢] .

فعنده أن المدلول الفعلي لأية كلمة أو عبارة إنما يكون في تأثيرها المقصود في مجرى الحياة ، فالشيء الـذي لا ينشأ من التجربة لا يكون له أي تأثير مباشر على السلوك.

لقد حاول أن يدخل تعديلاً في كلمة "Pragmatism" لتكـون "Pragmaticism" فتصبـح أقل استعمالاً فيحميها من سوء الاستعمال من خلال عملية تداولها على الألسن ، وخاصة أنه في ألفاظه كان دقيق التعبير ولا يهمه التأثير العاطفي كما فعل وليم جيمس الذي كان يركز على التأثير في الناس واجتذاب المستمعين إليه ولـو عـلى حسـاب مـا كـان يستعملـه مـن مصطلحات ، ولعـل هـذا مـا يفسـر للقـارئ لماذا تستخدم أحياناً في اللغة العربية كلمة "براجماتية" وأحياناً أخرى كلمة " براجماسية" [١٣]. آمـن بيرس بأن الاعتقاد يشكل قاعدة للسلوك في مقابل الشك، وهو عبارة عن تكوين عادة يشعر بها الإنسان وينتج عنها سلوك مطابق للاعتقاد بعكس الإدعاء الذي لا ينتج عنه أي سلوك، وهذا يعنـي أن علاقـة الحقيقـة أو معيارها هو العمل المنتج لا الحكم الفعلي، فالعمل هو المحك الوحيد الذي يميز المعتقدات، مما يلـزم عـن ذلك أن العالم مرن نستطيع التأثير فيه وتشكيله، وأن تصورات الإنسـان فـروض أو وسـائل لهـذا التـأثير أو التشكيل [١٤].

لم يتقلد بيرس مناصب جامعية ، ولم ينشر أي كتاب خلال حياته، وظل الكثير من إنتاجه غير منشور إلى أن نشرته جامعة هارفارد بعد وفاته تحت عنوان: "مجموعة أبحاث "تشارلس بيرس" [١٥] .

يقوم منهجه على فكرتين أساسيتين هما: نظرية المعنى، والنظرية الواقعية.

فنظرية المعنى تقوم على منطق العلامات، والعلامة شيء يحل محل شيء آخر ولها ثلاث خصائص: الرمز، وموضوعه، والمفسر وهو علامة أخرى توضح

العلامة الأصلية أو الرمز اللغوي، فالمعنى حسب نظريته لا يتألف إلا من مجموعة الآثار والنتائج التي تنجم عنه في محيط الخبرة الحسية [١٦].

أما **بالنسبة للواقعية** فقد نادى بواقعية جديدة بين فيها أن للكليات وجوداً مستقلاً عن الإنسان وعن الجزئيات ولكنها لا توجد في عالم مثالي آخر بل في العالم الأرضي، وهي عبارة عن القوانين التي تسيره ولها وجود مستقل عن الجزيئات. والعالم لا يسير وفق قوانين حتمية ضرورية وإنما به عنصر الإمكان ، فالمستقبل ليس معروفاً معرفة ضرورية وقد يتغير قليلاً أو كثيراً بفعل الصدفة في الكون، أي أنه من الممكن أن يظهر في المستقبل ما لم نلحظه في الماضي [١٧].

**وليم جيمس William James** (١٨٤٢-١٩١٠م) :

**يعتبر** المفكر الثاني بعد جون ديوي الذي ساهم في التعريف بها ونشر الأفكار البراغماتية على نطاق واسع فكان من أشهر أركان البراغماتية. ويرى أن كلمة براغماتية تعني مزاولة أو عملي، ويختلف عن " بيرس " و " ديوي " في أنه أكد على حق الفرد في خلق حقيقته الخاصة، بينما يعتقد بيرس وديوي أن وقائع الحقيقة أرسيت بادئ ذي بدء على أيدي الواقع الطبيعي.

أعلن وليم جيمس أن البراغماتية عبارة عن منهج أو اتجاه يوضح الأفكار ويعطي دلالات صادقة لتصورات الإنسان.

**ولد** في مدينة نيويورك من أبٍ ثري كان قسيساً بروتستانتياً محباً للبحث والاطلاع والترحال مما فسح المجال لابنه للاستفادة من هذه الميزات. وكان محباً للسفر وقد سافر مع أسرته إلى بلدان عديدة، ودرس في مدارس باريس ولندن وجنيف، والتحق في بولندا بإحدى الكليات عام (١٨٥٦م) لكنه غادرها دون إكمال دراسته، وبعد عودة أسرته إلى أميركا عام (١٨٦١م) التحق بجامعة هارفارد فدرس الطب وحصل على بكالوريوس في الطب والجراحة ومارس بعدها مهنة الطب، بعد

ذلك عاد مع أسرته مرة ثانية إلى أوروبا ليتابع الدراسة العليا في الطب حتى نال درجة الدكتوراة، ثم عاد إلى أميركا وعمل في جامعة هارفارد مدرساً للتشريح المقارن والفسيولوجيا، وفي عام (١٨٧٦م) أسس أول مختبر لعلم النفس التجريبي، وكان يهتم بصلة الفسيولوجيا بعلم النفس [١٨] .

**درس** علم الفلسفة أيضاً في جامعة هارفارد وأصبح يحاضر فيها ونشر عدة كتب متأثراً في فلسفته بعصره الذي غلبت عليه الروح " الكانتية " . ومن مؤلفاته: " مبادئ "علم النفس" و "موجز علم النفس" و "إرادة الاعتقاد" و "البراغماتزم" و "التجربة الدينية" ونشر له بعد وفاته: "بعض مسائل الفلسفة" و "محاولات في التجريبية البحتة" . وكان له تأثير على علم النفس في الترابط أو التداعي في تأليف الوجدان ، مبيناً أن الظواهر الوجدانية تتألف من ظواهر منفصلة ولكنها تجري في تواصل، وأن الوجدان يمتنع رده إلى ظواهر فسيولوجية أو فيزيقية. واعترف بأن أهم قانون في علم النفس هو قانون المنفعة، فأفعالنا التلقائية مرتبة بالطبع لخيرنا وكذلك المراكز الدماغية العليا في إجاباتها على المؤثرات [١٩] . وبهذا الموقف قلب علم النفس رأساً على عقب وسمح بظهور مذاهب فلسفية جديدة، إلا أن هذا الموقف لم يمنعه من الاعتراف بأن الانفعال النفسي عبارة عن مجرد الاحساس بالحالة الفسيولوجية الناشئة عن إدراك الموضوع، فالإنسان يوجد الانفعال بإيجاد الحالة الفسيولوجية ويلطفه ويزيله بالسيطرة عليه، على عكس ما يفسره عامة الناس على سبيل المثال من أن رؤية الذئب تؤدي إلى الخوف ثم إلى الهرب، إلا أن الإنسان في الواقع يرى الذئب فيهرب فيخاف.

**لقد** أعلن أن الحياة النفسية أصيلة وأنها متصلة ومتدفقة وأن رائدها المنفعة لكنه جعل منها ومن منافعها مركز الكون وصورته، فاعتبره مرناً مثلها قابلاً للتشكيل بحيث تصبح الحقيقة عبارة عن مطابقة الأشياء لمنفعتنا لا مطابقة الفكر للأشياء.

**لقد** أراد بالبرجماتية أن تقف موقفاً وسطاً بين المذهب التجريبي والمذهب العقلي، إذ لاحظ أن التجريبية شديدة الإخلاص للوقائع المحسوسة والمشاهدات ولكنها تهمل القيم الأخلاقية والدينية، فالإنسان له مطالب وحاجات يفي بها المذهب العقلي على الرغم من تنكره للوقائع الجزئية والمحسوسة. لقد وقف موقفاً وسطاً يحقق الإخلاص للتجربة والواقع ويعطي الإيمان بالقيم الروحية جانباً مهماً في نفس الوقت.

**كان** منهجه إنكار الحقائق القبلية معتبراً أن الإنسان هو مصدر الأحكام على الأشياء بالصدق أو الكذب ولا يوجد حقائق خالدة فالإنسان مقياس كل شيء [٢٠]. ويكون حل المشكلات بمتابعة آثارها المحدودة ونتائجها الدقيقة بحيث إذا لم يكن للمشكلة نتيجة في حياتنا فالمشكلة باطلة. وقد استخدم هذا المنهج وطبقه على نظريات في الميتافيزيقا والمعرفة وتوضيح المشكلات المتعلقة بالجوهر، والتدبير في الكون، وخلاص العالم.

**جون ديوي John Dewy (١٨٥٩-١٩٥٢م)**

**إذا** كان وليم جيمس هو الذي نشر الفكر البراغماتي فإن ديوي أعطاه المنهجية وأوصل أهم أفكاره إلى نتائج بعيدة الأثر ، وطوره إلى فلسفة كاملة وسعى إلى تطبيقه في كل مجالات الخبرة الإنسانية ، وفسّر البراغماتية تفسيراً غاية في الدقة والوضوح.

**ولد** هذا المفكر والمربي الأمريكي في مدينة "فرمونت" عام (١٨٥٩م)، وكان والده تاجراً متوسط الحال، نشأ ابنه محباً للقراءة والاطلاع وبدأ الدراسة في جامعة فيرمونت، وقبل بلوغه سن الخامسة عشرة درس اليونانية واللاتينية والرياضيات والعلوم والتاريخ والفلسفة وعلم النفس، عمل بعدها مدرساً في المدارس الثانوية في ولاية بنسلفانيا بعد حصوله على البكالوريوس . وكان مديناً بقدر كبير من أفكاره

"لداروين" و "بيرس" و "وليم جيمس" إلا أن بداياته الجديدة في الفلسفة انطلقت من فلسفة "هيجل" في الصيرورة والتطور [٢١] . وكان مؤمناً بالديمقراطية وأرسى قواعدها على أسس فلسفية وربطها بالتربية لينشأ الطفل منذ صغره على عشقها ومحباً للحرية، وهو اول من جمع بين البراجماتية والتقدمية.

حصل على الدكتوراه في الفلسفة عام (١٨٨٤م) وأصبح مدرساً لها بجامعة ميتشجان وجامعة كولومبيا ، وعمل أيضاً مدرساً بجامعة شيكاغو التي أنشأ فيها مدرسة ابتدائية كانت تحت إشراف قسم الفلسفة الذي كان يرأسه في الجامعة وسماها المدرسة "التجريبية". وكان التعليم فيها يقوم على أسس جديدة تختلف عن الأسس القديمة ، وأصدرت المدرسة مجتمعة كتاباً بعنوان: "دراسات في النظرية المنطقية" من أحد عشر فصلاً، أربعة منها لديوي، وأعيد طبعه لاحقاً تحت عنوان: "مقالات في المنطق التجريبي" [٢٢] .

حاول من خلال فكره وتجاربه العملية أن يعدّل من اتجاه البراغماتية المتجهة نحو الفردية الخالصة ، إلى الاتجاه نحو الجانب الاجتماعي. فمن خلال تركيزه على الصلة الوثيقة بين الفلسفة والتربية حاول أن يبين أن التربية عملية اجتماعية ولها قدرة على التغيير، وأنها ظاهرة طبيعية في الجنس البشري بواسطتها يصبح الإنسان وريثاً لما كونته الإنسانية من تراث ثقافي، وتتم بطريقة عفوية لا شعورية بحكم عيش الفرد في المجتمع، وأنها تعتمد على جانبين: اجتماعي ونفسي دون إخضاع أحدهما للآخر [٢٣] .

لقد نادى بتبعية العقل للإرادة مما ادى إلى تركيز الانتباه من قبل المتعلم على البحث والدراسة والتطوير.

### أهم معالم فكر ديوي:

#### ١- الطبيعة البشرية والتجربة:

**يرى** جون ديوي تعذر الفصل بين الطبيعة البشرية والتجربة، فالتجربة هي جانب هام من جوانب الطبيعة البشرية، والإنسان لا يجرب التجربة لكنه يجرب العالم الذي يحيا فيه. أما الطبيعة فهي مصدر معرفتنا والأساس الذي تصدر عنه تصرفاتنا وتجاربنا، لذلك ألح على ضرورة اهتمام الفلسفة بمشكلات الإنسان في عالم يتصف بالتغير الدائم، واعتبر أن الأفكار أدوات لحل مشكلات البشر. وقد فضّل في كتاباته كلمة " أداتية " على كلمة " براغماتية ". ففي كتابه "كيف نفكر" وضّح كيفية استخدام الأفكار بصفتها أدوات لحل المشكلات الحقيقية، ووصف خمس مراحل لحل المشكلة قدمها في ترتيب محدد كما يلي [٢٤] :

أ. **الإحساس** بوجود مشكلة تستحق الدراسة والبحث.

ب. **التعريف** بالمشكلة وتحديدها.

ج. **اقتراح** حلول ممكنة لها، أو صياغة عدد من الفرضيات على اعتبار أنها حلول مؤقتة للمشكلة المدروسة.

د. **استنباط** النتائج الممكنة فكرياً.

٥. **التحقق** من التجربة بشكل يؤدي إلى تأكيدها أو رفضها.

#### ٢- المنطق:

**أطلق** على منطقه اسم "نظرية البحث" والذي يعارض به سائر النظريات المنطقية قديمها وحديثها، معتبراً أن أساس العلم في عصره قد اختلف عمّا كان عليه في العصور القديمة، فيجب أن يختلف منطقه اليوم عن المنطق القديم الذي كان

صورة صادقة لعلم عصره، فالعلم القديم كان قائماً على أساس الصفات الكيفية لا على أساس المقادير الكمية. وأيضاً فإن العلم الحديث يهتم بالعلاقات القائمة بين الظواهر المختلفة، كما اختلف العلم القديم عن الحديث في النظرة إلى الحركة التي نظر إليها العلم الحديث على أنها ظاهرة متجانسة بشتى صورها وأشكالها [٢٥] .

**٣- الوظيفية:**

**سمّى** ديوي مذهبه بالوظيفي لاعتباره أن المعرفة آلة أو وظيفة في خدمة مطالب الحياة ، وأن ما يميز الخبرة هو اتصالها واستمراريتها، فتيارها متصل يؤدي كل جزء منها إلى الجزء الآخر الذي يليه.

**٤- الطريقة:**

**آمن** ديوي بالطريقة أكثر من الاهتمام بإجابات مجردة. فبما أن العالم مفتوح على الإنسان فيجب عدم توقع إجابات نهائية ثابتة والأفضل أخذ كل مشكلة إنسانية وقت ظهورها، غير أن هذا لا يعني أن الإجابات لا أهمية لها ولكن الأهم هو طرح الحلول في مواقف الحياة الفعلية، فلا يوجد ظرفان متماثلان مما يؤدي إلى الاهتمام بالجانب الأدائي، فمعيار صحة الفكرة أو خطئها يكمن في فاعليتها ونتائجها في النشاط الإنساني، أي اختبارها في بوتقة الواقع، ووظيفة البحث ليست الوصف بل التغيير إلى صورة جديدة تخدم أغراض الإنسان إزاء المشكلات التي يواجهها مما يلاحظ هنا اقترابه من "كارل ماركس".

**٥- الديمقراطية:**

**في** كتابه الديمقراطية والتربية لم يقم بنقد النظرية الفردية كما عبر عنها "جان جاك روسو" في كتابه "أميل" أو نقد النظرية الاجتماعية كما جاءت عند "هيجل"

و"فختة" بل دافع عن مجتمع ديمقراطي تتوازن فيه قيمة الفرد وقيمة الجماعة. وتقاس الديمقراطية حسب رأيه بمبادئ [٢٦]:

**المبدأ الأول** : مدى اشتراك جميع الأفراد في المصالح.

**المبدأ الثاني**: مستوى الحرية الذي يتصل فيه الفرد بالجماعة.

والجماعة النموذجية هي التي تتصف بالمرونة التي تساعد على نمو شامل للفرد لا رضوخه لسلطة مطلقة باسم مصلحة المؤسسة والسياسة العليا. ولا تتم تغذية القدرات الاجتماعية والفردية للأطفال لتحقيق التوازن إلا في المجتمع الديمقراطي.

**وفي مجال الدين** يرى أن معظم الأديان تحمل أثراً سلبياً لأنها تفصل بين الناس وتصنفهم في فئات أي أنها تمارس تمييزاً دينياً لا يمكن للنظام الديمقراطي أن يقبل به.

**٦- التربية:**

**اهتم بها** اهتماماً كبيراً في فكره وممارساته، لأنها جوهر الاهتمامات البشرية. لقد بين أن الحياة في أصل طبيعتها تسعى إلى دوام وجودها عن طريق التجدد المستمر، والتربية هي مجموعة العمليات التي بها يستطيع المجتمع أن ينقل معارفه وأهدافه من أجل المحافظة على البقاء، فهي التجدد المستمر للذات وللأفراد الذين يحملون هذا التراث، انها عملية نمو تهدف إلى المزيد من النمو، إنها الحياة نفسها بتجددها ونموها.

**لقد صور ديوي** تطور تفكيره في أربعة أمور هي [٢٧]:

١-  **الاهتمام** بالعملية التربوية نظرياً وتطبيقياً، فالتربية هي الحياة لأنها تشكل جوهر اهتمامات الإنسانية جمعاء.

٢- **إخراج** منطق واقعي وليس صورياً يلغي الثنائية الموجودة بين منهج العلوم ومنهج الأخلاق (المنهج الأداتي) ، فالعلم هو التفكير النظري، وأن الأخلاق هي السلوك العملي في الحياة.

٣- **تخليص** علم النفس مما علق به من أفكار ميتافيزيقية والتركيز على الوعي (الشعور) وتطبيق علوم الحياة على نفسية البشر.

٤- **تطبيق** مبادئ العلم الحديث ومناهجه وطرقه على العلوم الإنسانية .

**وأخيراً** لقد كان جون ديوي محباً للسفر والاطلاع والاستفادة من خبرات الشعوب التي زارها، وكان كثير التأليف كتب في مواضيع متعددة من فلسفة العلوم إلى المنطق والميتافيزيقا وعلم الجمال والتربية والدين. وكان داعياً قوي التأثير لإيمانه بفاعلية الفكر وبالروح الديمقراطية متفقاً مع العقلية الأمريكية المتجهة إلى العمل والحرية.

**لقد** نجحت البراغماتية في أمريكا لأنها كانت بمثابة جدل المثالية الأميركية والوضعية الفرنسية مع التطورية البريطانية. وكانت تحاول التقاط الأيديولوجية المبعثرة التي بشر بها مفكرو ما قبل الداروينية رافضة كل أنواع اليوتوبيا والحقائق النهائية المطلقة، مؤكدة على المجتمع التعددي والذكاء الذرائعي (٢٨) . لقد قرنت الفلسفة بالحياة وفهمتها على أنها أسلوب لحل مشكلات البشر واعتبرت الإنسان فاعلاً يحول الواقع وفقاً لأهدافه ومتطلباته، فهو الذي يعطي العالم ملامحه النهائية مسترشداً بمنفعته وتطلعاته الذاتية ، وشجعت تبرير المواقف بحجة أنها تأتي بالنفع على صاحبها إلاّ أنها عملت على فهم الممارسة فهماً ذاتياً متطرفاً.

**الميتافيزيقا البراغماتية والتربية** (٢٩)

**لقد** كانت البراغماتية في نشأتها امتداداً تاماً للتراث التجريبي الحسي الإنكليزي إلا أن كثيراً من المفكرين والنقاد والفلاسفة يرون أنها فلسفة أميركية، فالفكر

التجريبي الإنكليزي كان يؤمن بأن معرفة الإنسان ناتجة عن ما تجربه حواسه أي آتية من خبراته الحسية الملموسة. هذا الفكر كان له تأثير كبير على نشر الفلسفة البراغماتية في الولايات المتحدة الأميركية. أما في نظرتها إلى التغيير المتصل الدائم فهي متأثرة بهرقليطس كما مر سابقاً حينما أكد على أن الوجود في تغير مستمر ودائم وأن السكون موت وعدم.

**إن** المتتبع للفكر البراغماتي من خلال ما كتب عنه وما كتبه مؤسسيه يجد أن " تشارلس بيرس " تأثر إلى حد كبير بعلمي الرياضيات والفيزياء، بعكس " وليم جيمس " الذي نهج في تفكيره منهجاً نفسياً دينياً، وكان متأثراً بعلمي الاجتماع والبيولوجيا مما أوجد اختلافات كثيرة في بعض أفكار مؤسسيها.

**ويجد** القارئ أحياناً أنها ناصرت الفردية، وأحياناً أخرى طالبت بالمزيد من الوعي الاجتماعي متأثرة بأحداث القرن العشرين وبالظروف الاقتصادية والاجتماعية وفترات الكساد والانتعاش الذي كان يشهده هذا القرن. وقد مرت بمحاولات تطورية وهي:

**المحاولات الأولى**: بدأت في أمريكا وتقبلها الإنسان الأمريكي باعتباره إنساناً واقعياً وعملياً بالإضافة إلى أن التقاليد الأمريكية كانت متحررة مما ساعد على انتشارها بينما كانت البراغماتية في أوروبا خاضعة لقيود كثيرة. وقد تميزت هذه المرحلة بالقيام بتجارب كثيرة في علمي النفس والتربية.

**المحاولات التطبيقية الثانية** : والتي تأثرت بنتائج الأبحاث والتجريب في عصر المحاولات الأولى، وبدأ التطبيق في مدارس خصصت لهذه الغاية ، أو في فصول خاصة ألحقت بالمدارس وظهرت طرق وأساليب جديدة في التربية والتعليم مثل طريقة المشروع، وطريقة الوحدات، وطريقة منتسوري وغيرها من الطرق الحديثة مما أدى إلى تغيرات شملت كافة الميادين وأصبحت المدرسة مرتبطة بالمجتمع.

**لقد** ركزت هذه الفلسفة على موضوعات عديدة فأفكارها شملت ميادين مختلفة وهناك مبادئ أساسية تنطلق منها وتسعى إلى تطبيقها ولعل من أهمها ما يلي:

**١- العالم**: بحسب الفكر البراغماتي فإن العالم مفتوح وفي حالة تغير وخلق مستمرين، وهو خاضع للتجربة والبحث العلمي، وهنا تتفق مع نظرة الفلسفة الطبيعية في قبولها للعالم كما يظهر لنا من خلال حواسنا والدراسات العلمية حوله، فهو موجود في ذاته وليس مجرد إسقاط من جانب العقل مع بعض الاستثناءات .

**٢- الحقيقة** : الحقيقة غير مطلقة وهي أحسن ما في حوزة الإنسانية من المعارف المجربة، لأنها ثمرة تفاعل العقل الإنساني مع البيئة الموجود فيها، أو ثمرة إعادة تجديد الخبرات، وتتشكل طبقاً لخبرات الملاحظ والبيئه المحيطة التي يتم فيها ممارسة الخبرات، وتوجد الحقيقة طبقاً لمستوى قيام الإنسان بوظيفته من خلال استعماله خبراته الاجتماعية والطرق العلمية والنظرات الشخصية ليعطي الخبرات تأثيراً أفضل ليكون عملياً له تطبيقات نافعة للأفراد وبيئتهم [٣٠] .

٢- **الإنسان** : لم تنظر إليه نظرة ازدواجية بل نظرت إليه ككل متكامل فعقله ونفسيته وجسمه متكاملة مع بعضها البعض، وهو كائن متفاعل مع بيئته لأنه غير معزول عنها ، ولذلك فالمدرسة ليست منفصلة عن الحياة ذاتها. والانسان قابل للتعلم واكتساب الخبرة والتكيف، وإن الأطفال اجتماعيون يشاركون في الحياة ولديهم مشكلاتهم. وعلى الإنسان استخدام مواقف الحياة الحقيقية وليس الاعتماد أساساً على الدراسات الأكاديمية النظرية، وعلى التربية تعليمه الخبرات التي تساعده على أن يحيا حياة سعيدة، من خلال الاهتمام بصحته، وتزويده بالمهارات المهنية والاهتمامات والهوايات ليتعامل بكفاءة مع المشكلات الاجتماعية التي تواجهه. وتؤمن بأن كل فرد له طبيعته وشخصيته الخاصة به. وعندما يتكلم البراغماتي عن الحياة الصالحة للإنسان فإنه يعتبرها

تلك الحالة التي يكون فيها في توافق وانسجام متبادل مع نفسه ومجتمعه. انها نشاط متعدد الوجوه ملتزم بمبادئ الديمقراطية وممارساتها [٣١] . وترى البراجماتية أن الحرية هي قدرة الإنسان على الإبداع من خلال ممارسة الديمقراطية وعمل ما هو قانوني ومعقول ونافع للفرد ونمو المجتمع بروح من المسؤولية والعقلانية والذكاء فالإنسان هو مقياس جميع الأشياء.

٤- **التراث والقيم:** لا ترى البراغماتية فائدة من التراث الثقافي وممارسته لأن به التزاماً بالماضي، فالتراث والقيم يجب إعادة فحصها للتأكد من مدى فائدتها العملية في الحياة الحالية، ولا تتم بفرضها، بل بالاتفاق عليها بعد نقاش. وتؤمن بنسبية القيم وأن لا وجود لقيم في ذاتها خارجة عن حياتنا، فلا وجود لمبادئ مطلقة أو قوانين أخلاقية مطلقة يتعلم الأطفال على أساسها بمعزل عن الظروف التي تمارس في نطاقها. وأن القيم التي تدرس في المدرسة هي تلك التي تعمل على التقدم لرفاهية الإنسانية، وتشجع الروح الديمقراطية . ولا يتكلم البراغماتيون عن الأخلاق كمعنى ملتصق بالقيم المطلقة التي لا تتغير، ولكن يفهمونها باعتبارها شيئاً يعتمد على التفاعل الاجتماعي وعلى حاجات وطموحات الأفراد والجماعات فهي عبارة عن الممارسة النافعة التي لا تخرق مبادئ الديمقراطية. وتؤمن بتغير اللوائح الخلقية بتغير المجتمعات بمعنى لا وجود لتعاليم ملزمة بصورة كلية شاملة، فعندما نوصي بعدم القتل فهذا ليس مبدأ مطلقاً، فربما في وقت ما يكون القتل صواباً في حالة الدفاع عن النفس أو لإنقاذ شخص أو مجموعة من الناس.

٥- **طبيعة المجتمع:** بحسب البراغماتية فإن المجتمع متغير باستمرار يضع ثقته في قدرة الإنسان على المساهمة الفعالة في بنائه وتطويره وحل المشكلات الاجتماعية الموجودة فيه باستخدام ذكائه النافذ.

٦- **التغير**: تعتبر التغير سمة الوجود وأن السكون موت وعدم وهو حقيقي وواقعي، فهو جوهر الواقع وهو لا يتوقف على فكرة الإنسان عنه ولا هو مستقل عنها، وجوهره التفاعل بين الإنسان وبيئته التي يعيش فيها.

٧- **التربية** :تؤمن بأن التربية هي الحياة نفسها، تستمر ما دام الإنسان حياً ولا تتوقف عند حد لأن المجتمع دائم التغير، ومادة الدراسة لذلك يجب أن تشبه ما أمكن المشكلات المباشرة التي يواجهها الطفل. بالإضافة لما ورد هناك مبادئ وافكار مهمة تركز عليها وهي:

أ. **ينبغي** أن تكون غايات التربية ووسائلها مرنة قابلة للتغير بسهولة، فالتغير جوهر الحياة.

ب. **تشدد** البراغماتية على حق المتعلم في خلق واقعه بنفسه.

ج. **تعتبر** العملية التربوية غاية ووسيلة في نفس الوقت، فهي غاية لأنها تهدف إلى الارتقاء بالفرد، وتعتبر وسيلة لأنها عبارة عن أسلوب للعمل من أجل الارتقاء بالإنسان.

د. **الارتقاء** الاجتماعي ضروري وأساسي لنمو الإنسان لذلك عليه أن يتعلم كيفية العيش في مجتمعه يتعاون ويتكيف مع أفراده بذكاء.

**وفي** هذا المجال تجدر الإشارة إلى أن مدرسة الجشطالت النفسية التي نمت وتطورت من خلال أعمال كوهلر وكوفكا تتفق مع مبادئ البراغماتية [٣٢] .

**فلسفة التربية البراغماتية:**

**تنطلق** من الخبرة الحيّة سعياً وراء تنظيمها وتوجيهها لحل مشكلات الإنسانية فهي عبارة عن تنظيم للواقع وهذه الخبرة عبارة عن تفاعل بين الفرد وبيئته بهدف الحصول على خبرة سليمة ولها وظيفة اجتماعية تجمع بين الفرد وبيئته على قدم

المساواة لحفظ التوازن بينهما، وليتم التفاعل على أحسن وجه لا بدّ من آخذ عامل الفروق الفردية بعين الاعتبار [٣٣].

ويؤكد " فيليب فينكس " على أن فلسفة التربية ما هي إلا تطبيق الطريقة والنظرة الفلسفية في ميدان الخبرة المسمّى بالتربية ووظائفها هي [٣٤] :

١- **البحث** عن المفاهيم التي تنسق بين المظاهر المختلفة للتربية في خطة شاملة.

٢- **توضيح** المصطلحات والمفاهيم التربوية.

٣- **التعرف** على المبادئ التي تقوم عليها التربية.

٤- **الكشف** عن العلاقات التي تربط التربية بميادين الاهتمام الإنساني المختلفة.

**ويؤكد** " ديوي " أن فلسفة التربية ليست مجرد تطبيق أفكار جاهزة بل تكوين اتجاهات عقلية وأخلاقية لاستخدامها للتصدي للمشكلات المعاصرة، فالفلسفة بذاتها ما هي إلا نظرية تربوية في أكثر جوانبها عموسية [٣٥].

**أما** الأهداف التربوية بحسبها فإنها لا تتقيد بأهداف تربوية ولا بمعايير روحية، لذلك ترى أن يكون الهدف وليد الظروف الراهنة الناجمة عن الموقف نفسه ونابعاً من البيئة وليس مفروضاً من الخارج، ويجب أن تكون مرنة وخاضعة للمراجعة المستمرة لأن التغير مستمر وهو جوهر الحقيقة. ويجب تقبل هذه الأهداف والوسائل علمياً في ضوء الحقائق والقيم المتصلة بها وليس فقط تأملياً وعلى أساس العقل وحده، للوصول إلى تعلم الفرد كيف يفكر ليتكيف مع مجتمع دائم التغير. وبما أن الطفل هو محور العملية التعليمية- التعلمية لذلك ينبغي أن يتعلم من خلال العمل وأن تراعى ميوله في تحصيل المعرفة والاعتماد على الأساليب العلمية في التعليم، وعكس هذا سوف يقود إلى خلق العواطف الكاذبة التي تأتي من عزل وجدان الطفل عن سلوكه العملي.

**ويؤكد** البراغماتيون على الجانب الاجتماعي للطبيعة البشرية التي هي مرنة، وأن مهمة التربية تستدعي التطور الكامل للفرد ويجب تربيته باعتباره كائناً حياً إيجابياً ومبتكراً، ولا يرفضون دراسة المادة المنظمة تنظيماً منطقياً، ولكن يرون أن هذا يأتي في مرحلة متأخرة.

**وتهتم** البراغماتية بالأسلوب الذي يتم به بلوغ الأهداف فيرى " جون ديوي" وجوب وضع الأهداف بالاستناد إلى الظروف المحيطة، وأن تتسم بالمرونة وتوجه إلى غاية منظورة، لتحقيق النمو الذي يعتبر خاصة من خصائص الحياة، فالتربية والنمو أمر واحد. وأضاف أن النمو هو القدرة على التعلم من خلال التجربة ، لذلك على التربية أن تنطلق من فعالياتنا لأنها لا تنمو إلا بهذا الأسلوب ولكن في مجرى حياة ديمقراطي [٣٦].

**التطبيقات التربوية:**

طبقت هذه الفلسفة على عدة مجالات من مجالات التربية والتعليم كما يلي:

**١- البراغماتية والمنهاج:**

**لا تعطي** هذه الفلسفة اهتماماً للتراث الثقافي في المناهج، وإنما تعطي اهتمامها للحاضر والمستقبل، ويعكس المنهاج الواقع الاجتماعي ويصبح أداة من خلال طرائقه لحل المشكلات الفردية، ويهيئ الفرد لممارسة المثل الديمقراطية مركزاً حول أوجه النشاط المختلفة ويوفر الوسائل الخلاقة لتنمية المهارات الجديدة.

**لا تهتم** البراغماتية بتقديم مناهج انتقاها ورتبها الكبار واتصفت بالموضوعات التقليدية التي تقدم المعرفة مفصولة عن التجربة ومجزأة إلى أقسام، ولا ترى في المنهاج قائمة من الموضوعات، وإنما مجموعة من المهارات والفنون اليدوية العملية وحل المشكلات ومهارات الحياة وفنون اللغة والمواطنة(ليس العلوم السياسية), ومهارات الاستهلاك، والمحك لقبول المنهاج هو: حل للمشكلات، وأنه

عملي، ونافع، ويراعي عقل الطفل وتصوره للعالم، وفهم الحاضر والمستقبل، ومساهمته في تحسين أحوال المجتمع [٣٧].

**ومحتوى** المادة مرن غير متبلور ومن الصعب تدوينه بسبب التركيز على المرونة والتجديد لمواجهة حاجات المجتمع والإحساس بالحاجات الفردية للطلاب.

**إن مشكلة** المنهاج عند البراغماتية تكمن في الكيفية التي تنظم فيها المواد وأسلوب نقلها للطفل ، فمثلاً التاريخ في المنهاج التقليدي يدرس لمجرد القناعة النظرية بفائدته دون ربطه بحياة التلميذ اليومية، من أجل رؤية ذكية عن الحاضر ففصل التاريخ عن الحاضر يفقده قيمته، لأنه لا يقدم صورة عن الواقع الحالي مما يؤدي إلى عدم الاكتراث بالسؤال الآتي: لماذا أصبحت الأشياء على ما هي عليه الآن؟ إن تعليم مواد جاهزة ومثبتة يوجه الانتباه للتحصيل ويهمل تركيز الانتباه على الإجراء [٣٨].

**يؤكد** البراجماتيون استحالة فصل الغايات عن وسائل بلوغها، فنحن نطلب من المدرسة أن تشكل إنساناً ديمقراطياً مع انها في الواقع تنظم بأسلوب لا تتيح لتلامذتها فرصة الاختيار أو المشاركة في اتخاذ القرارات مما يجعلها في تناقض بين الوسائل والغايات فتصبح عاجزة عن تحقيق أهدافها.

**ويدعم** البراغماتيون المنهج المتنوع ومبدأ التكامل في المنهاج وتهاجم التقسيم التقليدي إلى علوم ومواد مختلفة، أو إلى علمي أو أدبي لأنها تعتبر جميعاً نواحي متعددة للنشاط البشري هدفه حل المشاكل الاجتماعية والبيئية التي لا تتجزأ.

**وتهتم** ببناء المناهج على أساس تعاوني من قبل المهتمين والمختصين وتطويرها من خلال التركيز على الخبرات النافعة الجديدة, ولا تبنى على أساس الحفظ والتكرار بل على أساس إعادة بناء وتنظيم الخبرات الجديدة لتضاف للخبرات السابقة بما يتلاءم مع طبيعة المتعلمين[٣٩].

**٢- البراغماتية وطرق التدريس:**

لا تؤمن بالأساليب التقليدية في التدريس والتي تقوم على التلقين والحفظ، ولكنها تركز على اثارة الميول عند المتعلم وتزويده بالخبرات الجديدة والتركيز على الانشطة؛ لذلك تقوم طرائقها على المرونة التي تعتبر سمة من سمات التربية البراغماتية، أي التأكيد على عدم وجود أسلوب جامد لتربية الأطفال، وانما اختيار الأساليب التي تحقق الترابط بين العناصر المختلفة للمعرفة، والتي تنطلق من مبدأ الاهتمام الذي ركز عليه " ديوي "، ويستند هذا المبدأ على نقطتين هامتين (٤٠):

أ- **لا تترسخ** المعرفة في الذهن إلا إذا كان المتعلم مستعداً لقبولها لارتباطها بحياته، وبحاجاته، وبالمشكلات التي يواجهها.

ب- **لا يمكن** فرض المعرفة على المتعلم من الخارج، ولا تثمر إذا لم تنبع من صميم حياته ومعاناته وهي مرهونة بالجو الديمقراطي.

**إن مبدأ** الاهتمام اتسع حوله الجدل من قبل المربين، مدعين أن تنظيم الدراسة حول اهتمامات المتعلمين قد يؤدي إلى خرق الانضباط في السلوك، ونقص في الاتجاه نحو القيم الأساسية وانعدام العمق في المعرفة، إلا أن " جون ديوي " قصد من تلبية اهتمام المتعلمين احترام الرغبات الذاتية والمقتضيات الموضوعية ودمجها معاً في العملية التربوية فكل منهما يدعم الآخر ولا يكونان في صراع.

**وتعطي** البراغماتية اهتماماً للتعلم من خلال العمل " Learning by Doing" لأن الأفكار تنشأ من خلال العمل وتتطور من أجل السيطرة الأفضل على مجرى العملية الإنتاجية، أما استخدام الرموز والمفاهيم المجردة دون الاستناد إلى العمل فيكوّن أفكاراً فارغة. ولهذا تركز البراجماتية على تنويع الأساليب في التعليم والابتعاد عن التلقين وتخزين المعلومات، وأن تختار المعلومات والمعارف على

أساس الأهداف التربوية الموضوعية باتباع أساليب التجريب وأسلوب المشروعات وطريقة الاكتشاف والرزم التعليمية (٤١).

**وتعطي** البراجماتية اهتماماً مميزاً بتعليم الأطفال كيفية حل المشكلات ، اعتقاداً منها بأنها أكثر أهمية من موضوع التعلم، وترى أن المتعلم إذا كان بوسعه التصرف لحل مشكلة ما فإنه يصبح مزوداً بالمعرفة والمهارة لمعالجة أمور لا يمكن للمدرسة أن تعالجها، لأن المدرسة لا تعرف أي نوع من المشكلات سيتعرض لها التلميذ في مستقبل حياته. لقد فتحت المجال أمام المتعلمين بالشعور بوجود مشاكل تتحدى تفكيرهم وتوضيح جوانبها وأبعادها وتوضيح الفروض التي هي عبارة عن حلول مؤقتة للمشكلة المختارة، والتي تختبر من خلال الواقع، حتى يتضح الغرض الذي يبدو كحل ناجح للمشكلة.

**٣- المعلم:**

**ترى** البراجماتية أن المعلم مرشد وموجه فعليه تفهم طبيعة سن يعلمهم، ويكون قادراً على تفسير الأشياء وتجنب حشو المعلومات في عقول التلاميذ لأن هذه الطريقة عديمة الجدوى، ويفتح المجال للتعلم وفق احتياجات المتعلم وقدراته والمشكلات التي يعاني منها ليتخلص منها، لأن محتوى المعرفة وسيلة لا غاية، لذلك عليه مساعدة المتعلم على تحديد المشكلة وتحديد أهدافه وجمع المعطيات المرتبطة بها من الكتب والأفلام والرحلات والتسجيلات ، وأن يشرك المجموع في تقويم خبرات المتعلم ونواتج التعلم. وعليه عند مواجهة وضع معين أن يصفه للتلاميذ ولا يدافع عنه بشكل مطلق لأنه لا يستمر إلى الأبد، وقد ينفع الطالب أو يضره حين يحاول تحديد مشكلاته وإيجاد الحلول لها في الحاضر أو المستقبل. كما أن على المعلم أن يعلّم استراتيجيات التعلم وطرق التفكير أكثر من مادة التفكير المتعلقة بالمعرفة مما يدفع الطلبة إلى المشاركة في الإبداع ودعم واقعهم أو تغييره.

**أما دور** المعلم في المدرسة فيتمثل في تطبيق الديمقراطية المتمثلة في الاجتماعات وخاصة تلك التي تعقد بين المعلمين وطلبتهم لتقرير حاجاتهم وتوقعاتهم، كما أن مساندة قوانين المدرسة واحترامها مسؤولية كل من المعلمين والطلبة [٤٢] .

**٤- البناء المدرسي والنشاطات اللاصفية :**

**ترى** أن البناء المدرسي يلعب دوراً مهماً في عملية التعلم ونجاحها أو فشلها، لذا فمن الأهمية بمكان تزويدها بكل الوسائل التي تجعل من المدرسة مكاناً محبباً للتلاميذ وليس مكاناً يخيفهم وينتهزون أية فرصة لمغادرته والهرب منه.

**أما بالنسبة** للنشاطات اللاصفية الموجهة فإنها توليها اهتماماً كبيراً، وتشجع على المشاركة فيها لأنها تشبع ميول واهتمامات التلاميذ وتساهم في نموهم المتكامل وتساعد في تحقيق الإبداع.

**تعليق :**

**كان** للبراغماتية تأثير واسع النطاق على الفكر وتطوير التربية وتطبيقاتها في الولايات المتحدة الأمريكية وفي معظم بلاد العالم. وفي المشرق العربي منذ مطلع القرن العشرين تأثر عدد كبير من المربين ورجال الفكر بالأفكار البراغماتية وطبقت معتقداتها ومنطلقاتها على الغرب والشرق وخاصة في العشرينات والثلاثينات من القرن العشرين، وكان تأثيرها على النظم التعليمية في العالم العربي فكراً وتطبيقاً. وحظي " جون ديوي " باهتمام كبير حيث ترجمت كتبه إلى العربية وطبقت الكثير من المدارس النموذجية الفكر البراغماتي في مناهجها وتنظيمها وطرق تدريسها ، إلا أن براغماتية " ديوي " واجهت نقداً في منتصف القرن العشرين وبدأت تتعالى الأصوات في أمريكا ضدها، وتراكمت الأفكار المعارضة لفكره حتى أصبح "ديوي" مثار اهتمام من قبل الرأي العام الأمريكي. إلا أن الكثير

من رجال التربية ومفكريها وقفوا في صفه، أما المعارضة الواسعة له فجاءت من الأساتذة الجامعيين وخاصة في مجال الإنسانيات وفي مجال نظريات التربية المبنية على الأفكار التطورية وعلى التجربة والنسبية في الأهداف. وبدأ البعض يميل إلى الفكر والفلسفات التقليدية المبنية على أهداف ثابتة، وبناءاً على هذا بدأت الأفكار المثالية والواقعية في الانتشار وخاصة أفكار الواقعية المدرسية.

**لا أحد** ينكر الأفكار المفيدة التي جاءت بها البراغماتية وخاصة في مجال التعلم من خلال العمل، وإعادة بناء الخبرات والتكامل في المناهج والتجريب والمشروعات وأسلوب حل المشكلات ، إلا أنها لا تخلو من سلبيات كثيرة مما جعل البعض يوجه لها بعض الانتقادات وخاصة في مجال القيم, والتركيز على المنفعة والنجاح المادي, وافتقارها للحماسة الوطنية وإهمالها للقيم الدينية التقليدية واهمال الأخلاق المطلقة, وتركيزها على النقد والإفراط في التحرر ونقص التركيز على المواد الدراسية. كما أن بعض النقاد ادعى أنها لا تهتم بالجانب العقلي والمعرفي في تربية الجيل الصاعد على الرغم من أن " جون ديوي " أعطى الذكاء والتفكير مركز الصدارة في منهجه، كما أنه لم يغفل أهمية مصادر التعلم من كتب ودوريات، إلا أن النقاد ادعوا أنه لم يجعل منها محوراً للتربية.

**ووجه** إليها النقد في مجال نفيها الواقع الموضوعي الموجود خارجياً حيث ترى أن هناك مادة غير متشكلة وأن الإنسان هو الذي يضفي الصورة التي يريدها ويعطيها النظام والترتيب ويعطي العالم ملامحه النهائية مسترشداً بذلك بمنفعته ومتطلباته الشخصية، مما يعطي الانطباع بأنها تفهم الممارسة فهماً ذاتياً متطرفاً، ولذلك يمكن تبرير أي فعل أو سياسة لا إنسانية بحجة أنها تأتي بالمنفعة ممّا يتناقض مع الحقيقة والعلم، ويعطي الحقيقة صفة فردية متطرفة، انطلاقاً من مبدأ سياسة الدفع كاش على الصندوق.

**لقد** جاءت البراغماتية كثمرة لثقافة معينة وأن محاولات التقليد والتطبيق الأعمى لجميع جوانبها في ثقافات أخرى قد تؤدي إلى نتائج غير مشابهة لما تحقق منها في الثقافة الأصلية التي ولدت في أحضانها, لأن جميع الثقافات تتشابه في الشكل ولكنها تختلف في المضمون، وأن الأرضية الصلبة التي يعمل فيها أي نظام تربوي هي الثقافة، فليست كل فلسفة تربوية تتناسب مع أسلوب الثقافات الأخرى حتى وأن بدت بعض النتائج النظرية والتطبيقية براقة في بعض الأحيان.

**ومهما** يكن من أمر فإن النظرية التربوية التي وضعها " جون ديوي " أسهمت بشكل لا ينكر في وضع أسس التربية الحديثة على الرغم من وجود بعض السلبيات التي ذكرت وخاصة أنها ملائمة بصورة أكثر للبلدان ذات الثقافة الصناعية المتطورة ، وأن نجاحها يكون بصورة أقل في البلدان المتمسكة بالأصالة والتراث والقيم المطلقة.

**لقد** بدأت في النصف الأخير من القرن العشرين بتأثير الهجوم على بعض أفكار "جون ديوي" الفلسفية والتربوية تظهر بوادر اهتمام بالنظريات التقدمية والاتجاهات التجديدية وهي وليدة تقدمية " ديوي " ولكن لها بنيتها المعرفية ومعالمها التي تميزها.

**التربية التقدمية Progressive :**

**أدّت** البراجماتية باعتبارها فلسفة أميركية متميزة إلى مولد اتجاهات فلسفية متأثرة بها ولكنها تختلف بعض الشيء في بعض المنطلقات وهذه الاتجاهات هي: التقدمية والتجديدية. لقد بدأت التقدمية تأخذ مكانها في أميركا في أواخر القرن التاسع عشر وبلغت قمة نفوذها في العشرينات والثلاثينات من القرن العشرين [٤٣]. ويطلق عليها بعض المفكرين في مجال التربية اسم " التربية المتكاملة " وهي تربية تقدمية توفق بين أهداف الفرد وأهداف المجتمع ، فتعمل على تفتح شخصية الطفل

من جميع جوانبها فتنمو ميوله واتجاهاته وتتفجر طاقاته ، كما تعمل على الوفاء بحاجات المجتمع المختلفة انطلاقاً من أن فردية الفرد وشخصيته لا تتكشف ولا تنمو ولا تتكامل إلا داخل المجتمع، وبالمقابل فإن المجتمع لا يتقدم إلا عن طريق أفراده[٤٤] . وقد ظهرت من أجل الإصلاح والتغيير في المجالين الاجتماعي والتربوي في أميركا حين أصبحت المدارس عاجزة وظالمة للأطفال والجيل الصاعد، فجاءت التقدمية وكأنها المظهر التربوي لحركة تحررية تقاوم الشرور الاقتصادية والسياسية والتربوية للمجتمع الصناعي.

**وتقوم** التقدمية كفلسفة على تطبيق البراجماتية على التربية وإن كان ظهورها لا يرجع إلى الفلاسفة البراجماتيين. فقبل نهاية القرن التاسع عشر ثار عدد من التربويين عرفوا جوازاً باسم التقدميين ضد ما أسموه بالمبالغة في رسمية النظم التربوية الكلاسيكية بما انطوت عليه من قساوة وتدريب مجرد من الأهداف، وكان "ديوي" أول من جمع بين الفلسفة البراجماتية والتربية التقدمية، من خلال أفكاره التي جاءت في كتابه "مدارس الغد" الذي نشر عام (١٩١٥م). وكانت التقدمية في مراحلها الأولى ذات صفة فردية تعكس فوضى العصر الذي بدأت تتكون فيه وفي بداية التكوين اجتذبت " وليم كلباتريك " كداعم لها من جامعة كولومبيا [٤٥].

**ويطلق** في أوروبا وأمريكا لفظ التربية المتكاملة أو التقدمية على الحركة الإصلاحية التي حمل لواءها كل من " بستالوتزي، فروبل، منتسوري ، ديكرولي، وديوي " وقوامها مراعاة حاجات الطفل ، وأن التعليم لا يكون مفيداً إلا إذا اقترن بالعمل وفق ميول الطفل وأن يسير في طريق مشابهة للطريق التي تسير فيها الحياة من خلال العلاقات الوثيقة مع البيئة. ويمكن تعريف التربية التقدمية على أنها " ذلك النهج التربوي الذي يؤكد على ديمقراطية التربية والإبداع الذي يتناسب مع ميول التلاميذ من خلال التعلم بالعمل والعلاقة الوطيدة بين المعلم وتلاميذه " [٤٦] .

**ومن الناحية** التاريخية فمن الأهمية بمكان التذكير بأنه عند ما حلت الأزمة الاقتصادية العالمية ألقت التقدمية بثقلها وراء حركة المطالبة بالتغيير الاجتماعي مطالبة بالتعاون والديمقراطية ولو على حساب الفردية فانضم إليها "جون تشايلدز" و "جورج كاونتس"، وبعد انتهاء الحرب العالمية الثانية انحسر فكرها قليلاً فحلت جمعيتها ولكنها نجحت في تغيير وجه التربية الأمريكية فأصبح الكثير مما كانت تطالب به معترفاً به، وظلت الأفكار التقدمية موجودة لا كحركة قائمة بذاتها ولكن من خلال آراء وكتابات التجريبيين الذين عاصروها من أمثال (لورانس توماس، ستانلي، هلفيش، وجورج اكستيل) [٤٧] .

**وترى** التقدمية أن التربية على الدوام عملية تطور مما يفرض على المربين أن يكونوا على استعداد لتعديل أساليبهم وسياساتهم على ضوء المستجدات والتغيرات التي قد تحدث، فالتربية ليست فقط عملية تكيف بل عملية تجديد وتحقيق النمو عن طريق تجديد للخبرة وتفسير هذا الاستمرار هو من أجل فهم الخبرة بوضوح وصدق أكثر ، والتهيؤ لأداء الخبرات في المستقبل بكفاءة أعلى من خلال التحكم في مسار حياة الإنسان.

**ويمكن** إيجاز المبادئ الأساسية للتقدمية بما يلي [٤٨]:-

١- **أن تكون** التربية نشيطة وإيجابية مرتبطة بحاجات الطفل واهتماماته وعلى المعلم أن يكون ناصحاً ومرشداً له أكثر من أن يكون رمزاً للسلطة والسيطرة.

٢- **أن الإنسان** يستطيع مواجهة تعقيدات الحياة وبنجاح أكبر إذا قسّم تجاربه إلى مشكلات محددة أكثر مما هو عن طريق استيعاب المواد الدراسية.

٣- **بوصف** التربية عملية تعتمد على الذكاء لإعادة بناء الجيل الصاعد يجب أن تكون هي الحياة ذاتها وليس الإعداد للحياة.

٤- **إذا عمل** الأفراد بتعاون فإنهم يحصلون على نتائج أكبر مما لو عمل كل واحد منهم على انفراد، وبناء على هذا فإن المدرسة مطالبة بتشجيع التعاون أكثر من العمل على تشجيع المنافسة.

٥- **التربية** والديمقراطية تتضمن كل منهما الأخرى، ومن هذا المنطلق فإن المدارس يجب أن تدير شؤونها بالطرق والوسائل الديمقراطية فتشجع التبادل الحر للآراء مما يؤدي إلى تحقيق النمو الحقيقي.

٦- ان الانسان يختار مستقبله وطريقته في الحياة والعمل من خلال ممارسته لارادته, ومن ثم فهو يستخدم عقله لتبرير أفعاله مما يدل على أن العقل تابع للإرادة.

**التربية التجديدية (Reconstructionism) :**

بعد الحرب العالمية الثانية نمت مدرسة جديدة في الميدان التربوي محل المدرسة التقدمية وهي المدرسة التجديدية.

**تدّعي** التجديدية بأنها الخلف الحقيقي للتقدمية وأنها تعالج القضايا معتمدة على مقومات الفكر البراجماتي. وتعلن بأن هدف التربية الأساسي هو تجديد المجتمع لكي يواجه الأزمة الثقافية في هذا العصر، لذلك فمن واجب المدرسة أن تفسر القيم الأساسية المعرفية على ضوء المعارف العلمية المتوفرة ،وتؤكد على اهمية المدارس في التخطيط الاجتماعي. ففي عام (١٩٢٠م) اقترح جون ديوي اسم "التجديدية " في عنوان كتابه "التجديد في الفلسفة " وفي الثلاثينات قام جماعة من المفكرين منهم " جورج كاونتس " ، و "هارولدراج " بمطالبة المدرسة بقيادة المسيرة نحو خلق مجتمع أكثر عدلاً من خلال نظام اجتماعي جديد, لذلك عليها أن تصبح مؤسسة الإصلاح الاجتماعي والتغيير في المجتمع. وقد كتب " جورج كاونتس " قائلاً " إن ضعف التربية التقدمية يكمن في حقيقة أنها لم تجتهد في ايجاد

نظرية للرخاء الاجتماعي ". وحتى تصبح التربية التقدمية تقدماً مميزاً يجب أن تواجه جذرياً وبشجاعة كل قضية اجتماعية وأن تتداخل مع الحياة فيكون لها صلة عضوية بالمجتمع، وأن تطور نظرية حقيقية للرفاهية، وترسم رؤية واضحة قائمة على التحدي للواقع الإنساني(٤٩). ويطلق على التجديدية مذهب إعادة البناء أو التجديد،معتبرة ان هدف التربية الرئيسي هو تجديد المجتمع لكي يواجه الأزمة الثقافية،وعلى المدرسة تفسير قيم الثقافة الغربية على ضوء المعرفة العلمية المتوفرة.

**لقد** تأسس هذا الاتجاه الفلسفي التربوي من قبل مجموعة من التربويين التقدميين الذين اعتنقوا فيما مضى الفلسفة البراغماتية ،حيث نظروا إلى ميزان القوى الذرية بين الغرب والشرق ودعوا إلى فلسفة تربوية مهيأة لأحداث تغييرات جذرية ، إذ أنهم آمنوا بالنظرة التقدمية التي تحدثت عنها البراجماتية، ولكنهم ادّعوا أن هذه النظرة تناسب المجتمعات المستقرة، مؤكدين على أن التربية التقدمية بحسب المنطلقات البراغماتية لا تصلح للتطبيق في الواقع الذي يسوده التحرر المطلق، فالحاضر تسوده الفوضى وعدم التوازن والتنافس الشديد بين دول العالم وتكثر فيه الحروب، مما يتطلب توفير أرضية جديدة للتقارب وإزالة الخلافات والانقسامات وتحقيق الرفاهية والسعادة لمن يفتقر إليها ، وهذا مطلب صعب الوصول إليه إلا بالتربية، لذلك فإن مناهجها يجب أن تتوجه إلى الجماهير الواسعة في قطاعات المجتمع المختلفة بمساندة اقتصاد غني يختفي فيه الاستغلال الإنساني وتسود فيه الحياة الديمقراطية السليمة (٥٠).

**في ذلك** الوقت كان التقدميون من أمثال "كلباتريك" و "تشيلدز" يحثون رجال التربية والتعليم على زيادة إدراكهم لمسؤولياتهم الاجتماعية ومنتقدين حجج "كاونتس" التقدمي الذي يرى أن المدرسة يجب أن تحدد لنفسها أهدافاً اجتماعية محددة. كما أنهم كتجديديين فضلوا التأكيد على الهدف العام للنمو من خلال التعاون

الديمقراطي، إلا أنه وبعد ذلك وبعد أن فقدت التقدمية تأثيرها بذلت محاولات جديدة لاستخدام فلسفة "ديوي" بالتعاون مع النظريات التربوية المعترف بها اجتماعياً. ففي عـام (١٩٥٠م) وضع "تيودور برامـلـد" أسس التجديدية الاجتماعية عن طريق التربية عندما نشر كتابه: " أنماط من الفلسفة التربوية" ثم أتبعـه عام (١٩٥٥م) بكتاب آخر عنوانه: "فلسفات للتربية في الإطار الثقافي" ثم كتابه: "نحـو فلسـفة تجديدية للتربية" الذي صدر عام (١٩٥٦م), ثم كتابه الرابع عام (١٩٥٧م) الذي جاء تحت عنوان: "الأسس الثقافيـة للتربيـة" [٥١] إذ أشار في أفكـاره في هـذه الكتـب كلهـا إلى أن التجديديـة هـي فلسـفة أزمـة تلائم ثقافة المجتمعات التي تمر في أزمات.

**ويمكن** القول إن التجديدية هي عبارة عن منطق استراتيجيات العمل الاجتماعي والسياسي، الـذي يركز على الالتزام والعمل من جانب المعلم والمتعلم ، معتمدة في منطلقاتها الفكرية والفلسفية في تحقيق المثل التربوية العليا على المرتكزات البراغماتية عـلى الـرغم مـن وجـود بعـض الاختلافات التـي يمكـن تلخيصها واعتبارها مميزات للفلسفة التجديدية في البرامج والأفكار التربوية وهي كما يلي [٥٢]:

١- **الهدف** عند التجديدية يختلف عما هو عليه عند النفعية حيث يعتبر جوهرياً في الطبيعـة الإنسانية، ويشكل الأساس في التعلم ، والبحث عنه هو سلوك مستقبلي.

٢- **الفلسفة** التربوية النفعية تنطلق من الحاضر في حين يركز الفكر التجديدي على المستقبل.

٤- **ترى** التجديدية أن القيم والمثل لا تخضع للتجريب لأن لها كيفية خاصة بهـا بينمـا يـؤمن النفعيون بعكس هذا، لذلك لا بدّ من تركيز الجهود على إبرازها اجتماعياً بدلاً من إضاعة الوقت في الاختلاف على تحديد مفهومها كما يفعل النفعيون.

٤- **تتحقق** المثل العليا من خلال المناهج التربوية عن طريق إجماع الناس باختيارهم بشرط أن تبقى سمة الاختيار الفردي والتصديق الجماعي هي الطابع الذي يخضع له كل ما يتبلور ويطفو على السطح من أهداف ومثل.

**وقد** أبرز "براميلد" المبادئ الأساسية للتجديدية كما يلي [٥٣]:

أ. **الهدف** الأساسي من التربية هو تقديم برامج دقيقة وواضحة للإصلاح الاجتماعي وبناء مجتمع أحسن.

ب. **النظام** الاجتماعي المتوقع يجب أن يكون نظاماً اجتماعياً ديمقراطياً أصيلاً تسهم التربية في بنائه وتوجيهه (إعادة البناء الاجتماعي).

ج. **يجب** على رجال التربية أن يبدأوا في تنفيذ البرامج المقررة والواجبة بلا تأخير، وأن تكون المدرسة مركزاً للإصلاح الاجتماعي.

د. **يجب** على المعلم أن يقنع المتعلمين عن طريق الوسائل الديمقراطية بصحة وضرورة التجديدية.

ه. **يجب** إعادة صياغة أهداف ووسائل التربية طبقاً لما توصلت إليه العلوم السلوكية.

و. **المتعلم** والتربية والمدرسة تتشكل من خلال القوى الاجتماعية والثقافية .

وبالإجمال فإن التجديدية هي فلسفة إعادة البناء إلى التربية, يعمل المجتمع عن طريقها على تجديد مختلف جوانب حياته، وضرورة جعل الحياة الجماعية مركزا للحياة المدرسية حيث تعتبر الاعمال الجماعية النافعة والناجحة وسيلة مهمة من وسائل انجاز الديمقراطية.

**ومن** الأهمية بمكان التأكيد على أنه من أجل فتح مجال الاختيار أمام المتعلمين في المدارس والذي يتلاءم مع مبدأ الفروق الفردية والاهتمامات، فإن

المدرسة ومناهجها يجب أن تبتعد عن أسلوب التلقين وحشو عقل المتعلم بمثل ومعارف معينة. وترى أن الإجماع عن طريق الحرية يساهم في تكوين اتفاق قائم على أسس تربوية سليمة.

وسوف يتناول هذا الفصل ايضا اتجاهين فكريين جاءا معارضين للمدرسة التقدمية وهما المدرسة التواترية والمدرسة الجوهرية.

**المدرسة التواترية :**

جاءت هذه المدرسة كرد فعل ضد المدرسة التقدمية ،وهي ذات طابع ارستقراطي، وتستند على الفلسفة الواقعية التقليدية، اذ انها تستشهد في اغلب الاحيان بالفيلسوفين "ارسطو" و"توما الاكويني"، وتؤكد على الماضي وتعطي له الاهمية وخاصة الماضي الذي يمثله كبار الكتاب والمفكرين ،فهي دعوة لتمجيد السلف ،كما ترفض اية بيانات او منطلقات امبيريقية مستمدة من العلوم السلوكية وتدعم القيم الثابتة التي يصل اليها الانسان من خلال المنطق المجرد.وبالنسبة للتربية والتعليم فإنها تؤكد على ان المبادىء الاساسية فيها تتواتر ولا تتغير ،ومن ابرز ممثليها موريمر ادلر، وروبرت مايارد هتشنز، والذين اثر فكرهما في المجال التربوي على بعض المدارس والكليات في امريكيا.

وتتلخص المبادئ الاساسية للتربية حسب التواترية في ما يلي(٥٤) :

١- انطلاقا من المنطلق الذي يعتبر أن طبيعة الإنسان ثابتة فكذلك تكون طبيعة التربية ، كما أن التربية عليها التجاوب مع الحقيقة التي تتصف بالعالمية ولا تتغير. وان التربية في عملية إعداد للحياة وليست هي مرادفة لها.

٢- بما أن الصفة المميزة للإنسان هي عقله لذلك لابدّ من التركيز في التربية على تنمية استخدام العقل وتثقيفه.

٣- يجب ان يتعلم المتعلم عددا من الموضوعات الاساسية التي تساعده على معرفة الصفات الدائمة للعالم، أي ان يكون التعليم انعكاسا للقيم الثابتة التي هي دائمة، وان أفضل المراجع لدراسة هذه الصفات هي الرجوع للمراجع العظمى الخالدة.

٤- ترى ان الآداب وامهات الكتب تجسد الفضائل الكبرى التي لا زمان لها وتعمل على ديمومة التراث الثقافي.

لقد واجهت هذه المدرسة الكثير من الانتقادات خاصة ان التعليم الذي تقره يستجيب فقط مع متطلبات قلة من المواطنين، وهذا لا يتفق مع المبادئ الديمقراطية، وكثيرا ما اتهمت بأنها جامدة وارستقراطية وتركز على التقاليد الكلاسيكية التي تضمنتها الكتب العظمى مؤكدة ارستقراطية العقل، وان التعليم العالي هو امتياز للطبقة المختارة أكاديميا، وان التعليم العالي الشامل ما هو إلا تضخم تعليمي. ورغم أنها فلسفة تربوية محافظة فإنها واجهت نقدا رئيسيا من مدرسة محافظة أخرى هي المدرسة الجوهرية (الأساسية).

**المدرسة الجوهرية (الأساسية) :**

تشترك هذه المدرسة مع التواترية في تشكيل رد فعل مضاد تجاه التقدمية. وتعود بدايات ظهورها الى الثلاثينات من القرن العشرين في الولايات المتحدة الامريكية وضمت بعض المربين مثل "وليم باجلي"، "وهنري موريسون"، "وتوماس بريجز"، "واسحق كاندل"، "وفريدريك بريد"، الذين كوّنوا في عام (١٩٣٨م) لجنة (الجوهريين لنهضة التربية الامريكية)، وترد مبادئ الجوهرية ايضا في كتابات "وليم بريكمان" مؤلف المدرسة والمجتمع (٥٥).

وقد بدأت الجوهرية على شكل حركة تربوية اساسية ولم تنسب صراحة الى أي فلسفة من الفلسفات، الا انها تتلاءم مع عدد من الاتجاهات الفلسفية

والفكرية، وهي لا تتعارض كالتواترية تعارضا شاملا مع التربية التقدمية، فالاختلاف يكمن في بعض الاراء التي تنادي بها التقدمية اذ تنادي بأن على المتعلم ان يعرف بعض الاساسيات التي يجب ان يعرفها كل انسان متعلم ،وبالنسبة الى مواد المناهج فإنها تؤمن باعادة النظر وفحص المواد للتفرقة بين ما هو جوهري (اساسي) وما هو ليس بجوهري في البرامج المدرسية واعادة الاحترام لمكانة المعلم في قاعة الدرس.

وتتفق هذه المدرسة مع التواترية بإعادة النظر في وضع المواد الدراسية فهي مركز العملية التعليمية- التعلمية ،لكن الاختلاف يكمن في انها تعارض التواترية في ان المادة الدراسية الحقيقية هي مستخلصة من الكتب العظمى في المدنية الغربية، ويجب تعليمها لمواجهة الحقائق الحاضرة.وتنبه الجوهرية المربين والمعلمين الى اهمية رفع المستويات الفكرية ،وتنتقد التقدمية في اهتمامها بحرية الطفل وميوله اكثر من اهتمامها بالمواد المدرسية ذاتها.

وتركز على مواد: الانكليزية (القواعد، الادب، الانشاء) والحساب والعلوم والتاريخ واللغات الاجنبية المعاصرة باعتبارها مواضيع جوهرية تنمي القدرة الذهنية، في حين اعتبرت فنون التمثيل والصناعات والمهن والتربية البدنية بمثابة (الزخرف).

ويمكن تلخيص المبادىء الاساسية الجوهرية على الشكل التالي (٥٦):

١-لا بد في العملية التعليمية-التعلمية من المثابرة والعمل الشاق الذي يبذله المتعلم.

٢-ان لب العملية التعليمية- التعلمية هو معرفة المواد الدراسية المقررة الاساسية والحفاظ على احسن ما في التراث والمجتمع.

٣- يجب أن تأتي المبادرة في التربية والتعليم من جانب المربي او المعلم لا من جانب التلميذ.

٤- على المدرسة المحافظة على الطرق والاساليب التقليدية للتنظيم العقلي.

٥- تؤيد التربية الاقل مبالغة في استخدام العقل لأنها لا تهتم ببعض الحقائق الابدية بقدر اهتمامها بعملية تكيف المتعلم مع بيئته.

ووجهت لها انتقادات كثيرة لعل من اهمها انها شديدة الجمود في عصر المتغيرات، وانها عاجزة عن تنمية المبادرة العقلية،وتنادي بالامتثال للمعلم وللمادة الدراسية اكثر من التفكير الذاتي مما يؤدي الى اضعاف عادة التفكير النقدي المستقل واللازم للديمقراطية الناجحة.

ان المدرستين : التواترية والجوهرية لم ترقيا بحال من الاحوال الى مستوى المذاهب او النظريات أو الفلسفات الفكرية التي تربطها الوحدة المنطقية او الغائية الهدفية التي لها تطبيقات واسعة وشاملة في مجال التربية والتعليم.انها محاولات فكرية لمقابلة الاحتياجات الاجتماعية التي كانت سائدة في مجتمعاتها.الا انه ينبغي القول انهما خدما التطور الاجتماعي في مجتمعاتهما واثارتا العديد من المسائل التي اضاءت الطريق امام الرعيل اللاحق من الفلاسفة والمفكرين، وبلورتا بعض الآراء التي كان لها قيمتها العملية في مجال التربية والتعليم.

# المراجع


١- مجيد، مهدي محمد، **المناهج وتطبيقاتها التربوية**، ط(١)، المكتبة الوطنية، بغداد، ١٩٩٠، ص٥٠.

٢- **المعجم الفلسفي المختصر**، ترجمة توفيق سلوم، ط(١)، دار التقدم،موسكو، ١٩٨٦، ص ٨٦.

٣- الرشدان، عبدالله وجعنيني، نعيم، **المدخل إلى التربية والتعليم**، الاصدار الخامس، دار الشروق للنشر والتوزيع، عمان، ٢٠٠٦، ص ٦٦.

٤- رشوان، محمد مهران، **المدخل إلى دراسة الفلسفة المعاصرة**، ط(١)، دار الثقافة، القاهرة، ١٩٩٢، ص ٤٦.

٥- علي، سعيد إسماعيل ونوفل، محمد نبيل وحسان محمد حسان، **دراسات في فلسفة التربية**، ط(١) ، عالم الكتب، القاهرة، ١٩٨١، ص ٢٣١-٢٣٣.

٦- أحمد، نازلي صالح وسعيد يسن، **المدخل إلى التربية**، ط(١)، مكتبة الأنجلو المصرية، القاهرة، ١٩٨٢، ص ٢٢.

٧- مرسي، محمد منير، **فلسفة التربية اتجاهاتها ومدارسها**،ط(١) عالم الكتب، القاهرة، ١٩٨٢، ص ١٨٥-١٨٦.

٨- كرم يوسف، **تاريخ الفلسفة الحديثة**، ط(١)، دار المعارف، مصر، ١٩٦٢، ص ٤٧٥.

٩- الأهواني، أحمد فؤاد، **جون ديوي**، ط(١)، دار المعارف، القاهرة، ١٩٥٩، ص ٩٢.

١٠– الجيوشي، فاطمة، <u>فلسفة التربية</u>، ط(١)، المطبعة الجديدة، دمشق، ١٩٨٧، ص ١١٢.

١١– نيلر، جورج ف. <u>مقدمة في فلسفة التربية</u>، ترجمة نظمي لوقا، مكتبة الأنجلو المصرية، القاهرة، ١٩٧١، ص ١٧.

١٢– شفشق، محمود عبد الرزاق، <u>الأصول الفلسفية للتربية</u>، ط(١)، دار البحوث العلمية، الكويت، ١٩٨٢، ص ٣٥٢.

١٣– علي، سعيد إسماعيل وآخرون، <u>دراسات في فلسفة التربية</u>، ط(١)، عالم الكتب، القاهرة، ١٩٨١، ص ٢٤٠.

١٤– كرم، يوسف، **مرجع سابق** ، ص ٤٨.

١٥–   Horn, Ch. Hart, and Weiss p. **Collected Papers of Charles** S.    Peirce, Harvard University Press(١٩٣١-١٩٣٥) .

١٦– شفشق، محمود عبد الرزاق، **مرجع سابق**، ص ٣٥٧.

١٧–المرجع السابق، ص ٣٥٨.

١٨–المرجع السابق، ص ٣٦١.

١٩– كرم، يوسف، **مرجع سابق**،ص ٤١٦-٤١٧.

٢٠– شفشق، محمود عبد الرزاق، **مرجع سابق**، ص ٣٦١-٣٦٧.

٢١– الجيوشي، فاطمة، فلسفة التربية، **مرجع سابق**،ص ١١٧.

٢٢– شفشق، محمود عبد الرزاق، **مرجع سابق**، ص ٣٨١-٣٨٣.

٢٣– علي، سعيد إسماعيل وآخرون، **مرجع سابق**، ص ٢٨٥-٢٨٦.

٢٤– الجيوشي، فاطمة، **مرجع سابق**، ص ١١٩.

٢٥– جون ديوي، <u>المنطق</u>"<u>نظرية البحث</u>" ، ط(١) ترجمة زكي نجيب محمود، دار المعارف بمصر- القاهرة، - نيويورك، ١٩٦٠، ص ١٧- ٢٠.

٢٦- الجيوشي، فاطمة، **مرجع سابق**، ص ١٢٠-١٢١.

٢٧- شفشق، محمود عبد الرزاق، **مرجع سابق**، ص ٣٨٤.

٢٨- أحمد ، عبد السميع سيد، **دراسات في علم الاجتماع التربوي**، ط(١)، دار المعرفة الجامعية، الاسكندرية، ١٩٩٣، ص ٢٣٣-٢٣٥.

٢٩- نيلر، جورج ف. ، **مرجع سابق**، ص ١٧-١٩.

٣٠- صوميلسون، وليم ج. ، **مقدمة في فلسفة التربية**، ط(١)، دار الفرقان، ترجمة ماجد عرسان الكيلاني، ١٩٩٨، ص ١٩-٢١.

٣١- **المرجع السابق**، ص ٢٥.

٣٢- الرشدان، عبد الله وجعنيني، نعيم، **مرجع سابق**، ص ٦٩.

٣٣- ديوي، جون، **الديمقراطية والتربية**، ط(١)، ترجمة متّى عقرباوي وميخائيل زكريا، مطبعة لجنة التأليف والترجمة والنشر، ١٩٥٠، ص ٣٤٠-٣٤١.

٣٤- فينكس، فيليب، **فلسفة التربية**، ط(١) ، ترجمة محمد لبيب النجيحي ، دار النهضة العربية، ١٩٦٥، ص ٣٩.

٣٥- الجيوشي، فاطمة، **مرجع سابق**، ص ١٢٤.

٣٦- **المرجع السابق**، ص ١٢٢-١٢٣.

٣٧- صوميلسون، **مرجع سابق**، ص ٤٢-٤٣.

٣٨- الجيوشي، فاطمة، **مرجع سابق**، ص ١٢٧.

٣٩- الرشدان، عبد الله وجعنيني، نعيم، **مرجع سابق**، ص ٦٩.

٤٠- الجيوشي ، فاطمة، **مرجع سابق**، ص ١٢٥.

٤١- الرشدان، عبد الله وجعنيني، نعيم، **مرجع سابق**، ص ٦٩.

٤٢- صوميلسون، **مرجع سابق**، ص ٥٢.

٤٣ – مرسي، محمد منير، **مرجع سابق**، ص ٢٨٣.

٤٤ – ناصر، إبراهيم،**أسس التربية**، ط(٤)، دار عمار ، عمان، ١٩٩٩،ص٩٢.

٤٥ – مرسي، محمد منير، **مرجع سابق**، ص ٢٨٤.

٤٦ – ناصر، إبراهيم،**مرجع سابق**، ص ٩٢-٩٣.

٤٧ – مرسي، محمد منير، **مرجع سابق**، ص ٢٨٤-٢٨٥.

٤٨ – المرجع السابق، ص ٢٨٥.

٤٩ – المرجع السابق، ص ٢٠٠.

٥٠ – الرشدان، عبد الله وجعنيني، نعيم، **مرجع سابق**، ص ٧١.

٥١ – مرسي، محمد منير، **مرجع سابق**، ص ٣٠١.

٥٢ – قورة، حسين سليمان، **الأصول التربوية في بناء المناهج**، ط(١)، دار المعارف بمصر، القاهرة، ١٩٧٧، ص ٢٠٣-٢٠٤.

٥٣ – مرسي، محمد منير، **مرجع سابق**، ص ٣٠٢.

٥٤ – فرحـان ،محمـد جلوب،دراسـات في فلسـفة التربيـة ،وزارة التعليـم العـالي والبحـث العلمي،جامعـة الموصل،١٩٨٩،وايضا مرسي محمد منير،مرجع سابق.

٥٥ – مرسي،محمد منير مرجع سابق،ص ٢٧٢-٢٧٣

٥٦ – المرجع السابق ص٢٧٥. وايضا فرحان محمد جلوب ،مرجع سابق ص ١٦٦.

# الفصل السابع

# الفلسفة الوجودية والتربية

- مرتكزات الفلسفة الوجودية
- مبادئ الفلسفة الوجودية

# الفصل السابع
# الفلسفة الوجودية والتربية

**مقدمة:**

**تعتبر** الفلسفة الوجودية " **Existentialism** " لوناً من ألوان المذهب الحسي- إذ تنكر المعاني الكلية، وتغالي في عدم إقامة وزن لوجود الشبه حتى بين أفراد النوع الواحد، وهي من أحدث الاتجاهات الفلسفية التي جاءت كثورة عنيفة ضد الفلسفات التقليدية في كل صورها والتي نظرت إلى الإنسان مجرداً بعيداً عن أرض الواقع، في حين ارتدت الوجودية إلى الإنسان المشخص ومواقفه الواقعية التي تربطه بزمانه، وكافة أحواله واعتبرته مبدأ الحقيقة. انها تجربة حياة تنطلق من الوجود الفعلي للإنسان معتبرة أن وجوده سابق على ماهيته.ويرى بعض المفكرين ان الوجودية ليست مذهبا فلسفيا بل اتجاها يتشعب شعبا عديدة متباينة، ففيها اتجاهات فكرية حرة طليقة من كل المعتقدات الموروثة ويمثلها "هيدجر"وأيضا "جان بول سارتر"واتجاهات مقيدة تشد نفسها الى عقيدة ويمثلها "كارل يسبرز"وأيضا "مارسيل"،وكلا الاتجاهين يعترفان" بكير كجارد"بوصفه الأب الروحي للوجودية بجميع اتجاهاتها(١).

**ورفضت** هذه الفلسفة النظرة التقليدية للفلسفة على أنها يجب أن تكون محايدة وترى أن من مهامها تكوين العقل المستنير بالعاطفة، وتؤمن بأن الكون ليس له من معنى بمعزل عن الإنسان فهو ليس مجرد حدوث أو إمكان شيء اتفق على أنه هناك (٢).

لقد كانت الوجودية مرحلة هامة من مراحل الحوار بين اللاعقلانية والعقلانية في تاريخ الفكر الأوروبي المعاصر، وجاءت كثورة على العلم والاستعاضة عنه بالانفعال والعاطفة ووضع الخبرات العاطفية مكان الخبرات العقلية.

**والوجودية** لغة مأخوذة من كلمة وجود الذي هو ضد العدم ذهنياً وخارجياً، وانتقل اللفظ إلى اللغـات الأوروبية من أصله اللاتيني الذي يعني الخروج من الشيء والبقاء في العالم. وكلمة وجود في اللاتينية تعني "Existentia". ويشكل الوجود أهم مفاهيم هذه الفلسفة ومقصود به الوجود الـداخلي للإنسـان. وتعنـي كلمة وجود في اللغة العربية الحضور [٣] ، ومن الصعب وضع تعريف لها لما اتسمت به من اختلافات بـين مفكريها،كما ان هذه الاختلافات امتـدت الى التسمية فبعضـهم يتقبـل لقـب فيلسوف وجودي، في حين هـاجم البعض الآخرمنهم كلمة فلسفة وجودية،ويوافق "مارسيل"عـلى ان يـدعى بفيلسوف وجودي مسيحي.

**وعلى** الرغم من ظهور الوجودية وتكوين كيانها الفلسفي في العصر الحديث، إلا أنها بدأت تأخذ مكانها في الفكر الأوروبي الحديث في فرنسا وألمانيا بعد الحرب العالمية الأولى مـع أنّ جـذورها عميقة في التـاريخ البشري . ففي الفلسفة اليونانية القديمة نجد "سقراط" لم يفصل بين تفكيره ووجوده كواقـع ذاتي، وعبارتـه المحفورة في معبد دلف خير شاهد على ذلك والتي تقول "اعرف نفسك بنفسك" [٤].

**وفي** العصور الوسطى نظر الفلاسفة إلى الوجود الإنساني ومشاكله نظرة شبيهة بالوجودية المتأخرة. ولاحقاً كان لهيجل تأثير كبير على بروز الوجودية في العالم وخاصة في مفاهيمه التي تميل إلى إقرار الحرية وتمكين الفردية على حساب المجموع.

**وفي** العصور الحديثة لم يستخدم فلاسفتها لفظ الوجودية إلا في فترة متأخرة عندما أقرّوا أسبقية الوجود على الماهية، مما ساعد على ظهور لفظة " الوجودية "، وبدأت تطفو على سطح المعارف الفلسفية ، وكان أول من استعملها في مضمون

فلسفي هو الفيلسوف الدانماركي كيركجارد (١٨١٣-١٨٥٥م) وهو أحد دعاة الوجودية المسيحية [٥]، الذي اتبع في افكاره عزل الانسان عن العالم،وحاول في معظم مؤلفاته اثبات وجود الحرية عـن طريـق اثباته لوجود الصيرورة ،واعتبر الاختيار عبارة عن الاداة التي تستخدمها الحرية في التعبير عن نفسها.

لقد نشأت الوجودية الجديدة احتجاجاً على الإسراف في النواحي العقليـة، إذ أنهـا تنفـر مـن المذهبيـة وتركز على وصف الظواهر النفسية، وتحدد قيمة المعرفة انطلاقاً لما يبدو مـن قيمـة حيويـة في ظـواهر الشعور الخالصة من الانفعالات والآراء المكتسبة من المجتمع. ويتفق الوجوديـون المعـاصرون عـلى هـذا النهج إلا أنهم يختلفون في : النظرة إلى المعرفة، والنظرة إلى الإنسان:

١- **النظرة إلى المعرفة**: يأخذ بعضهم بالتصورية فلا يضع فرقاً بين العالم الخـارجي والعـالم الـداخلي انطلاقـاً من إيمانهم بأن كل ظاهرة طبيعية هي في الوقت نفسه ظاهرة نفسية ، ووجودها قائم مـن كونهـا حالة نفسية. بينما يحاول البعض الآخر تبرير موضوعية المعرفة. والطرفان يبدأن بالإيمان.

٢- **النظرة إلى الإنسان** : ينظر البعض إلى أن عظمـة الإنسـان متمثلـة في عقلـه وطموحـه إلى المثـل الأعـلى، فينتهي إلى الإيمان، بينما يرى البعض الآخر أن الإنسان كائن حقير لأنه يتبع أهواءه ورذائله وأمراضـه الجسمية والنفسية، فينتهي إلى الإلحاد.

**ومن** خلال تحليل مضمون الفكر الفلسفي الوجودي المعاصر يجد المحلل أنه ينقسم إلى اتجاهين: اتجاه وجودي مؤمن. واتجاه وجودي ملحد.

**أولاً: الوجودية الدينية (المؤمنة):**

**ومن** أبرز ممثليها كيركجارد (١٨١٣-١٨٥٥م) الفيلسوف الدانماركي الذي يدعى بالاب الروحي للوجودية بكل اتجاهاتها." وكارل ياسبرز" وايضا "جبريل

مارسيل" (١٨٨٩-١٩٧٣م) و"بوبر". وينطلق الفكر الوجودي المؤمن من الإيمان بوجود خالق لهذا الكون ، وسوف تقدم هنا لمحة وجيزة عن كيركجارد الذي كان فيلسوفاً مثالياً ومن أنصار الوجودية المعاصرة، فكان أول من استعمل كلمة وجودية بالمعنى الفلسفي، وهو من دعاة الوجودية المسيحية، ويعتبر في كتاباته أن الفرد الموجود هو الإنسان الذي عنده علاقة لا نهائية مع نفسه ويهتم بمصيره ويشعر بأنه يجمع كلاً من النهائي واللانهائي. وتأثر بفكره عدد كبير من الفلاسفة الوجوديين لما احتواه فكره من الأمور التالية [٦] :

١- **النظر** إلى المشاكل ومعالجتها داخلياً بدلاً من الاقتصار على معالجتها من الخارج.

٢- **دعوته** إلى الفردية واحترام القيم الإنسانية الخالصة.

٣- **التركيز** على التجارب الحية كموضوعات للتفسير بدلاً من الاقتصار على التصورات العقلية المجردة.

٤- **إعطاء** أهمية لتحليل المعاني الأساسية للوجود الإنساني من خوف وقلق وخطيئة وفناء، وحرية أساسية لا يمكن استلابها.

٥- **تمجيد** الانفعالات إلى جانب العقل بل وفوق العقل لأن الوجدان أقدر على الحياة من العقل الذي يتأمل الحياة تأملاً خارجياً ولا يعيشها من داخلها.

**ويؤكد** "كيركجارد" أن العقيدة مطلقة والإيمان بها قاطع ، وليس من الواجب التنقيب عن أدلة على وجود الله، فإنكار وجوده يعتبر إهانة، وإن أشد إهانة أن يحاول الإنسان إثبات وجوده تحت سمعه وبصره [٧] .

**وقد** "هاجم كيركجارد الفيلسوف هيجل" الذي ركّز في فلسفته على وجود الجماعة مهملاً وجود الفرد، في حين أن كيركجارد أكد أهمية الفردية في عصر فقدت فيه هذه الفردية معناها، فالإنسان عنده ليس عضواً في جماعة بقدر ما هو

شخص له وجود ينبغي أن يسعى لمعرفته وأن يختار قيمه ويحقق ذاتيته وحريته الشخصية [٨]. واهتداء الإنسان إلى وجود نفسه يتم عن طريق الصدفة العاطفية القوية أو عن طريق يقظة الضمير ، بعكس "سارتر" الذي يعتبر وجود الإنسان لذاته يتم من خلال إطلاق العنان للرغبات والشهوات ويفعل ما يشاء دون تقليد أو عرف أو دين.

**ثانياً : الوجودية الملحدة:**

يتمثل هذا الفكر في أعمال مارتين هيدجر (١٨٨٩-١٩٧٦م) ففي كتابه: الوجود والزمان(١٩٢٧م) يرى أن الإنسان لا يستطيع فهم الوجود إلا عن طريق وجوده، وأن وجود المجتمعات البشرية زيف لأن الإنسان فقد حريته وإنسانيته فيها، ولكي يكون وجود الإنسان أصيلاً ينبغي أن يعود لذاته ويتحمل مسؤولية وجوده، وهنا يبدأ الشعور بالقلق ، وينكر وجود الله ويعترف بوجود وحيد يرتبط به الإنسان وهو الوجود الإنساني [٩].

**وكذلك** يمثل هذا الفكر ما كتبه البيركامو (١٩١٣-١٩٦٠م) وجان بول سارتر (١٩٠٥-١٩٨٠م) الذي كان له تأثير كبير على تطور الوجودية، فجذبت اهتمام الناس بعد الحرب العالمية الثانية نتيجة القلق الذي ساد العالم من جراء هذه الحرب. وسوف يركز في هذا المجال على الفيلسوف الوجودي جان بول سارتر. .

**جان بول سارتر Jean Paul Sartre ( ١٩٠٥-١٩٨٠م) :**

**فيلسوف** وجودي فرنسي، أديب وشخصية اجتماعية. ولد في مدينة باريس وبدأ دراسته في مدينة " لاروشيل " وأكمل دراسته في جامعة السوربون، وحصل على الدكتوراه في الفلسفة عام (١٩٢٩م)، ثم عيّن أستاذاً للفلسفة في مدينة " لان " [١٠] وعند اندلاع الحرب العالمية الثانية انضم للجيش الفرنسي- ثم إلى المقاومة الفرنسية السرية.

**نشر** مؤلفه الأول رواية " الغثيان " عام (١٩٣٨م) ورواية " الجدار " (١٩٣٩م) واتبعها بمجموعة قصص تحت عنوان: " الحائط " ثم " المتخيل " (١٩٤٢م) ، و "الوجود والعدم " (١٩٤٣م) ومسرحيتان وهما: " الذباب" التي أعلن أنها نقطة تحول جذري في عالم التراجيديا فلم تعد المأساة قائمة على علاقة الإنسان بالآلهة والقدر, بل أصبحت تعبر عن فكرة وجود وحرية البشر . ومسرحية " الباب المغلق". وأصبحت آراؤه وأفكاره واسعة الانتشار في مختلف بقاع العالم ، ولكنها لم تجد صدىً واسعاً في العالم العربي (يعتبر سهيل إدريس من الوجوديين العرب). لقد أصبح "سارتر" زعيماً للوجودية الملحدة حتى أن اتباعه اعتبروه مؤسساً للوجودية. ومن مؤلفاته أيضاً " نقد العقل الديالكتيكي "، وترجمت مؤلفاته إلى عدة لغات، وكان يبغض الاستعمار وآمن بتحرير الجزائر، ومن المعروف أنه رفض جائزة نوبل التي قدمت إليه [١١] .

**ويعتبر** "سارتر" أول من فرّق في الفلسفة الوجودية بين الإنسان وماهيته حيث بين "أن وجود الإنسان سابق على ماهيته " فالإنسان هو الذي يخلق ماهيته(جوهره) من خلال وجوده وأفعاله ،ولكي يتمكن من ذلك لا بدّ من تمتعه بالحرية الكاملة[١٢]. وهو يعارض فكرة التسليم بوجود قوّة خارجة عن الإنسان تسيره وتسيطر على مستقبله، فكان يفكر بطريقة خاصة وخالية من كل عقيدة دينية، إذ لم يضع نصب عينيه سوى الإنسان الذي ظل أمامه بمثابة لغز أراد أن يصل إلى حله بفلسفته الشخصية وعقائده الخاصة [١٣] .

**لقد** نظر "سارتر" إلى الإنسان على أنه عبارة عن مشروع يصنعه بنفسه ، فما الإنسان إلا ما يصنعه نفسه، وما يريده نفسه، وما يتصوره نفسه عن الوجود, ومن هذا التصور كان يريد إنقاذ الحرية من الجبرية، فيصف الوجودية بأنها مذهب تفاؤل لأنها تضع مصير الإنسان بين يديه فتجعل الحياة الإنسانية ممكنة [١٤].لقد

اعتبر الوجودية نزعة انسانية ،فهو يرى ان الحقيقة واي فعل اخر يستلزمان وسطا وذاتا انسانية.

**وحين** كان شباب فرنسا ومثقفوها يرتادون مجلس " سارتر " و "سيمون دو بوفوار " لم يحاولا سارتر وسيمون قط أن يمارسا دور الأساتذة الكبار عليهم, وإنما كانا ينظران إليهم على أنهم هم الممثلون الحقيقيون لعصرهم متحاشيين التوجيه وجهة معينة بالذات، وإنما مساعدة الشباب على التعبير عن أنفسهم في الصورة التي يختارونها لأنفسهم اعتقاداً من "سارتر" و"سيمون" أنها أفضل وسيلة لمساعدتهم على تحقيق حريتهم.

ويربط "سارتر" بين الحرية والالتزام، فمن خلال أعماله الروائية يمكن القول إن الحرية والمسؤولية أو الالتزام الإنساني تمثل المواقف الأساسية في أعماله التي امتدت بين أعوام (١٩٣٨-١٩٤٨م). لقد آمن بحرية الإنسان أراد أم لم يرد، وبهذا تحددت ماهيته وهو مسؤول عنها بحكم وجوده وله القدرة على الاختيار واتخاذ القرار ، الذي هو عبارة عن عملية اختيار لبديل من البدائل المفروضة، ولا يوجد حد نهائي للاختيار ولا نهاية لاستخدام الحرية فهي عبارة عن امتحان مستمر ولا تتحقق وتعطي معناها الكامل إلا بالالتزام والمسئوولية [١٥] . إلا أنه ربط القيم والمثل العليا بحرية الفرد المتغيرة معتبراً الحرية أساس القيم. إن فلسفته تقوم في جوهرها على الحرية ، كما أن مفهوم الذات ، يعتبر أحد المحاور الرئيسية لفلسفته وللفكر الوجودي.

**وبعد** الحرب العالمية الثانية أضاف إلى رؤيته الوجودية بعدين هما : البعد الاجتماعي، والبعد التاريخي مستفيداً من التيارات الماركسية بعد دمجها ببعض وممارسات التحليل النفسي، فأصبحت الماركسية عنده تحتل الأفق الاجتماعي والتاريخي ولكن بعد تعديلها وتطويرها بحيث تتلاءم مع مفاهيمه الخاصة عن المشروع ومنهجه التطوري أو الارتدادي والذي يقوم على دمج الرؤية المستقبلية

بمؤثرات الماضي في تفسير مكونات العمل الفني [١٦] . وبغض النظر عن اختلاف الآراء حول أعماله فليس من شك في أنه نجح كمفكر وكاتب في فرض فلسفته وآرائه على الفكر العالمي حيث أصبحت أعماله جزءاً من التراث الفكري الإنساني.

**مرتكزات الفلسفة الوجودية:**

**تنطلق** الوجودية من الإنسان معتبرة إيّاه الكائن الوحيد الذي يعي وجوده، لذلك فهي فلسفة إنسانية. ويرتكز الفكر الوجودي على مرتكزات أساسية تحدد مقولات هذا الفكر ومبادئه الأساسية ، ولعل من أهم هذه المنطلقات:

**١- أسبقية الوجود على الماهية:**

ترى أن وجود الإنسان يحدد ماهيته (جوهره) فعلى الإنسان خلق نفسه ، وأن يخلق طبيعته أي يخلق ماهيته، لأنها لا تكون معطاة له منذ البداية، ويعتبر الوجود الإنساني الأساس المشترك ، والمشكلة الكبرى لكل الوجوديين، انطلاقاً من أن الإنسان يتناول وجوده بعقله ويديه وأعماله، فيشكل نفسه بنفسه ويستخلص جوهره، فهو في حالة انتقال دائم من حالة إلى حالة جديدة، من حالة الإمكان إلى الفعل، وهذا هو جوهر التحول الإنساني الفاعل.

**٢- الاختيار:**

**إن** الانتقال الذي يوضح الوجود هو الانتقال الذي يكون مبنياً على أساس حرية الاختيار، ولذلك فالكائن الموجود هو الذي يختار مصيره طواعية دون إكراه ، وهو الكائن الذي تتمثل فيه صفة الوجود الحقيقية، فالإنسان الحر هو الإنسان المسؤول عن عمله فنحن نقرر ماذا نكون، لأن الإنسان عبارة عن مشروع يختاره بنفسه ويشكله بنفسه وبحريته،وقد رأى "كير كجارد"ان الوجود هو الحرية،فالوجود هو الاختيار"وان توجد هو ان تختار"(١٧).ومن هنا لا بدّ من التطرق إلى الحرية الوجودية.

**٣- الحرية عند الوجوديين:**

**لقد** جعل الوجوديون لقضية الحرية النصيب الأكبر من تفكيرهم ، فلا وجود حقيقي دون توفر الحرية ،والفعل هو التعبير عن الحرية، فالحرية هي الحقيقة الإنسانية الملازمة للإنسان فهو حر في اختيار ماذا يكون، هل يكون تاجراً أو معلماً أو لصاً، مؤمناً أو ملحداً، ولا بدّ من أن يتمتع بها كل إنسان لا فرد بعينه أو مجموعة من الأفراد دون غيرهم، وتكون مرتبطة بحرية الآخرين، وإذا حاول الإنسان الاعتداء على حرية أي إنسان آخر فإنه يساهم بذلك في هدم حريته وبهذا وحد بين وجود الانسان وحريته. و يقول "سارتر" في هذا الشأن": إن الإنسان الذي يظلم الآخرين ليس حراً لأنه يخلق جواً من الظلم يحيط به ذاته ، لذلك سوف يفقد حريته" [١٨] . والحرية عند الوجودية حرية تامة غير مقيدة الا انها مرتبطة بالضرورة ولا معنى لها الا في ضوء ارتباطها بها وهي أساس القيم.وفكرة الحرية فكرة اساسية في الفلسفة الوجودية آمن بها جميعهم، وجميع أفكارهم الأساسية تقوم على فكرة الحرية ،فالقول بالقلق والمخاطرة و المسؤولية والعدم تقوم جميعها على الحرية وتنجم عنها ،كما ان الفكرة الرئيسية في الوجودية وهي القول بأسبقية الوجود على الماهية تقوم على اساس فكرة الحرية.وبما ان الحرية الوجودية ، كما يتبين من كتابات مفكريها مرتبطة بالضرورة والالزام لذلك تفترض الخضوع للقانون.وتتضح هذه الحرية بصورة اوضح في فعل الاختيارلأنه التعبير عن الحرية، فالاختيار الوجودي بهذا المعنى هو اختيار للذات،لذلك من هذا المنطلق يعتبر الانسان مسؤولا عن افعاله لأنه هو الذي اختارها.

**٤- القلق عند الوجوديين:**

**يختلف** مفهوم القلق عند الوجوديين، فالوجودية المؤمنة لا ترى أن القلق يؤدي إلى اليأس والتشاؤم ، بل أن سببه تأكيد الإنسان على تحقيق ذاته وتحقيق حريته من خلال الاختيار الفاعل، وهو شعور ملازم باستمرار للإنسان تلقائياً ما دام الإنسان

في بحث مستمر عن ذاته وحريته، فالإنسان يعيش دائماً في حالة من القلق على عكس ما يراه الفلاسفة من أن القلق يزول بزوال أسبابه.

**أما** الوجوديون الملحدون فيرون في حالة القلق وجود الإحساس باليأس والإحباط نتيجة الخوف من نتائج عملية الاختيار حسب المفهوم السارتري، حيث وجهت سهام النقد إلى مفهوم القلق عند سارتر انطلاقاً من عدم وجود سلطة تفرض اختياراً معيناً على الإنسان، فلماذا يخاف الإنسان من الخطأ في الاختيار ما دام هو المسؤول عن عملية الاختيار، وهو الذي يصنع ماهيته،فعليه أن يرضى بما اختار ومن ثم ليس من المفروض أن يعيش حالة من القلق.

## ٥- العبث الوجودي:

**تعتبر** العبثية الفكرة المشتركة بين كل الوجوديين، إلا أن الفيلسوف والأديب البيركامو( ١٩١٣-١٩٦٠م) خير من مثل النزعة العبثية، فالعبث كما يراه عبارة عن عقدة مستحيلة يعانيها الإنسان في أعماق نفسه. وترى الوجودية أن مشكلة العبث ناتجة عن إدراك الإنسان لعدم وجود معنى وقيمة للحياة فيشعر بالغربة نتيجة هذا الإحساس ويرفض " كامو " الاستسلام للعبث والمطالبة بالتمرد والعصيان على الحالات التي تؤدي إلى العبث لدفع الناس إلى الثورة، ولكن " كامو " يعترف أنهما عبارة عن مسكن للآلام وقال: " إنه أيسر للإنسان أن يموت في متناقضاته من أن يحياها" [١٩]

**ويؤكد** سارتر أن العبث لا يأتي من الصراع الأبدي بين الوجود والعدم بل يأتي من عدم اللزوم في الحياة الذي يعبر عنه الإنسان بشعور في الزيادة على الوجود الإنساني إذ يقول: " إن كل إنسان يولد من غير سبب ويعيش بدافع الضعف ويموت بالمصادفة " [٢٠]

**وبناءً** على هذه المرتكزات فإنه من الأهمية بمكان التطرق إلى أهم مبادئ هذه الفلسفة :

**مبادئ الفلسفة الوجودية:**

**تشكل** الفردية أساس الفلسفة الوجودية ، أي الانطلاق من الفرد المنطوي على ذاته الذي يملك القوة وهو المسؤول عن استعمالها، والقوة يجب أن تستعمل في إنجاز أصالة الفرد وتلبية أموره، إلا أنها لا تنكر أن الإنسان كائن اجتماعي لا يستطيع أن يعيش إلا بين الناس، ولكنها تنظر إلى المجتمع على أنه قوة تضغط على الفرد وتسلبه وجوده وحريته، وتجعله أسيراً لعادات ومعتقدات معينة ، فحياة الإنسان في المجتمع إذاً هي غير أصيلة ولكنها مجرد وجود سطحي، ويمكن فهم الإنسان من خلال وجوده وما يصنعه في نفسه وما يختار أن يكون عليه من خلال تفاعله مع الحياة، وأن كل من يريد فهم طبيعة الإنسان عليه أن يبدأ بفهم وجوده ومعناه. والإنسان يتكون من جسم وعقل ووعي ويتفاعل مع كل معطيات الحياة في سبيل تحقيق ماهيته وشخصيته الإنسانية. إن السؤال الأول في نظرها هو ما معنى "الأنا ؟"وأن الانسان حر في تحديده لهذا المعنى، وهو قادر على اختيار ما سيكون عليه لأنه إنسان حر [٢١] لقد أولت هذه الفلسفة الإنسان جل اهتمامها وعظّمت من شأنه على حساب المجتمع. وفيما يتعلق بطبيعة العالم والحقيقة فإنها تؤمن بأن عالمنا متغير ومليء بالمتناقضات وأن الحياة الحقيقية فيه هي في اتخاذ كل إنسان القرارات التي يقتنع بها بدلاً من أن تكون مفروضة عليه، وفي مفهومها للعالم تتمرد على التيار الفكري الممتد من ديكارت إلى هيغل والذي ينفي وجود الشيء في ذاته .

**أما** طبيعة القيم فإنها ترى أن الإنسان هو المسؤول الأول عن اختيار قيمه فجاءت كثورة على قيم الإنسان الحديث، وتؤمن بتنوع القيم لأنها مسألة شخصية، فالشخص حر في اختيار المعيار لمنظومته الأخلاقية، فالمعايير عندها مرتبطة

بالإنسان وليس بالحياة الاجتماعية، فالإنسان هو الشخص القادر على اختيار ما يريد دون أن يعيقه معوق ما، ومن خلال هذا الاختيار الحر يحقق الشخص وجوده بأقصى ما يستطيع.

**إن الأخلاق** الوجودية تقوم على الاعتراف بأولوية ضمير المتكلم, فالفرد هو الذي يحكم على أفعاله وهو المسؤول عن نتائجها، وتدعو إلى تأسيس السلوك على الحرية الشخصية التي هي ليست حقيقة جاهزة أو معطى من معطيات الحس، بل هي كسب يحصّل كل يوم، فالحرية هي " الذات المجاهدة " التي تجد نفسها فريسة لنفسها وللعالم. ومعنى هذا أنه إذا أراد الإنسان أن يكون حراً فعليه السعي جاهداً دائماً في سبيل الانتقال من " مملكة الطبيعة " إلى "مملكة الأخلاق " وهذه الصيرورة الخالصة هي التي تخلع على الوجود الإنساني معنىً ، ولعل هذا ما أرادت " سيمون دوبوفوار " أن تعبر عنه حينما كتبت تقول: " إن الحرية لتبدو لنا دائماً على صورة حركة تحرر ، فالإنسان حينما يريد أن يحقق لوجوده النجاة فهو وحده القادر على ذلك من خلال السمو بما لديه من تلقائية أصيلة إلى مستوى الحرية الأخلاقية، ويتخذ من نفسه غاية يعمل على الكشف عمّا تنطوي عليه من مضمون خاص فريد في نوعه" [٢٢] .

## التطبيقات التربوية:

### الفلسفة الوجودية والتربية:

**إن** التربية في ضوء هذه الفلسفة لم تتعد الجهد النظري الخالص، أي أنها لم تطبق في أي مكان في العالم كما أنها لم تقترح برنامجاً تربوياً محدداً كما فعلت الفلسفات التربوية الأخرى. ولكن هناك ملامح بارزة للأفكار التربوية التي آمنت بها من خلال آراء فلاسفتها الذين نادوا بنظام تربوي يطور الشخصية من جميع

جوانبها، ويعطي للمتعلم الحرية الكاملة في اكتشاف واختيار حقول المعرفة المتعددة.

لقد اقترح فان "Van" عدة أساسيات للتربية في ضوء الفلسفة الوجودية تتمثل فيما يلي[٢٣]:

١- **إعطاء** الحرية التامة للفرد في اختيار المادة التعليمية وأسلوب تدريسها.

٢- **يجب** أن تركز العملية التربوية على حاجات الفرد وأهدافه.

٣- **يجب** أن يتدرب الفرد من خلال العملية التربوية على تحمل مسؤولياته تجاه نفسه, وتنمية قدرته على اتخاذ القرارات الضرورية المناسبة في الظروف المختلفة.

٤- **يشمل** دور المعلم في العملية التعليمية - التعلمية  إثارة حوافز التلاميذ نحو التعليم وتشجيعهم على الإبداع.

٥- **الدور** الأول والأخير للمدرسة يتمثل في تهيئة الأجواء العملية والتربوية المناسبة للفرد.

٦- **يجب** أن تنعكس المعلومات والخبرات والمهارات التي تتضمنها البرامج التربوية في سلوكيات الفرد واتجاهاته.

**وهذا** كله من أجل تدريب المتعلم على النظام والنقد والقدرة على الإنتاج، فكل شيء خاضع للمناقشة والتحليل، وبهذا يصل المتعلم إلى بلوغ الحقيقة من خلال توفير الجو الحر له، والذي فيه يختار أفعاله ويتحمل نتائجها، وأن لا يعتبرها نهائية وغير قابلة للتغير، فالمستقبل ملكه ويستطيع صنعه حسب اختياره وله القدرة على اكتشاف العالم بنفسه، وأن يصبح صادقاً مع نفسه.

**إن** التأكيد على الحرية الحقيقية هو الرسالة التي يقدمها الوجوديون لفلسفة التربية. لقد شكلت الوجودية اتجاهاً ضد شكلية التعليم ونمطية المدارس، فقد رأت أن تطابق المدارس والتعلم الجماعي اليوم هو آفة التعليم ، فالتربية عندها ليست

عملية الحياة أو الإعداد للحياة حسب النظرة البراجماتية ، بل هي تحقيق الذات للفرد ليكون ما يريد لا ما يريده المجتمع، فترى أن الجماعة قد تصيب الإنسان بالكثير من الأمراض النفسية ولا تشجع على نمو الفردية الحرة المبدعة. إذاً مهمة التربية هي إيجاد الجو الحر للمتعلم لتحقيق ذاتيته ، وأن يعي فكرة الموت، وعلى المدرسة ألا تحذف فكرة الموت باعتباره شيئاً غير مناسب للصغار، فهذه الفكرة هي التي تجعل الطفل على وعي بقيمة الحياة وتعلمه أنه من الممكن دفع ثمن غال لميزة البقاء على قيد الحياة، وأن الموت من أجل مثل أعلى أفضل من الحياة، فالمدرس عليه أن يوضح لتلاميذه الوعي بحتمية الموت ، بل واستحسانه في بعض الظروف، لأن هذا يدفع الطالب ليسأل نفسه من أنا ؟ ولماذا أعيش؟ وما الهدف من حياتي؟ وبهذا يعيش التجربة الوجودية [٢٤].

**أما** بالنسبة لنظام التعليم فترى أن عليه أن يسمح بقدر أكبر من التنوع في طرائقه وفي تنظيمه ، حتى يكيف نفسه لتشكيلة كبيرة غير محددة من الطبائع البشرية, على الرغم من أنها تنتقد وجود نظام تعليمي، وتنتقد أيضاً الميل الشائع نحو تعليم الأطفال في مجموعات أو في نظام فرق دراسية وليس كأفراد، لأن هذا ميل إلى النمطية وليس إلى مراعاة التفاوت والمعالجة الفردية لكل فرد على حده[٢٥]. وتعطي الوجودية أهمية للتربية المنزلية وتأكيد أهمية الفن والموسيقى والرسم لأنها ترتبط بالإحساس والمشاعر.

**أما بالنسبة للمناهج الدراسية** فمن الصعب الإحاطة بمفهوم المناهج التي يراها الوجودي لأنه يسمح بتعليم أي موضوع يهتم به المتعلم اهتماماً جاداً, لذلك ترى ضرورة بناء المناهج انطلاقاً من الصفات الشخصية لا الصفات الاجتماعية للإنسان، ومن الضروري أن تشتمل المناهج على خبرات شاملة لمظاهر الحياة المتعددة التي تهم المتعلم وتساعده في الكشف عن ذاته ولها علاقة بمجال اهتماماته، وتسهم في بناء شخصيته ، ولا تلك الجوانب المتعلقة بالتراث أو الإسهام في حل

المشاكل الاجتماعية. فمن هذا المنظور ينبغي اشتمال المناهج على العلوم الإنسانية والتاريخ والأدب والفن والعلوم الاجتماعية التي تساعد المتعلم على فهم علاقته بالجماعة والمجتمع، وأيضاً لا بدّ من جعل مظاهر الطبيعة جزءاً من المنهج حتى يسعى المتعلم لإنشاء علاقات مباشرة مع الطبيعة، مما يساعد هذا على فهم ذاته، فالمنهاج يجب أن لا يكون غاية في ذاته بل وسيلة لإعداد الطالب لعمل ما، من خلال تنمية ذاتيته وتحقيقها، فبدلاً من إخضاع الطالب للمادة الدراسية يجب أن تكون المادة في خدمة المتعلم لتحقيق ذاته كما يريدها، فهو الذي يتخذ القرار فيما يدرسه وهو الذي يخضع المادة الدراسية للمناقشة والتحليل، وقد تستخدم المقالات والنشرات لمساعدة المتعلمين على تفسير المشاكل الخلقية التي يتعرض لها المجتمع[٢٦] .

**وفيما يتعلق بطرق التدريس** : تهتم الوجودية بالطرق السقراطية في التدريس باعتبارها أنسب الطرق لما تحتويه من استقراء وفهم الإنسان لنفسه باعتمادها على الحوار والتفاعل، وترفض طريقة حل المشكلات التي نادت بها الفلسفة البراجماتية، لأن اختيار المشكلة مسألة تهم المتعلم لا بصفته فرداً بل بصفته كائناً اجتماعياً، وتعزل فردية المتعلم وإحساسه الوجداني ومشاعره لتصبح خاضعة لعقل الجماعة وأحكامها. أما في الطريقة السقراطية فإنها تنمي عند المتعلم القدرة على النقد وحرية التعبير والابتكار . وتعطي الوجودية أهمية للّعب، فسارتر مثلاً يفضل قيمة اللّعب على الجدّية، لأن اللعب يفتح المجال للابتكار ، ولا تـــــــــــرى الوجوديـــــــــــة أهمية للعب الجماعي لأنه يخلق المنافسة ، وتصبح قيمته محددة في الكسب أو الخسارة[٢٧] . وترفض الوجودية طرق التدريس القائمة على الحفظ والتلقين وإنتاج الأفراد المتشابهين وكأنهم في مصنع، مؤكدة على الطرق التي تطور شخصية الفرد ككل وتعطيه مطلق الحرية في اكتشاف حقول المعرفة المختلفة من خلال التركيز على الخبرات الذاتية والاعتماد على الاستقراء وعلى فهم الإنسان لنفسه. ولاختلاف

الأشخاص ينبغي أن تتنوع طرق التدريس بما يتناسب مع كل منهم، لذلك ترى الوجودية ضرورة اتصاف طرق التدريس بالحرية مع تركيز كل طريقة على الخبرة الذاتية والمناقشات.

**وفيما يخص المتعلم** فإنها ترى أن وجوده عقلاني وله حرية الاختيار القائمة على المسؤولية المرتبطة بتحقيق أهدافه، لذلك له دور أساسي في اختيار ما يتعلمه وما سوف يمر به من خبرات واختيار مكان التعلم وزمانه وأساليبه، ويتم التقويم باتباع أساليب التقويم الذاتي وأساليب تحقيق الذات.

**أما بالنسبة للمعلم** فوظيفته إثارة ميل المتعلم وذكائه ومشاعره، وتهيئته لاكتشاف العالم، ومعرفة كيفية التعامل، وأن يحافظ على الحرية الأكاديمية ويساعد المتعلم على الاستمرار في التعلم لاكتساب خبرات جديدة من خلال مراعاة الفروق الفردية في الشخصية وفي الاهتمامات، وتجنب إذلال المتعلم، أو جعله موضع السخرية من زملائه، وإذا عوقب فينبغي أن لا يكون العقاب مركزاً حول سلب احترام الطفل إنسانيته، ولا تهتم الوجودية بالامتحانات في ذاتها بقدر الاهتمام بتشجيع المتعلمين على استعمال ما تعلموه من أجل تحقيق ذاتهم وحريتهم، لذا على المعلم أن يدرك أن أهمية المعرفة ليست أكثر من أهمية الإنسان فهي غاية في ذاتها بل هي غاية لتحقيق فردية المتعلم، فمن هذا المنطلق نرى أن على المعلم عند عرض مادة الدرس أن يقدم وجهات نظر متعددة ويتجنب فرض وجهة نظر خاصة، فعليه مناقشة الموضوع ثم عرض أفضل وجهة نظر حسب رأيه ثم يسأل المتعلم عن مدى قبوله تاركاً له الحرية في القبول أو الرفض، مما يشعره بالثقة في معلمه وينشأ الاحترام المتبادل بين المعلم والمتعلم.

**وأخيراً** فمن الأهمية بمكان التأكيد على أن الوجودية رغم تكريمها للإنسان واحترامها لذاتيته إلا أنها عملت على تحرير الإنسان تحريراً مطلقاً من الاحترام والتقدير لأية قيمة أو دعوة مهما كان مصدرها. وفيما يتعلق بالتربية فعلى الرغم

من نجاح بعض التطبيقات التربوية في بعض المدارس على مستوى فردي إلا أننا لا نستطيع التأكيد على نجاح تطبيقاتها التربوية على جميع المدارس وجميع الثقافات.

**إن** تأثير صدى الوجودية على التربية قد أثر جزئياً في بعض البلاد مثل الأخذ بفكرة المدرسة بدون فصول دراسية في المرحلة الابتدائية، أو في توزيع التلاميذ على مستويات في المادة الدراسية الواحدة، والاهتمام بالتدريس الفردي وتشجيع التعلم الذاتي. ولكن كان أثر الاتجاهات الوجودية في التعليم الجامعي أكبر من تأثيرها في التعليم العام، وخاصة في التعلم عن بعد (التعليم المفتوح) والتوسع في نظام الاختيار في المواد الدراسية، والدراسات المستقلة وفتح باب القبول في التعليم الجامعي دون شروط المستوى المحدد بنظام، والإيمان بحرية المتعلم ومسؤوليته فيما يتعلمه، وأصبح من حق الطلبة في بعض الجامعات المشاركة في تحديد محتوى المواد التي يدرسونها والمساهمة في تقييم مدرسيهم [٢٨].

**وقد** وجهت الانتقادات للكثير من هذه الممارسات فيما يتعلق بالمراحل الأولى من التعليم، إذ اعترض بعض النقاد على أن الطفل في هذه المرحلة لم يكتمل نضجه للمشاركة بوعي كامل في اتخاذ القرارات وصنع نفسه، على الرغم من وجهات النظر المطالبة بحرية المتعلم في هذه المرحلة في التعبير عن آرائه. كما أن الوجودية تلقي مسؤوليات كبيرة على إدارة وتنظيم العملية التعليمية-التعلمية حيث ترى أن الفرد بمفرده يشكل نظاماً تعليمياً مما يجعل المدرسة عبارة عن مجموعة أنظمة مما قد يؤدي إلى الفوضى، وتصبح إدارة المدرسة عاجزة عن تحقيق الأهداف المرجوة، ناهيك عما يتطلبه هذا الواقع من توفير إمكانيات كبيرة حتى تسمح لكل فرد في أن يحقق ذاته. كما وجهت الانتقادات إليها من خلال التأكيد على الفردية أكثر من التأكيد على العمل الجماعي.

**وأخيراً** انتقدت في مجال القيم والأخلاق وإنكارها للتراث القديم.

# المراجــع

١- حباتر، سعد عبد العزيز، مشكلة الحرية في الفلسفة الوجودية، ط(١)، مكتبة الانجلو المصرية، القاهرة، ١٩٧٠، ص٣٣

٢- نيلر، جورج ف.، مقدمة إلى فلسفة التربية، ط(١) ترجمة نظمي لوقا، مكتبة الإنجلو المصرية، القاهرة، ١٩٧٧، ص ٧٩.

٣- العشماوي، محمد سعيد، تاريخ الوجودية في الفكر البشري، ط(٤)، دار سينا للنشر، ١٩٩٢، ص ١٩-٢١.

٤- الأحمدي، غازي، الوجودية فلسفة الواقع الإنساني، ط(١)، دار مكتبة الحياة، بيروت، ١٩٦٤، ص ١٦.

٥- الرشدان، عبد الله وجعنيني، نعيم، المدخل إلى التربية والتعليم، الاصدار الخامس، دار الشروق، عمان، ٢٠٠٦، ص ٧٧. وأيضاً الفيومي، محمد إبراهيم، الوجودية (فلسفة الوهم الإنساني)، ط(١)، مكتبة الإنجلو المصرية، ١٩٨٣، ص ٦٣.

٦- بدوي، عبد الرحمن، دراسات في الفلسفة الوجودية، ط(٣)، دار الثقافة، بيروت، ١٩٧٣، ص ٣٢-٣٣.

٧- غلاّب، محمد، الوجودية المؤمنة والوجودية الملحدة من الشرق والغرب، ط(١)، ١٩٦٥، ص ٢٨.

٨- الصايغ، نوال الصوّاف، المرجع في الفكر الفلسفي، ط(١)، دار الفكر العربي، القاهرة، ١٩٨٣، ص ٢٤١-٢٤٢.

٩- المرجع السابق، ص ٢٤٣.

١٠- غالب، مصطفى، **سارتر والوجودية**، ط(١)، مكتبة الهلال، بيروت، ١٩٨٠، ص ١٣-.١٥

١١-غلاّب، محمد **مرجع سابق**، ص ٤٦-٤٧. وأيضاً طرابيشي، جورج، **معجم الفلاسفة**، ط(١)، دار الطليعة للطباعة والنشر، بيروت، ١٩٨٧، ص ٣١٩-.٣٢٠

١٢- بدوي، عبد الرحمن، **مرجع سابق**، ص .٢١٥

١٣- حفيظة، محمد عبد ، **سارتر والأسطورة اليونانية**، عالم الفكر المجلد، ١٢، يوليو-سبتمبر،١٩٨١، مطبعة حكومة الكويت، ص .٤٤٣

١٤- كرم، يوسف، **تاريخ الفلسفة الحديثة**، ط(١) مكتبة الدراسات الفلسفية، دار المعارف بمصر، ١٩٦٢، ص .٤٥٧

١٥- ضحى، محمد عبد العزيز، **الحرية والالتزام في أعمال جان بول سارتر**، ط(١)، عالم الفكر، **مرجع سابق**، ص ٣٦٤.

**١٦- المرجع السابق**، ص ٣٣١-.٣٣٦

١٧- حباتر،مرجع سابق .

١٨- الأحمدي، غازي، **مرجع سابق**، ص .٤٠

**١٩- المرجع السابق**، ص .٤٩

٢٠- غلاّب، محمد، **مرجع سابق**، ص .١٩

٢١- ١الرشدان، عبدالله وجعنيني، نعيم، **مرجع سابق**، ص .٧٨

٢٢- إبراهيم ، زكريا، **مشكلة الفلسفة**، ط(١) مكتبة مصر، القاهرة، بدون تاريخ، ص .١٦٤

٢٣- الحياري ، حسن، **أصول التربية في ضوء المدارس الفكرية**،ط(١)، دار الأمل، إربد، ١٩٩٣، ص ٢٣٥. وأيضاً Van Clere Morris, **Existentialism in Education** : What it means, Harper and Row, New York . ١٩٦٦.

٢٤- بدران، شبل، في أصول التربية، ط(١) دار المعرفة الجامعية، الإسكندرية، ١٩٩٤، ص. ٢٦٥.

٢٥- المرجع السابق، ص ٢٦٧.

٢٦- Ozman and Graver , Philosophical Foundation of Education, 3ed. Columbus, Merrill Publishing Co., p. ٢١٢- ٢١٤ .

٢٧- بدران، شبل. مرجع سابق ، ٢٦٨.

٢٨- المرجع السابق، ص ٢٧١-٢٧٢.

# الفصل الثامن
# الفلسفة الماركسية والتربية

- المادية الماركسية
- الماركسية والمعرفة
- فلسفة التربية الماركسية

# الفصل الثامن
# الفلسفة الماركسية والتربية

**الجذور التاريخية للمادية:**

**إن** الفلاسفة الذين يؤمنون بأن المادة سابقة على الوعي والفكر يدعون الفلاسفة الماديين، والمادة في نظرهم خالدة ، أما الوعي فهو نتاج لتطور المادة التاريخي. أما الفلاسفة الذين يقولون بأن الوعي أو الفكر سابق على الوجود فهم الفلاسفة المثاليون. وتعتبر المادية بأبسط أشكالها وأنواعها خروجاً عن الفلسفات المثالية ونقداً لمناهجها وأهدافها، وتتصدى لثنائياتها لتهدمها [١] . وارتبط ظهورها بظهور العلوم وتطورها فبدأت مع ظهور الفيزيائيين في عصور الإغريق القديمة في القرنين السادس والخامس قبل الميلاد، وكان من أشهر ممثليها " طاليس " و " هيراقليطس " إذ بينا أن التغير سمة الوجود وأن الحركة والتغير موجودان في كل مكان، وأن الأشياء مرتبطة مع بعضها البعض. إلا أن هذه المحاولات القديمة كانت بسيطة ولكنها تطورت لاحقاً وازدهرت بتطور العلوم بدءاً من القرنين الخامس عشر والسادس عشر ومع عصر النهضة وبعدها خاصة في أعمال " فرانسيس بيكون" و "جون لوك " في إنجلترا ، و" ديدرو " في فرنسا، وبعد ذلك ظهرت مادية "فورباخ " في ألمانيا في القرن التاسع عشر، وجاء هذا كله نتيجة تطور العلوم والاكتشافات الكثيرة مما أتاح " لماركس " وإنجلز أن يطوروا المادية الجدلية[٢].

**أما** في القرون الوسطى فلأن تطور العلوم كان ضعيفاً أدى ذلك إلى توقف الفكر المادي، بينما في القرنين السابع عشر والثامن عشر يلاحظ تطور كبير للعلوم بتأثير الفكر الواقعي مما أثر على التطور في الفكر المادي كما هو في المادية

الفرنسية . ويعتبر هوبز (١٥٨٨-١٦٧٩) أحد الفلاسفة البارزين للمادية الميكانيكية بتخليه عن مفاهيم الحرية والإرادة مما جعله يقترب من الحتمية المتطرفة. تندرج الوضعية لأوغست كونت (١٧٩٨-١٨٥٧م) في الإطار العام للنظريات المادية لأنه اعتقد بإمكان معرفة قوانين النظام الاجتماعي وتطوره بتطبيق منهجي لمبادئ المعرفة العلمية على المجتمع البشري، والعمل على تطوير مستمر لهذه المنهجية بالاستفادة من مناهج البحث الفيزيائي والرياضي [٣] .

**أما** عيوب هذه المادية قبل المادية الجدلية فإنها كانت مادية ميكانيكية وخاصة مادية القرن الثامن عشر الذي أطلق عليها اسم المادية الساذجة لأنها اعتبرت الحركة مجرد حركة ميكانيكية ، أي أن نفس الحركات يجب أن تعاد بصورة متواصلة، معتبرة أن العالم بمثابة آلة كبيرة لا تتطور، وأنه يعود في فترات منتظمة إلى حالات متشابهة، أي أنه يعود إلى النتائج نفسها دائماً، مهملة الجانب الحي للأشياء ومعتبرة فقط الجانب الميكانيكي ، مما يدل على عجزها عن فهم العالم بوصفه حركة تطور وبوصفه مادة تتطور تطوراً تاريخياً متواصلاً. وهذا كان بسبب سيطرة التفكير الميتافيزيقي في ذلك الوقت المنافي للفكر الجدلي ، والذي كان عبارة عن فكر تأملي لم ير دور الإنسان في العالم والمجتمع وما يحدثه من تغييرات على مختلف الأصعدة.

**ولكن** هناك طائفة من الأفكار الصائبة في هذه المادية يجب عدم تجاهلها فقد أكد الماديون الفرنسيون في القرن الثامن عشر أن الإنسان وآراءه وسلوكه نتاج لتأثيرات البيئة الاجتماعية، كما حاول الاقتصاديون الإنجليز (آدم سميث، دافيد ريكاردو) أن يجدوا في الاقتصاد أساساً لوجود الطبقات، كما أن الإشتراكيين الطوباويين (سان سيمون فورييه، وأوين) تنبأوا بسمات مجتمع غير طبقي، وقدم الديمقراطيون الروس في القرن التاسع عشر (بيلينسكي، وشيرنيشفسكي وغيرهم) مساهمة كبيرة في نظرية التطور الاجتماعي [٤] .

**وإذا** عدنا إلى " جمهورية أفلاطون " حين تناول موضوع المجتمع المثالي (اليوتوبيا) الذي سعى إلى تحقيقه, نجده كان قد أكد على العلاقة بين التربية وعملية التغيير الاجتماعي، ونادى بتدخل الدولة في التربية لحماية الأجيال الصاعدة من الخرافات التي كانت منتشرة في عصره. وقد أثرت هذه الأفكار على الفكر الاشتراكي المثالي أو الطوباوي ما بعد عصر النهضة الأوروبية، فهذا " توماس مور " في إنكلترا الذي كان مستشاراً لملكها قد تأثر بأفكار "أفلاطون" ونشر مؤلفاً عن جزيرة (أتوبيا الجديدة أو جزيرة الخيال) وكان له تأثير على الفكر الاجتماعي الذي ظهر في مطلع القرن التاسع عشر [٥] .

**ونجد** "جان جاك روسو " في كتابه "العقد الاجتماعي" ينادي بمبدأ الإرادة العامة، والحد من حقوق الملكية الخاصة, إلا أنه لم يدعُ إلى مشاعية اقتصادية.

**ونجد** أن سان سيمون (١٧٦٠-١٨٢٥م) كان قد طالب بوجوب تنظيم الدولة وفقاً لمبادئ المصالح الجماعية لجميع الذين يعملون في المجتمع ومكافأة كل مواطن وفقاً لإنتاجه، أما السلطة والتوجيه فيجب وضعهما في أيدي خبراء يعملون لصالح المجتمع [٦] .

**المادية الماركسية:**

الفلسفة المادية عندما تصبح جدلية تصبح هي الماركسية وأحد أسسها الصلة الوثيقة بين النظرية والممارسة. لقد وضع الفلسفة الماركسية كارل ماركس (١٨١٨-١٨٨٣م) " وفردريك انجلز" (١٨٢٠-١٨٩٥م) وساهم لينين (١٨٧٠-١٩٢٤م) بقسط بارز في تطورها. وقد ولدتها الظروف الاجتماعية والاقتصادية المناسبة في ذلك الوقت فجاءت كنتيجة للتطور التاريخي معتمدة على مقدمات علمية وفلسفية معينة، فعند منتصف القرن التاسع عشر كانت الرأسمالية قد حلت محل الإقطاع في بعض المجتمعات جالبة معها تقدماً كبيراً في الإنتاج وتطوراً سريعاً

للتكنولوجيا والعلم، كما أنها أوجدت البروليتاريا التي دخلت في صراع مع الطبقة المالكة لقوى الإنتاج وأدواته، وهي الطبقة البرجوازية مطالبة بظروف حياة أفضل وأجور أعلى ويوم عمل أقصر، مما دعا " ماركس وإنجلز" إلى وضع الفلسفة الماركسية المتمثلة في (المادية الجدلية، والمادية التاريخية) كنظرية ثورية لتحقيق مطالب القوى المضطهدة في المجتمعات البشرية [٧] . لقد ظهرت هذه الفلسفة على الصعيد النظري على أرضية المعالجة النقدية لإنجازات الفلسفة الكلاسيكية الألمانية والاقتصاد السياسي الإنجليزي والاشتراكية الطوباوية الفرنسية التي شكلت جميعها مصادراً للماركسية [٨] .

**لقد** كان سير الفكر العلمي والفلسفي ممهداً لهذه الفلسفة فكان تطور علم الطبيعيات في القرن التاسع عشر سريعاً جداً، وحل محل الميتافيزيقا الأفكار الجدلية القائلة بوحدة العالم وتطوره التاريخي. وكان الفيلسوف الألماني عمانوئيل "كانت" (١٧٢٤-١٨٠٤م) أول من فتح ثغرة في النظرة الميتافيزيقية مبيناً أن الأرض والمنظومة الشمسية ليسا سرمديين بل هما نتيجة التطور الطويل للمادة. ثم ظهر فيما بعد علم الجيولوجيا الذي بين تطور القشرة الأرضية، وتطورت علوم الكيمياء والفيزياء والبيولوجيا تطوراً هائلاً. هذا بالإضافة إلى الاكتشافات التي حدثت في علم الطبيعيات والتي كان لها دور بارز في تشكيل وتعليل النظرة المادية الجدلية إلى الطبيعة وهي: قانون بقاء الطاقة وتحولها، والبنية الخلوية للكائنات الحية (وهي النظرية المتعلقة بالأنسجة الحية) والتي توصل إليها عالم النبات الروسي "جوريانيوف" وعالم النبات التشيكي (بوركينية) والعالمان الألمانيان " شلايدن وشوان" إذ بينوا أن عنصراً مادياً وهو " الخلية " هو الأساس لأي كائن معقد ولها قابلية للتغير، ثم نظرية " دارون " عن التغير التي بينت أن الكائنات المعقدة الأرقى قد تشكلت من كائنات بسيطة أدنى نتيجة قانون الانتقاء الطبيعي الكامن في الطبيعة نفسها. كما كانت فلسفة هيغل (١٧٧٠-١٨٣١م) ومادية فورباخ (١٨٠٤-١٨٧٢م)

مصدراً نظرياً مباشراً للفلسفة الماركسية [٩] التي جاءت كتفسير لتطور المجتمع والكون، وفلسفتها هي المادية الجدلية التي لا تهتم بوضع نظرية فلسفية لتفسير الوجود بل العمل على فهم التاريخ ومعرفة القوانين الرئيسية التي يخضع لها تطور البشرية واشتقت مبادئها من" كارل ماركس" و"انجلز".

**ولد** ماركس (١٨١٨- ١٨٨٣م) من أسرة ألمانية يهودية واعتبر واحدا من اكثر فلاسفة العصر تأثيرا(١٠). درس الفلسفة في جامعة بون وبرلين ثم في فيينا، وتأثر بالفلسفة المادية الألمانية التي كانت سائدة في زمنه وتأثر بهيجل ألا أنه جعل أساس جدله الواقع المادي وليس الأفكار كما هو عند هيجل ، كما تأثر بكل من الاقتصاد الانجليزي وبالمذهب الاشتراكي الفرنسي. ومن أشهر مؤلفاته: " رأس المال " وهو أهم مؤلفاته وأكثرها شيوعاً، " وفقر الفلسفة ". وله مؤلفات أخرى في الاقتصاد منها: " الاقتصاد السياسي والفلسفة " ومؤلف " مساهمة في نقد الاقتصاد السياسي "، وله مؤلفات مشتركة مع " انجلز" منها: " الأيديولوجيا الألمانية " ومؤلف "العائلة المقدسة " ثم " البيان الشيوعي " [١١] الذي أكد فيه أن تاريخ المجتمعات ما هو إلا تاريخ صراع طبقي بين المظلومين والظالمين،منتقدا البرجوازية في استغلالها للعمال. لقد كان ماركس فيلسوفاً وعالم اقتصاد واجتماع ومؤرخاً. ويرى أن البنية التحتية للمجتمع تشمل الظروف الاقتصادية والاجتماعية وتشكل الأعمدة التي تحمل كل الإنتاج الفكري، أما البنية الفوقية فهي انعكاس للبنية التحتية والمكونة من نمط تفكير المجتمع وفلسفته وفنونه وأخلاقه وعلومه ومؤسساته السياسية، وهناك تفاعل بين البنيتين. ولم يؤمن بحق طبيعي صالح لكل الأزمان فهناك علاقة بين العمل والفكر فمعارف الإنسان تظل على صلة وثيقة بعمله. ولقد ساهم في ظهوروتطور العلوم الاجتماعية بالاضافة الى مساهمات "ماكس فيبر"،و"دوركهايم" و"فرويد "و"هيجل". وكرس "ماركس "حياته لفحص ودراسة الانسان في علاقته مع

المجتمع وبين ان هذا الانسان قابل للتغير والتحول ،فليست هناك طبيعة انسانية ثابتة او مطلقة يندرج تحتها جميع الناس.

**أما** " فردريك انجلز " (١٨٢٠-١٨٩٥م) فهو ألماني الأصل ينحدر من أسرة غنية كانت تسكن في الإقليم الريناني الأكثر تطوراً في ألمانيا في ذلك الوقت، وكان أبوه يملك مصنعاً للنسيج ، وكانت عائلته تعده للتجارة وإدارة أعمال والده مما لم يسمح له بمواصلة دراسته وإنهاء المرحلة الثانوية، كما أن أفكاره لم تلق ترحيباً من أسرته المتدينة والمحافظة. وكان محباً للمطالعة والتثقيف الذاتي والنشاط العملي والمشاركة في العمل السياسي. انتقل إلى إنجلترا لإدارة أعمال أبيه مما أتاح له الالتقاء بكبار ممثلي الرأسمالية وأصحاب المصانع، وكان " كماركس" معجباً بجدلية هيجل ورافضاً للأفكار المثالية. ذهب إلى باريس للتعرف على الفلاسفة الاشتراكيين فالتقى" بماركس" وتوطدت علاقتهما على أساس الوحدة الفكرية فأصبحا صديقين حميمين، ومن أشهر مؤلفاته: " أصل العائلة والملكية الخاصة والدولة". وقد حدد موقفه من الدين إذ اعتبره مجموعة تأملات تأخذ فيها القوى الأرضية صور ما بعد الطبيعة.

**لقد** صاغ " ماركس وإنجلز " المادية الجدلية والمادية التاريخية معتمدين على السير المادي للتاريخ الذي هو حسب ما توصلا إليه ليس سيراً هامداً بل يقوم على مبدأ الصراع الطبقي، لذلك رفضا الميتافيزيقا رفضاً قاطعاً لأنها حسب رأيهما تعوق البشر عن هذا الصراع وتشغلهم بأوهام تضر بالفقراء وتملأ جيوب الأغنياء. والفلسفة عندهما دعوة لتغيير العالم لصالح الفقراء والمضطهدين. وتتفق المادية الجدلية مع البراجماتية والوضعية في الجانبين المادي والتحليلي ، ولكنها تختلف معهما في كثير من التفاصيل.

**لقد** وضّحت هذه الفلسفة دور العمل (بوصفه نشاطاً إنسانياً يتميز به الإنسان عن الحيوان في صناعة أدوات العمل) في التكوين الانثروبولوجي للإنسان وتطوره عبر

التاريخ, فأدوات العمل التي يصنعها الإنسان تمثل مؤشراً مهماً لمستوى تطور قوى الإنتاج المادية ، فالعصور التاريخية تختلف عن بعضها بما ينتجه الناس وكيفية الإنتاج، وما فيها من علاقات إنتاجية، وطبيعة العلاقة بين قوى الإنتاج وعلاقات الإنتاج السائدة تحدد أسلوب الإنتاج المعني في المرحلة التاريخية المحددة، وأن الإنتاج هو الأساس المحدد لكافة أشكال الحياة الاجتماعية وتطورها، وانطلاقاً من ذلك فإنه يعتبر عملية اجتماعية. وبين ماركس أنه في المراحل الأولى لتطور المجتمعات البشرية حيث كان وضع القوى المنتجة بسيطاً ، لم تكن هناك ملكية خاصة بل كانت الملكية مشاعية ، ومع تطور القوى المنتجة دخلت علاقات إنتاج جديدة غيرت أسلوب الإنتاج من أسلوب مشاعي إلى أسلوب إنتاج يعتمد على الرق، وأدى التقدم اللاحق وجود تعارض بين القوى الإنتاجية المعتمدة على الرق وعلاقات الإنتاج نفسها القائمة على الرق إلى الاستعاضة عن الملكية المعتمدة على الرقيق إلى الملكية الاقطاعية. وجاءت بعدها الملكية الرأسمالية لتتلاءم مع المستوى العالي الجديد الذي وصلت إليه القوى المنتجة. وبين أن تقدم الإنتاج الرأسمالي يؤدي إلى قيام صراع بين القوى المنتجة وبين علاقات الإنتاج القائمة على الملكية الرأسمالية، وهذا الصراع والتنافس سوف يشكل الأساس الاقتصادي للمرحلة الاشتراكية التي تلغي أشكال التناحر وتقيم الملكية الاجتماعية لوسائل الإنتاج . ومن وجهة نظر " ماركس وإنجلز " فإن مجمل علاقات الإنتاج هي التي تحدد المؤسسات والأفكار والآراء السياسية والأيديولوجية في أي مجتمع من المجتمعات، حيث بينا أن من عيوب المدرسة التقليدية القديمة أنها فصلت التعليم عن الحياة والإنتاج.

## الماركسية والمعرفة:

يعتبر ماركس أن الإنسان صانع لتاريخه، وأن البيئة المادية هي الإطار الذي يمارس فيه الإنسان نشاطه ولا يتجاوز حدوده. فالعوامل الاقتصادية هي التي تصنع المجتمع وأفراده وهي بدورها تؤثر على فكره ورغباته، ولا يؤمن ماركس بكون

المعرفة عبارة عن مجرد تأمل عقلي يُطلب لذاته ، لأنها لا تأتي عفوياً كأثر للعقل حين يقوم بوظائفه الطبيعية في التأمل والتفكير، بل هي وليدة النظم القانونية والمذاهب الأخلاقية التي يعيش في إطارها الإنسان، وتأثير التربية والتعليم اللذين تلقاهما في حياته وهذا مرهون بالظروف الاقتصادية التي تكشفها وتتحكم فيها.

**ومن** هنا كان هدف المعرفة تغيير الأوضاع الاقتصادية بأوسع معانيها [١٢]. وتتفق هذه النظرة مع نظرة " جون ديوي " إلا أنها تختلف عن نظرة " أرسطو" الذي يرى أن العلم يطلب لذاته، بينما يرى "ماركس" أن المعرفة تطلب ليسخرها الإنسان في تغيير حياته وبيئته ، إنها نقطة البدء لنشاط يترتب على أساسها ، إذ أنها لا تفهم مستقلة عن العمل الذي يتحقق بواسطتها من أجل تغيير الواقع. لذلك انتقد مؤسسا المادية الجدلية في كتاباتهما التربوية انتقدا التعليم الذي تقدمه البرجوازية لأبناء الفقراء في المجتمعات الرأسمالية، وأكدا أن المدرسة هي أداة للتغيير، لذلك لا يمكن أن تكون خارج مجال السياسة ولا يكون التعليم مستقلاً عن الدولة ، لذلك بينا أن المدرسة في النظام الاشتراكي يجب أن تلعب دوراً مهماً في بناء المجتمع [١٣].

**لقد** حدد ماركس التربية في أدوار ثلاثة [١٤] :

١- التربية العقلية.

٢- التربية الجسمية وتتم في المدارس العسكرية ومدارس التربية الوطنية.

٣- التربية الوطنية والصناعية ليتعرف بواسطتها عامل المستقبل في النظام الجديد على جميع عمليات الإنتاج.

**أما** مبادئ التربية عنده فهي : إلزامية التعليم ومجانيته وعلمانيته في مدرسة تعتمد أساساً على العمل المنتج من خلال نظام تربوي (نظري وعملي) .

**المبادئ الأساسية للماركسية:**

هذه الفلسفة عبارة عن نظام من الآراء والأفكار يصوّر العالم المحيط بالإنسان وقوانين تطوره وطرق معرفته وعن مكان الإنسان فيه، وإذا كان قادراً على معرفة الواقع وتغييره وأسباب تغيير الحياة الاجتماعية وحتمية الانتقال إلى الاشتراكية العلمية ، التي تؤكد أنها لا تستطيع أن تؤدي دورها إلا بشرط اتخاذ موقف خلاق منها مع المراعاة الصارمة للظروف التاريخية المحددة التي تعمل في ظلها قوانين هذه الفلسفة ومبادئها والتي عممت إنجازات العلوم والنشاط العملي للبشرية فصاغت منهجها الخاص للمعرفة وهو الجدل (الديالكتيك) المادي. وكلمة الديالكتيك كلمة يونانية الأصل كانت تطلق في العصور القديمة على فن الجدل والنقاش للوصول إلى الحقيقة بكشف المتناقضات في حجج الخصوم وحلها [١٥]. وفيما بعد أصبح الجدل منهجاً لمعرفة الواقع والذي يستند إلى إنجازات العلم والخبرة الاجتماعية التاريخية معتبراً الحركة والتجدد واضمحلال القديم وميلاد الجديد مبادئ أساسية حيث لا يوجد شيء مطلق أبدي، وأن الحركة والتطور هما مصدر التناقضات الداخلية اللازمة للأشياء والظواهر، وترى أن الانتصار الحتمي للجديد.

**ومادة** الفلسفة الماركسية هي المادية الجدلية والمادية التاريخية اللتان تشكلان الفلسفة الماركسية، وتعتبر المادية الجدلية مادية لأنها تؤمن بأولوية المادة وثانوية الوعي، وهي جدلية لأنها تدرس العالم المادي في حركته الدائمة وتطوره وتجدده من أجل كشف أعم القوانين التي تحكم تطور العالم المادي. أما المادية التاريخية فهي علم أعم القوانين التي تحكم تطور المجتمع، ومحورها - كما مرّ سابقاً - هو تفسير تطور المجتمعات البشرية من التشكيلة الاجتماعية الاقتصادية المشاعية إلى المرحلة الاشتراكية على أساس مادي ، أي أن أساس التحرك والتطور من مرحلة إلى أخرى هو التناقض بين قوى الإنتاج وعلاقات الانتاج السائدة في المجتمعات

الطبقية مما يفسح المجال للانتقال من تشكيله اجتماعية اقتصادية إلى تشكيلة اخرى الى ان يصل المجتمع الى المرحلة الاشتراكية حسب ما جاء في أدبيات الماركسية.

أما أهم مبادئ الفلسفة الماركسية كما جاء في مراجعها فهي كما يلي:

١- **المسألة الأساسية** في هذه الفلسفة هي مسألة العلاقة بين الوجود والفكر، فتؤكد هذه الفلسفة على أسبقية الوجود المادي فهو الحقيقة الأولى، وثانوية الوعي الذي هو انعكاس للوجود المادي، وأن الوجود والمادة هما أشياء واقعية موجودة خارج الفكر، وهذه الأشياء ليست بحاجة للفكر أو الذهن حتى توجد، ولا وجود لنفس خالصة منفصلة عن الجسد. وبهذا تنتفي الثنائية التي قالت بها الفلسفات المثالية ويصبح الفكر مظهراً من مظاهر المادة يتطور من خلال الصراع بين الأفراد، الذي هو مبدأ الديالكتيك (الجدل). وأن الوعي هو نتاج اجتماعي وسيبقى كذلك ما دام هناك أناس في هذا العالم.

٢- **يستطيع** الإنسان معرفة العالم من خلال دراسته بواسطة العلوم المختلفة فهي التي تبرهن بالتجربة أن الأشياء المحيطة تتمتع فعلاً بواقعية خاصة بها مستقلة عن البشر، ويستطيع الناس إعادة إنتاج هذه الأشياء جزئياً وخلقها اصطناعياً [١٦] . والأفكار الصادقة وليدة نشاط يؤدي إلى تغيير العالم وإعادة بنائه وتنظيمه ، والفكرة الصادقة هي التي تحقق غاية عملية ومحل صدقها هو التجربة. وهناك إمكانية للتوصل إلى أفكار صادقة عن قدرة الجنس البشري على خلق مستقبل جديد.

٣- **لا تؤمن** هذه الفلسفة بأن هناك خالقاً لهذا الكون بل تؤمن بأن الإنسان هو الذي خلق فكرة خالق الكون انطلاقاً من إيمانها بأن المادة هي التي أوجدت الروح، فالمادة هي أساس الوجود كله ومنبعه، والفروق في تنظيم المادة هو أساس الفروق بين أسمى الأشياء وأدناها،مما وسع دائرة العداء لها من رجال الدين والمتدينين لأنها ارتبطت بالفكر العلماني.

٤- **تهاجم** نبش الماضي لإحياء المذاهب الميتة لأنها تأمل أن يكون فهم الناس للعالم والمجتمع قائماً على أساس العلم الحديث ومكتشفاته وهو ما تفتقر إليه الفلسفة الكلاسيكية.

٥- **لا يمكن** فهم طبيعة الإنسان إلا بمحاولة تحسين أوضاعه، وترى الفلسفة المادية الجدلية أنها هي ذلك الجهد الواعي الذي يخلص الإنسان من الظلم والخرافات لذلك يستطيع عامة الناس بواسطتها حل مشاكلهم الخاصة وتحسين أوضاعهم وتغيير وضعهم الاجتماعي.

٦- **يتوحد** فيها الفكر والعمل فيكون للفكر دائماً دلالة عملية ، بمعنى أن صاحبه لا يزاوله إلا في ضوء الأفعال الممكنة اعتقاداً من أن التفكير المجرد لا تأثير له على مجرى التاريخ. فالتأمل يجب أن يكون متصلاً بالعمل أي بتغيير الأحوال الاقتصادية تغييراً يزيل الفوارق الطبقية، لذلك استغنت المادية الجدلية عن الأفكار بعوامل الاقتصاد وقوى الإنتاج مما أدى إلى عزل الميتافيزيقا التي هي حسب هذه الفلسفة نتاج للنظر العقلي المجرد عن مجرى الواقع المعاش.

٧- **تنطلق** من المنهج الدياليكتيكي (الجدلي) الذي يعتقد بأن أية ظاهرة لا يمكن فهمها على حدة, بل تفسر بناء على علاقاتها مع الظواهر الأخرى، ولعل هذا هو السبب فيما لفكره "الكل " أو المجموع " من أهمية في هذه الفلسفة.

٨- **أعطت** اهتماماً كبيراً للعمل إذ احتلت فكرة العمل المكان الأول في هذه الفلسفة للأسباب الآتية [١٧] :

أ. **بواسطة** العمل يتجاوز الإنسان التعارض بين الفكر والواقع الذي كرسته الفلسفات المثالية.

ب. **يشكل** العمل من خلال تطوره عبر التاريخ موضوع المادية التاريخية.

ج. **لا تبلغ** المعرفة مداها ولا يدرك مغزاها إلا من خلال ارتباطها بالفعالية العملية؛ فهي التي تحقق ماهية الإنسان ومن ثم تتحقق له السعادة ويتجنب الضياع.

**إن** هذه الفلسفة تعتبر العمل هو الشكل الأول لنشاط الإنسان، فمن خلاله عرف الطبيعة وكشف قوانينها وعرف الناس بعضهم بعضاً، ويأتي في المقام الأول لنمو الطفل وله إمكانات تربوية وتعليمية لأنه ينمي قدرات الأطفال من جميع الجوانب، كما ينمي جميع الصفات النفسية ويحسنها ولا سيما الملاحظة والإدراك والإحساس ونمو المهارات والنواحي العقلية من تفكير وخيال. ويعتبر اللعب شكلاً من أشكال النشاط العملي يوجه الطفل نحو معرفة العالم المحيط عن طريق المشاركة الفعالة.

٩- **ترى** أن للحقيقة طابعاً نسبياً مؤقتاً، فليس هناك حقيقة نهائية حاسمة غير قابلة للتغير بل إن كل تركيب يضعه العقل البشري( وفقاً للمنهج الجدلي الذي يتم فيه الانتقال من الإثبات إلى النفي، ومن النفي إلى نفي النفي، أي إلى مركب الموضوع) إنما هو تركيب مؤقت يعود العقل البشري إلى إنكاره، ولذلك لا وجود لأخلاق أبدية أو عدالة أبدية كما ظن الفلاسفة ، بل إن الأخلاق تتغير حسب الأوضاع والطبقات المسيطرة في المجتمع [١٨]

١٠- أنها لاتؤمن بوجود اخلاق خالدة أبدية بل بوجود اخلاق نسبية تنشأ من خلال التفاعل الاجتماعي ،فالاخلاق لا توجد بمعزل عن الوعاء الموجودة فيه وهو المجتمع الانساني ،فلا وجود لأخلاق مقررة سلفا قبل وجود الانسان حتى ولو جاءت باسم الدين.

**فلسفة التربية الماركسية :**

اعتبرت الفلسفة الماركسية أكثر الفلسفات إثارة للجدل والهجوم من المفكرين المثاليين والدينيين، وهي الفلسفة الوحيدة التي تحولت إلى نظام اقتصادي وسياسي

احتل موقعه في العالم إلى بداية التسعينات من القرن العشرين في الاتحاد السوفييتي ودول أوروبا الشرقية، التي بدأت بعد هذا التاريخ في التحول عن هذه الفلسفة وبدأت تنتهج طريقاً آخر . ولا بد من الإشارة إلى أن فلسفة ماركس التربوية لم تجد التطبيق العملي إلا حين استلم " لينين " السلطة في روسيا بعد ثورة اكتوبر عام (١٩١٧م)، وفي دول أوروبا الشرقية التي بدأت تدريجياً بتطبيقها بعد انتهاء الحرب العالمية الثانية.

**إن** "ماركس" في تحليله لتطور النظام الصناعي حدّد الجوانب المهمة للنظام التربوي، وبين أنه مع تطور الصناعة بما توصلت إليه من تكنولوجيا وزيادة الإنتاج المستمرة والأزمات الناتجة عنها اقتضى الأمر أن يعمل العامل على أكثر من آلة واحدة. لذلك فالمهارات التي كانت مطلوبة للمصنع القديم تركت المكان لمهارات متعددة وشاملة والتي أصبحت ضرورية للإنتاج الحديث، فمطالب العمل أصبحت متعددة وهذا هو أساس التعليم البوليتكنيكي الذي يهدف إلى النمو الشامل لأبناء الطبقة العاملة والذي يعتبر الأساس العملي للتربية العملية [١٩]. أما طريقة التربية البوليتكنيكية بعد أن طبقت بعد عام (١٩٣١م).في الاتحاد السوفييتي، فقد أصبحت تشتمل على العمل في المعامل المدرسية والحقول الزراعية والقيام بالتجارب في المختبرات ودراسة مشاكل تنظيم العمل والعمال ، فهي عبارة عن تعليم متعدد الاختصاصات من أجل سيطرة أفضل على النشاط العملي الإنتاجي، وأن يكون مجانياً ويبدأ من سن السابعة عشرة في مدرسة عملية واحدة مختلطة، والعمل باستمرار على تطويره مع تطور المعارف العامة البوليتكنيكية ومهارات استخدام الآلات والمهارات العملية المرتبطة بالواقع والحياة وعمليات الإنتاج. الا ان هذا الواقع بدأ يتغير كما أشرت سابقا ومنذ تسعينات القرن الماضي.

**إن** فلسفة التربية الماركسية هي جزء من الفلسفة المادية الجدلية وتتفق مع منهجها وأهدافها، وتستند إلى نظريتها، ولماركس عبارة معروفة تكشف عن جوهر

التربية عنده وهي: " إن بذور تربية المستقبل يمكن تلمسها في المصنع "[10]، بمعنى التركيز على فكرة تعلّم الفنون التطبيقية (المدارس البوليتكنيكية). لقد كانت فلسفة التربية هذه جزءاً من نظرتها الاجتماعية الشاملة والتي وجهت نقدها إلى نظم التعليم وطرق التدريس في بلاد معينة في ذلك الوقت مثل، بروسيا وانجلترا وبلاد أخرى مبينة افتقارها إلى مبدأ تكافؤ الفرص التعليمية لأبناء الفقراء مع أبناء الأغنياء. وبينت أن التربية تحددها العلاقات الاجتماعية وأن وظائفها ومحتواها وطرقها تختلف باختلاف العصور التاريخية وباختلاف الطبقات الاجتماعية في العصر الواحد.

**وباختصار** في هذا المجال لقد وضعت آراء ماركس وإنجلز ولينين الأساس الأول الذي قامت عليه التربية الاشتراكية، محاولين وضع أسس تربية الإنسان الجديد ، وتنظيم المدرسة الجديدة (إنسان ومدرسة المجتمع الاشتراكي) والمتمثلة في تنمية الروح الجماعية وتشجيع الخدمة الاجتماعية وتضحية المصالح الفردية في سبيل مصلحة المجتمع ككل، وإزالة الفوارق بين الناس وتحقيق ديمقراطية التعليم من خلال سيطرة الدولة على التربية والتعليم، ومن ثم إعداد أفراد المجتمع لتحقيق أهداف الدولة، وتحقيق المساواة بين القوميات ، ومحاربة العنصرية والنزعات العرقية وإبعاد المعتقدات الدينية عن الفكر الاجتماعي في المدرسة والمجتمع معاً، وإعطاء العمل النافع اجتماعياً أهمية بالغة، فعن طريقه يتكامل عمل المدرسة مع الحياة ويصبح ذا معنى وأهمية.

**وانطلاقاً** من فكرة التنمية المتكاملة للشخصية تحدد الفلسفة التربوية الماركسية الجوانب الأساسية للعملية التربوية في التربية العقلية والبدنية والتعليم المهني، ومن واجبات المدرسة تحقيقها، هذا بالإضافة إلى إعداد الجيل الصاعد للعمل الإنتاجي من خلال ما يلي [21]:

١- **ربط** التعليم بالعمل الإنتاجي،وربط العمل العقلي بالعمل اليدوي.ان ربط التعليم بالعمل اليدوي خاصة في مجال التربية البدنية يساعد على النمو المتكامل للتلاميذ،كذلك يعطي العمل اليدوي نوعا من الراحة النفسية للدارسين ويحفزهم على الدراسة وبذل الجهد اللازم ،وتنمية الاحترام والاهتمام بالعمل الذي له منفعة اجتماعية.

٢- **التوجيه** القومي للتعليم وفقا لسياسة الدولة والمساواة بين القوميات والاجناس،وان التعليم بكل انواعه ومستوياته تعليم تابع للدولة انطلاقا من الايمان بعدم طبقية التعليم[٢٢].

٣- **توفير** تعليم بوليتكنيكي مجاني وإلزامي, والعمل باستمرار على تطويره، مع تنمية وتطوير التعليم المهني.ان هذا التعليم يقوم على تنوع العمل ويعطي للعامل مرونة متعددة الجوانب ويحقق تكيفه مع متطلبات العمل المتغيرة ويمده بالمبادىء الاساسية لكل عمليات الانتاج.

٤- **فتح** أبواب التعليم العالي للجميع خاصة العمال .

٥- **عدم** الفصل بين التعليم والتربية وإعطاء الاهتمام للتربية الأخلاقية باعتبارها جانباً مهماً من جوانب الوعي الاجتماعي.

٦- **تشجيع** وسائل التعليم الذاتي مع الاهتمام بالتربية البدنية والجمالية .

٧- **إنشاء** مؤسسات تربوية للأطفال قبل سن المدرسة للتخفيف من أعباء المرأة وتحسين تربية الأطفال.

٨- الايمان بقدرة التربية على تغيير وتشكيل الطبيعة الانسانية عن طريق العمل الاجتماعي المنتج، فالماركسي يثق على حد تعبير" بروبيكر" في قدرة البيئة المادية على تغيير طبيعة البشر[٢٣].

**هذا** كله من أجل بناء إنسان جديد هو إنسان المجتمع الاشتراكي. كما ركزت على المساواة بين الجنسين في فرص التعليم فالأولاد والبنات يتعلمون في مدارس واحدة ويدرسون برامج واحدة.

**التطبيقات التربوية:**

تأثرت الدول الاشتراكية سابقا في بناء مجتمعاتها ونظمها التعليمية الى حد كبير بالاتحاد السوفييتي الذي بنى فلسفة سياسية وتربوية مستمدة من النظرية الماركسية،فهناك سمات رئيسية اشتركت فيها النظم التعليمية لتلك الدول مع الاتحاد السوفييتي على الرغم من بعض الاختلافات ،اذ لا يختلف السلم التعليمي كثيراً من دولة لأخرى، فهو يبدأ بدور الحضانة وينتهي بالمعاهد العليا والجامعات.

**سوف** نقتصر على مثال من الاتحاد السوفييتي سابقاً باعتباره من أول البلدان التي التزمت بتطبيق هذه الفلسفة فكراً وعملاً. فبعد قيام الاتحاد السوفييتي عام (١٩١٧م) ظهر قانون رقم (١) سنة ( ١٩١٨م) الذي حدد البنية الفكرية للمجتمع حيث نص على أن شخصية الإنسان هي صاحبة القيمة العليا في الثقافة الاشتراكية، ولا بد من تنمية ميولها واتجاهاتها في إطار مجتمع متناسق يتكون من أفراد متساويين مع ضمان حق كل فرد في تنمية نفسه، وليس من الضروري أن تنمّي ضمن قوالب جامدة ولا أن تبنى على الخرافات ولا على الخدع الدينية ولكن على قاعدة قوية واقعية من المصالح.

**ثم** جاء قانون (١٩٢٣م) الذي حدد أهداف التربية بما يلي [٢٤] :

١- **عمل** المدرسة قائم على الدراسة النظرية والتجريبية لحركة العمل عند الإنسان وتنظيماتها، وإن كل الأعمال فيها يجب أن تهدف إلى نشر الحس الطبقي العمالي في نفوس المتعلمين وتحفيزهم للفعاليات الإنتاجية والسياسية، وإنها سلاح قوي لبناء مجتمع بلا طبقات اجتماعية.

٢- **إن التربية** عبارة عن فعالية اجتماعية منظمة تنظم بواسطة أشخاص تنتدبهم الدولة لهذا الغرض من أجل تطوير الجيل الصاعد وتسليحه بالمعارف المنتظمة، والمهارات والعادات اللازمة لفعالياته في المستقبل وتدريبه على الميول والاتجاهات وأنماط السلوك طبقاً لأخلاقيات المجتمع السوفييتي. وانتشرت منذ عام (١٩٢٠) فكرة العمل النافع اجتماعياً وأصبح من أول واجبات المدرسة هو مساعدة الأطفال على إجادة العمل القيّم اجتماعياً والملائم للمجتمع الجديد.

**أما** الإصلاحات اللاحقة فارتبطت باسم "خروتشوف" حيث صدر بمقتضاها قانون (٢٥) عام ( ١٩٥٨م) وبوشر بتطبيقه منذ العام التالي وركز على تحديد اتجاهات الإصلاح التعليمي وخاصة تعديل فكرة مدة سن الدراسة الإلزامية لتصبح من سن السابعة إلى السابعة عشرة بدلاً من سن السابعة إلى الخامسة عشرة وهذا ما يسمى بالمدرسة ذات العشر سنوات " المدرسة المتوسطة الكاملة " وتقسم إلى ثلاثة أقسام :

١- المدرسة الابتدائية لمدة أربع سنوات من سن (٧-١١ سنة).

٢- المدرسة الثانوية الدنيا لمدة أربع سنوات من سن (١٢-١٥ سنة).

٣- والمدرسة الثانوية العليا لمدة سنتين من سن (١٦-١٧ سنة).

**وغرضها** تزويد الجيل الناشئ بالمعارف والمهارات والأفكار والقيم العامة التي ترى الدولة غرسها وتنميتها في الجيل الصاعد. وأيضاً إفساح المجال في المناهج الجديدة للأنشطة العملية عن طريق التدريب العملي للإعداد للحياة المتغيرة.

**لقد** كانت الجهود المبذولة موجهة باتجاه ربط التربية مع الحياة ومع قطاعات الإنتاج، وتحقيق النمو المتوقع لممارسة النشاطات الحيوية من خلال التركيز على تحديث المناهج، انطلاقاً من أن الإنسان عبارة عن كائن اجتماعي، مما يجعل تربيته

وإعداده عملية جوهرية أساسية تنطلق من ارتباطها الوثيق بالفلسفة والسياسة، وتشارك بها مختلف مؤسسات التنشئة الاجتماعية: من أسرة ومدرسة وكشافة وتنظيمات مختلفة واتحادات الطلبة والنوادي المختلفة. وأن تستغل طاقة المعلم والمتعلم بصورة مثالية لبناء إنسان جديد له علاقات متوازنة ومتناسقة مع نفسه ومع الطبيعة والمجتمع الذي يعيش فيه [٢٦].

**أما** فيما يتعلق بالمناهج فترى توحيدها وكذلك توحيد الكتب المدرسية انطلاقاً من وحدة النظرية فلا وجود لمواد اختيارية، ويجب أن توضع لإكساب المتعلم جملة المعارف والعادات الحسنة، فالعلاقة بين التربية والتعليم كالعلاقة بين النظرية والتطبيق ، فالنظرية بمثابة الضوء الذي ينير الطريق أمام التطبيق ، والتطبيق بلا نظرية لا فائدة منه ، وأن يساهم في ربط التعليم بالعمل الإنتاجي وعلى ضوء ذلك يقسم إلى موضوعات كما يلي:

أ. تعلم المادة الدراسية التخصصية والمتمثلة في الحقائق والمعارف المختلفة.

ب. خلق الاتجاهات الأخلاقية نحو العالم وتكوين علاقات وصلات متناسقة للإنسان في علاقته معه.

ج. تحقيق النمو الشامل للشخصية من خلال جملة المعارف والحقائق المقدمه من أجل التفسير والإقناع بالإضافة إلى تغيير الواقع والحياة للأفضل.

د. أن يركز على الخبرات والأنشطة اللاصفية المختلفة المكملة لمحتوى المناهج.

ه. أن تكون مبنية على أسس اجتماعية ونفسية ومعرفية وفلسفية مرتبة بشكل منطقي وأن تكون الأفكار والمعلومات متصلة.

وفي الاتحاد السوفييتي - على اعتبار أنه أول بلد طبق فلسفة التربية الماركسية في مناهجه - فقد وضّح " كايروف " أن كل مادة من مواد الدراسة لها مسؤولية في تحقيق أهداف المجتمع الجديد "المجتمع الاشتراكي" ، فعلى سبيل المثال يوضح أن الرياضيات هي التي تنمي طريقة التفكير الجدلي عند التلاميذ. وأن الطبيعيات تعرفهم بالخواص والقوانين الأساسية للمادة والقوى. وأن العالم المادي كائن بشكل موضوعي خارج ومستقل عن شعور الإنسان، وأيضاً تقدم تفسيراً مادياً للظواهر المعقدة مثل الطاقة الذرية، وتوضح أن المادة والطاقة خالدتان، وأن الطاقة يمكن أن تتحول إلى طاقة أخرى. كما أن مادة الجيولوجيا تجيب عن الأسئلة الخاصة بخلق العالم وتطور الحياة والأرض. أما البيولوجيا فتعطي تفسيراً عملياً جدلياً للنمو الطبيعي للعالم المادي. أما المواد الأخرى في المنهج التي تقع تحت اسم العلوم الاجتماعية والفنية فلكل منها ما يبرر وجودها في المنهج أيضاً [٢٧] وهو خدمة النظرة الجديدة للعالم والإنسان كما قدمتها المادية الجدلية والتاريخية، وهو توجيه إجمالي مخطط له لمواد المنهج من السلطات المسؤولة ويخضع للأيديولوجية المسيطرة.

**وتعد** أنواع النشاط المختلفة من الأمور الرئيسية فهي: إما برامج تقدم للمتعلمين في المدارس بعد الانتهاء من اليوم الدراسي، أو تنظم في مؤسسات المدن خصيصاً لذلك، وتخطط لتتكامل مع المنهج. كما أن لكل وزارة من الوزارات إدارة تسمى إدارة النشاط كما تشارك اتحادات الطلبة والشبيبة بتدبير أنواع مختلفة من النشاطات.

**أما أهداف** هذه النشاطات اللاصفية الموجهة فتتمثل فيما يلي:

- حماية المتعلمين من السلوك غير السوي.
- استمرار توجيه المتعلمين اجتماعياً وسياسياً حسب ما تراه الدولة.

- شغل أوقات الفراغ في العطل المختلفة.
- تكملة مناهج المدارس الابتدائية والثانوية.
- ربط الفعاليات التعليمية بالمؤسسات القائمة في المجتمع وكل ما هو موجود في البيئة.
- تنمية الاستعدادات والمواهب الشخصية والمهارات والقدرات الدفينة للتشجيع على الابتكار.

أما بالنسبة **للمعلم وطرق التدريس** فقد ركزت على تأهيل المعلم تأهيلاً جيداً من نواح عديدة مهنية وثقافية وتربوية وتدريبه، ليستطيع إيصال الحقائق للمتعلمين ويقدم المعلومات والأفكار والتوضيحات بطريقة متصلة من أجل إثارة دوافع المتعلمين للتعلم، وأن يختار الطرق الأكثر مناسبة لتحقيق التقويم التربوي في كل موقف تعلمي بعد تحليله وتشخيصه آخذاً بعين الاعتبار كل العوامل والجوانب والسيطرة عليها، واستخدام خبرات المدارس ونتائج البحوث التربوية في هذا المجال. كما يجب أن يكون التعليم في المدرسة مستمداً من الحياة المدرسية بما فيها من تلاميذ ومعلمين ومناخ مدرسي وإدارة، والهيئة كلها التى تعمل في المدرسة متعاونة مع بعضها البعض لتحقيق الأهداف التربوية، ولا بدّ من التركيز على الملاحظة والمشاهدة من خلال الرحلات والوثائق التربوية والسجلات المدرسية وخبرات الجماعة والتأكيد على الجوانب العملية والتطبيقية ، والاعتماد على الحوار وتجنب استعمال العقاب البدني. وتشجيع الحوافز، فالمناهج وطرق التدريس وكل ما يتعلق بالعملية التربوية هو من أجل تحقيق النمو الشامل لشخصية الجيل الصاعد. لذلك نظرت هذه الفلسفة إلى النمو على أنه وظيفة التعليم ونتيجة له، فالتربية والنمو وجهان لعملية واحدة ، فالطفل تنمو شخصيته بشكل أفضل وهو يتلقى التربية والتعليم وفي هذه العملية يتجلى عامل جديد هو فعالية الطفل ونشاطه الذاتي[٢٨].

فشأنه شأن أية ظاهرة أخرى لا يتم بذاته تلقائياً فالصراعات الداخلية وما يتبعها من نشاط هي أساس النمو مما يدعو إلى إثارة دافعية المتعلمين إلى التعلم.

لقد كانت التربية في الاتحاد السوفييتي قبل انهياره السلاح الاهم في قيادة التغيير الاجتماعي واليد المساعدة للدولة في تطبيق سياستها.

**وبعد** هذا فمن الأهمية بمكان التطرق إلى بعض المربين الذين تأثروا بهذه الفلسفة في كتاباتهم وطبقوها في ممارساتهم العملية.

**ب. ب. بلونسكي** : (١٨٨٤-١٩٤١م) :

**أسهم** إسهاماً كبيراً في نشوء علم التربية السوفييتي، فقد طرح أهم مسائل نمو الوعي عند الإنسان الناشئ ودافع عن الفهم المادي لنفسية الطفل ونموها وأعطى اهتماماً كبيراً للفعالية العقلية والقوى الإبداعية للطفل، وأشار إلى ضرورة استخدام القوى الإبداعية للأطفال في عملية التعليم الذي يرتبط ارتباطاً وثيقاً بالحياة مما يجعل نشاط الأطفال الدراسي فعالاً.ونشر عدداً من المؤلفات التربوية والنفسية[٢٩].

**أنطون ماكارنكو:** (١٨٨٨-١٩٣٩م) :

**ولد** في أسرة عاملة في أكرانيا وكان متفوقاً في دراسته وتأثر "بمكسيم غوركي" واستطاع من خلال تجربته التربوية الواسعة أن يكتسب شهرة واسعة في العالم. وهو أحد المربين الذين ساهموا في تطوير التربية نظرياً وعملياً، فلقد ساهم من خلال مؤلفاته وكتاباته في وضع نظام تربوي متكامل طبق فيه الفلسفة على التربية [٣٠] .مما ادى الى انتشار افكاره التربوية خارج الاتحاد السوفيتي.

لقد كانت اسرته فقيرة تنتمي الى الطبقة العاملة وتميزت بالتمسك بالقيم الاخلاقية، وقد تأثر بوالده الذي كان يؤمن بالمساواة بين افراد البشر فنشأ محبا للعمل ومحبا للناس يعمل على مساعدتهم خاصة المحتاجين منهم.

لقد عمل مدرساً في مدارس متعددة ومارس العمل كمدير لإحدى المدارس محاولاً إدخال طرق جديدة داخل المدارس وخارجها، فتوصل إلى أن التربية السوفيتية لا يمكن أن تتم بطريقة سليمة إلا إذا حدثت في إطار جماعة مترابطة، لذلك باشر بتنظيم الأطفال في جماعات، فوضع نظرية التربية الجماعية وفكرتها الأساسية تربية الطفل داخل الجماعة وبواسطة الجماعة ومن أجل الجماعة، فهذه التربية الجماعية يرى أنها أساس التربية الاشتراكية.

لقد عاصر "ماكارنكو"الظروف الاقتصادية والاجتماعية والفكرية في اواخر القرن التاسع عشر- وشهد الثورة الفكرية ضد هذه الظروف التي اثرت على روسيا في ذلك الوقت ايام القياصرة والتي تميزت بالاضطراب والتدهور الاقتصادي والفساد في مختلف المجالات.

عين في عام (١٩٢٠م) لتنظيم مستعمرة للأحداث الجانحين فبدأ بتنظيمها ليجعل منها جماعة مترابطة من الأفراد عن طريق العمل والنشاط الفاعل ، فشكل منهم جماعات للعمل في الزراعة والطرق، وكانت المستعمرة تعتمد لسد حاجاتها الضرورية على عمل أفرادها، فمن خلال التجربة والممارسة في مستعمرة جوركي توصل إلى مبادئ تربيته الجديدة وتبلورت عنده محاور نظامه التربوي وهي: [٣١]

١- التربية الجماعية هي تربية الجيل الصاعد داخل الجماعات المختلفة وبواسطتها.

٢- تتم التربية عن طريق العمل الإنتاجي الذي له نفع اجتماعي.

٣- الثقة في الإنسان نفسه وتقديره واحترام إنسانيته وتطلعه إلى مستقبل أفضل.

٤- الإنسان كائن مبدع وهو صانع مصيره وصانع التاريخ وليس نتاجاً سلبياً من صنع قوى خارجية.

ويرى "ماكارنكو" أن تبدأ التربية العملية في السنوات الاولى من حياة الجيل الصاعد في الاسرة وتتدرج من الاعمال البسيطة الى اعمال اكثر صعوبة.كما اهتم بتنمية الوعي الاقتصادي للابناء بمشاركتهم اهلهم في تدبير اقتصاديات الاسرة[٣٢].

**ويؤكد** ماكارنكو أهمية التربية في بناء شخصية الإنسان قائلاً: " أنا أومن بالقدرة غير المحدودة للتأثير التربوي واعتقد أنه إذا كان الإنسان سيئ التربية فالمخطئ الوحيد هو المربي، وإذا كان الطفل طيباً فهو مدين بذلك للتربية في طفولته " [٣٣] . وأضاف أن الشخص يكون سيئاً لأنه موجود في بناء اجتماعي سيئ وفي ظروف سيئة، وأن الأثر التربوي يؤتي ثماره عندما يتحول إلى أنماط سلوكية سليمة تشمل حياة الفرد وتضع له أهدافه من أجل تطوير حياته دون وجود صراع بين ما هو داخل شخصيته ومحيطها الخارجي، وإن وجد مثل هذا الصراع فإنه يؤدي إلى الانحراف.

**بعد** ذلك أنشأ مدرسة عامة للأطفال المشردين بعد خلافه مع المسؤولين في أوكرانيا الذين انتقدوا الطابع العسكري والنظام الصارم في حياة المستعمرة، هادفاً من إقامة المدرسة إلى تحويل الأطفال المشردين إلى أطفال صالحين وقد نجح في هدفه هذا.

**ولقد** ترك بعد وفاته تراثاً ضخماً من الأدب والتربية نشر في سبعة مجلدات وترجم إلى عدة لغات، وقد نال علم النفس الاجتماعي قسطاً وفيراً من خلال دراساته عن الجماعة ، فقد تناول العلاقة المتبادلة بين الفرد والجماعة ودور الجماعة في تكوين الشخصية. كما كتب بعض الروايات وقصص الأطفال وكتب عن المشاكل المدرسية وألقى محاضرات كثيرة عن تربية الأطفال ، إلا أنه اتهم بتجاهل التربية كعلم ولم يهتم بنظرياتها.

**فلسفته التربوية:**

استمد عناصر فلسفته من الفلسفة الماركسية، وتقوم على مبدأ التربية الجماعية كما ذكر سـابقاً، ومبـدأ الإنسانية الاشتراكية ومبدأ تمجيد العمل الإنتاجي. وعارض مفهوم التربية الحرة المعتمدة عـلى تـرك الطفـل ينمو عفوياً، وعدم استخدام العقاب البدني في التربية داعياً إلى استخدامه باعتباره ضرورياً لحمايـة مصالـح الجماعة فبدونه نحصل على أفراد فاسدين. كما نادى باستعمال العقاب الجمعي المعنـوي دون إسراف وفي جو من المناقشة والتفسير، لتكون له فوائد ذات قيمة تربوية وليس نوعاً من الانتقام. كـما عـارض التربيـة التجريبية التي تفصل بين دراسة الطفـل وتربيتـه مهاجمـاً التنظيـر غيـر المـرتبط بالواقـع التربـوي، وانتقـد النظريات الوراثية التي ترفع من شأن العوامل الفطرية على حساب العوامل الاجتماعية والبيئية في تحديد الشخصية الإنسانية ، وطالب بأن تكون المدرسة مرتبطة بالسياسة معتقداً بأن كل مسألة تربوية يجب أن تبحث وتناقش وتعالج من وجهة نظر سياسية لأن مدلولات المدرسة الاشتراكية حسب رأيـه تختلـف عـن مدلولات المدرسة في المجتمع الرأسمالي.

**وكان** يسعى إلى خلق إنسان جديد انطلاقاً من المبادئ الاشتراكية من خلال التربية الجماعية وعن طريـق العمل المنتج، أي ربط النظرية مع التطبيق وأن تقوم النظريات التربوية على أسس واقعية.

**ويرى** أن من أهداف التربية تربية الشعور بالواجب الذي هو من أهم وظائف التربية الخلقيـة ، مركـزاً على مفهوم النظام كأهم عنصر في هذه التربية فهو نتيجة للتربية وليس وسيلة لها، إلا أنه واجه نقداً مـن أصحاب التربية الحرة في نظرته إلى مفهوم النظام. كما اهتم بالتربية الجمالية والتربية الجنسية معتبراً أن التربية الجنسية مهمة في عملية التنمية الشاملة للشخصية، واعتبر دور الأسرة هو الأسـاس الـذي يجـب أن تبنى عليه التربية كلها محذراً من القسوة المفرطة والحب الزائد داخلها.

وأخيرا لابد من التأكيد على أن الأهداف التربوية، ليست مطلقة ولكنها عملية جدلية تتغير مع تغير أوضاع المجتمع ولا يمكن فصلها عن فلسفة المجتمع الموجودة فيه، فهي بهذا المعنى عملية سياسية.

**فيفوتسكي** (١٨٩٦-١٩٣٤م):

**لعبت** مؤلفاته الدور الأكبر في تطور علم نفس الطفل وتربيته في النظام الاشتراكي في الاتحاد السوفيتي سابقاً. ومن خلال مؤلفاته وكتاباته يجد القارئ أنه وقف ضد كل الاتجاهات والنظريات وضد آراء المعلمين والمربين الذين أيدوا ودافعوا عن النمو التلقائي للأطفال عن طريق نضج القدرات الفطرية مهملين دور البيئة الاجتماعية والتربية والتعليم، فكان من الأوائل الذين بينوا بجلاء الدور المهم الذي يلعبه التعليم في عملية نمو الجيل الصاعد من خلال نظرته إلى أن نمو الأطفال كنتيجة لتنظيم حياتهم من مختلف جوانبها من قبل الراشدين [٣٤] .

**كروبسكايا** (١٨٦٩-١٩٣٩م) :

**هي** زوجة " لينين" وصاحبة كتاب " التعليم القومي والديمقراطية" الذي يعتبر من أهم وثائق التربية السوفييتية ومصادرها النظرية ، وقد بينت فيه ما يجب أن تكون عليه المدرسة الروسية بعد الثورة ولها كتاب آخر هو: " المرأة العاملة ". لقد ساهمت في تطوير وإيضاح وتطبيق النظرية التربوية التي تنادي بتنمية شخصية الجيل الصاعد المتكاملة من ناحية عقلية وبدنية وأخلاقية لربط التعليم بالعمل الإنتاجي. وكانت طليعة فلاسفة التربية السوفيتية، وساهمت إسهاماً كبيراً في تاريخ التربية في الاتحاد السوفيتي سابقاً، إذ تعتبر أول فيلسوفه ومربية تضع النظرية الماركسية موضع التطبيق في ميدان التربية والتعليم . لقد نقدت في كتبها ومقالاتها الأسس الفلسفية والواقع التعليمي في التربية الروسية قبل الثورة، واضعة بذلك

أسـس التربيــة الســوفيتية. وترتكــز فلسـفتها التربويــة عـلى المبـادئ التالية (٣٥):

- ارتباط المدرسة بالسياسة، وأن يكون التعليم عاماً عملياً وموحداً.

- التنويع في طرق التدريس لتنمية قوى الطفل وتفكيره وأن لا تقتصر على مجرد الحفظ والتلقين.

- الاهتمام بالتعليم البوليتكنيكي وربط التعليم بالعمل الإنتاجي والقضاء على التنـاقض بـين العملـين العقلي واليدوي، والاهتمام بتعلم الكبار. لقـد وضعت الأسـس التـي ينبغـي أن تقـوم عليهـا منـاهج البوليتيكنك بحيث تقاس العلاقة بـين عمليـات الإنتـاج والعلـوم المختلفـة، وافترضت إقامـة الـورش التعليمية كوسائل لتطبيق مبادئ البوليتكنيك في المدارس العامة.

- علمانية التعليم والاهتمام بالتربية ما قبل المدرسة ، وتقويـة العلاقـة بـين الأسرة والمدرسـة مـع ربط المدرسة بالحياة من حولها وبالمجتمع.

- أن تراعي التربية اهتمامات الأطفال وفتح المجال أمام نمو قدراتهم.

- الربط بين مواد الدراسة المختلفة وإظهار العلاقة بينها، منادية بتطبيق المنهج المحوري الـذي يساعد على الربط بين المواد الدراسية وإظهار العلاقة الجدلية فيها.

- الاهتمام باللعب كنشاط مكمل للدراسة، ووضعت تحليلاً عميقاً له وفسرته تفسيراً علمياً.

- التركيز على الأنشطة خارج غرف الدراسة مثل الحلقات الدراسية التكنولوجيـة، والمراكـز التكنولوجيـة للأطفال وزيارة المصانع والمزارع والمتاحف ومطالعة الأدب التكنولوجي.

واخيرا لابد من الاشارة الى أن السلم التعليمي في الاتحاد السوفييتي السابق كان يشبه الى حد ما تنظيم المدارس في الغرب مع بعض الفروق،إذ تبدأ الدراسة في سن السابعة، والدراسة مجانية ماعدا بعض دور الحضانة ورياض الاطفال التي تأخذ اجورا من الآباء والمؤسسات التي تعمل فيها الامهات.وتأتي بعد ذلك مرحلة التعليم العام ومدتها عشر سنوات، ثمان منها الزامية وتشمل المرحلتين الابتدائية والاعدادية وتسمى الثانوية غير الكاملة ذات الثماني سنوات (التعليم الأساسي)، وبعد ذلك تأتي المدارس الثانوية المتخصصة والمدارس الفنية ومدتها تمتد من سنتين الى ثلاث سنوات بعد مرحلة المدرسة الاساسية أي بعد الثماني سنوات الإلزامية، وبعد ذلك تأتي المعاهد العليا والجامعات.وهناك مدارس ثانوية مسائية للعمال الذين لم يحصلوا على تعليم ثانوي كامل ، ويسمح للذين نجحوا بمواصلة تعليمهم العالي في المعاهد العليا [٣٦].و كان يدار التعليم مركزيا .وفي عام(١٩٧٧) بوشر بإصلاحات تعليمية لتنشيط التعليم وزيادة الاهتمام بالتدريب المهني واضيفت سنة الى مدرسة العشر ـ سنوات ،وخفضت سن الالتحاق بالتعليم من سن السابعة الى سن السادسة.

اما المعلم فكان يعد اعداد علميا ومهنيا وعقائديا، وتتنوع أنظمة معاهد المعلمين حسب المراحل المطلوب التدريس فيها .كما كانت برامج تدريب المعلمين اثناء الخدمة تدار من قبل معاهد عليا للتدريب، كما وجد في بعض الجامعات مواد تربوية تؤهل بعض المتخرجين لممارسة عملية التدريس بعد تخرجهم، غير أن هذه المواد اختيارية وليست اجبارية.

# المراجــع


١- الجيوشي فاطمة، فلسفة التربية، ط (١) المطبعة الجديدة، ١٩٨٧، دمشق، ص ١٠٠.

٢- بولتيزر، جورج، مبادئ أولية في الفلسفة، ط(١) ترجمة فهمية شرف الدين، دار الفارابي، ١٩٧٨، بيروت، ص ٨٢-٨٣.

٣- الجيوشي، فاطمة، **مرجع سابق**، ص ١٠٠.

٤- أفانا سييف، أسس المعارف الفلسفية، ط(١) دار التقدم ، ١٩٧٩، موسكو، ص ١٨٧-١٨٨.

٥- عبود، عبد الغني، الأيديولوجية والتربية، ط(١) دار الفكر العربي، ١٩٧٨، القاهرة، ص ٣٣٤.

٦- الرشدان، عبد الله وجعنيني، نعيم، المدخل إلى التربية والتعليم، الاصدار الخامس، دار الشروق، ٢٠٠٦، عمان، ص ٣٠-٣٣.

٧- أفانا سييف، **مرجع سابق**، ص ٢٠-٢١.

٨- المعجم الفلسفي المختصر، ترجمة توفيق سلّوم، دار التقدم، ١٩٨٦، موسكو، ص ٤٢٠-٤٢١.

٩- أفانا سييف، **مرجع سابق**، ص ٢٢.

١٠- David stewart ,H.Blocker,fundamentals of philosophy,٢nd edition,MacMillan press, Newyork,١٩٨٢.p.٤٥٦.

١١- رافع محمد، سماح، المذاهب الفلسفية المعاصرة، ط(٢) مكتبة مدبولي، ١٩٨٥، القاهرة، ص ٣١-٣٢.

١٢- الطويل، توفيق، **أسس الفلسفة**، ط(١)، دار النهضة العربية ، بدون تاريخ، القاهرة، ص ٣٦١.

١٣- علي، سعيد إسماعيل وآخرون، **دراسات في فلسفة التربية**، ط(١) عالم الكتب، ١٩٨١، القاهرة، ص ١٥٨-١٦٠.

١٤- الرشدان، عبد الله وجعنيني،نعيم، **مرجع سابق**، ص ٣١-٣٢.

١٥- أفانا سييف، **مرجع سابق**، ص ١٣-١٤.

١٦- بولتيزر، **مرجع سابق**، ص ٤٧.

١٧- الجيوشي، فاطمة، **مرجع سابق**، ص ١٠٢-١٠٣.

١٨- إبراهيم، زكريا، **مشكلة الفلسفة**، ط(١) مكتبة مصر، بدون تاريخ، القاهرة، ص ٣٣.

١٩- **المرجع السابق**، ص ١٠٨.

٢٠- علي، سعيد اسماعيل، ونوفل نبيل محمد، وحسان محمد حسان، **دراسات في فلسفة التربية**، ط(١) عالم الكتب، ١٩٨١، القاهرة، ص ٢٧.

٢١- **المرجع السابق**، ص ١٦٢-١٦٣.

٢٢- إبراهيم، احمد، في التربية المقارنة،ط(١)،مكتبة المعارف الحديثة،الاسكندرية،١٩٩٨،ص٧٣-٧٤

٢٣- العراقي،سهام محمود، تاريخ وتطور اتجاهات الفكر التربوي،ط(١)،مكتبة المعارف الحديثة،الاسكندرية،١٩٨٤،ص٢٠٦.

٢٤- الرشدان، عبد الله وجعنيني، نعيم، **مرجع سابق**، ص ٣٢.

٢٥- **المرجع السابق**، ص ٣٣. وأيضاً سمعان، وهيب ، **دراسات في التربية المقارنة**، ط(٣) مكتبة النهضة المصرية، ١٩٧٤، القاهرة، ص ٣٢٥-٣٢٦.

٢٦- Akademika otakara chlupa, **Doc. Jaromir Kopeckeho, Statni** Pedagogicke Nakladatelstvi , ١٩٦٧, Prague, P. ٥-١٢.

٢٧- سمعان، وهيب، ولبيب رشدي ، **دراسات في المناهج**، ط(١) مكتبة الإنجلو المصرية، ١٩٨٢، القاهرة، ص ٣٤٠- ٣٤١.

٢٨- أ. أ. لوبلنسكايا، **علم نفس الطفل**، ط(١) ترجمة بدر الدين عامود، وعلي منصور، منشورات وزارة الثقافة، ١٩٨٠، دمشق، ص. ٨٥.

٢٩- **المرجع السابق**، ص ٢٣.

٣٠- علي، سعيد إسماعيل وآخرون، **مرجع سابق**،ص ٢٠١.-٢٠٤.

٣١- **المرجع السابق**، ص ٢٠٧.

٣٢- العراقي،سهام محمود،مرجع سابق،ص.٢١٨

٣٣- أنطون ماكارنكو، **الجماعة وتكوين الشخصية**، ط(١) ترجمة أسامة الغزولي، دار التقدم، ١٩٧٨، موسكو، ص ١٤٤.

٣٤- أ.أ. لوبلنسكايا، **مرجع سابق**، ص ٢٤.

٣٥- علي، سعيد إسماعيل وآخرون، **مرجع سابق**، ص ١٨١.-١٨٢

٣٦- باعبّاد ، علي هود، نظم التعليم وفلسفتها في دول العالم،ط(٢)،منشورات جامعة صنعاء،١٩٨٨.

الفصل التاسع

الفلسفة الإسلامية والتربية

- الفكر العربي قبل الإسلام

- الفكر العربي بعد الإسلام

- الكندي

- الفارابي

- إخوان الصفا

- ابن سينا

- الغزالي أبو حامد

- ابن رشد

- مبادئ الفلسفة الإسلامية

- التطبيقات التربوية

# الفصل التاسع

# الفلسفة الإسلامية والتربية

**الفكر العربي قبل الإسلام:**

**يجمع** المؤرخون على أن العرب قبل اتصالهم بالحضارة اليونانية لم يكن لديهم فلسفة معينة،إلا انه كان لديهم شرائع و قوانين وفنون وعلوم ومدارس يتعلمون فيها.وكلمة فلسفة في العربية مأخوذة من اللغة اليونانية وتعني " حب الحكمة " وكذلك لم تزدهر العلوم الفلسفية في بداية الإسلام إلا بعد ترجمة كتب اليونان والاتصال المستمر مع الفكر اليوناني.

**لقد** كان العرب قبل الإسلام على اتصال وثيق بمختلف حضارات العالم، وكانت الجزيرة العربية مسرحاً لتيارات فكرية ودينية كثيرة ، فكانت الحركة الفكرية موزعة على مراكز غربي بلاد فارس، وما بين النهرين، وأعالي الشام، وفي مدينة الإسكندرية. وانتشرت المعارف الفلكية ، والطبيعية والأساطير الشعبية والحكم والأمثال والأشعار، مما يدل على ان العرب كانوا يميلون إلى تفسير الأشياء بأسباب مادية أحياناً وروحية أحياناً أخرى، وتشير الدراسات إلى أن بعض الجماعات العربية كانت تؤمن بإله واحد، بينما كان البعض الآخرون لا يؤمن بآله واحد منكرين الآخرة وبعث النفس بعد الموت كالجماعات الطبيعية والجبرية. ولكنها كانت معتقدات مبنية على الفطرة المستمدة من تجارب الحياة اليومية ولا تدل على تفلسف حقيقي ، مما يدل على أن العرب قبل الإسلام لم يهتموا بعلوم الفلسفة رغم وجودها وازدهارها في بلاد اليونان[١].

**أما** المعارف الفلكية الطبيعية, الطبية, التجريبية, الأساطير, الأمثال, والحكم المتصلة بمهارات الكلدانيين والصابئة فتدل على الاتجهات العقلية، إلا أن هذا لا يؤلف مذاهب فلسفية كاملة. فالفكر الفلسفي لم يظهر إلا بعد ظهور الإسلام في الجزيرة العربية وانتشاره خارجها ، كما أن هذا الفكر لم يوطد دعائمه إلا بعد ترجمة كتب اليونان كما أشرت لذلك سابقاً.

**الفكر العربي بعد الإسلام:**

**ومع** ظهور الإسلام حصل تأثير كبير في الحياة العقلية ، وكان ذلك بتأثير القرآن الكريم الذي دعا إلى التفكير بطريقة تنير العقل وتدعو إلى البحث والتعمق واقتضى انتشار الدين الإسلامي في البيئات الجديدة الاستعانة بالقياس واللجوء إلى الاجتهاد والاحتكام إلى الرأي [٢]، مما أدّى إلى بعث فكري تجلّى في علوم الحديث والتفسير والفقه وأصوله, وفي نشاط المذاهب الفقهية والفرق الإسلامية التي استخدمت القياس والنظر العقلي في تفسير الأحكام الشرعية. وأثر هذا كله على ترقية الإنسان مادياً ومعنوياً وإلى تحرير النفس, والعقل، وكذلك الأمر بالمعروف والنهي عن المنكر والمناداة بالمساواة والشورى والمسؤولية والتعاون [٣]. ويعتبر القرآن الكريم مصدراً مهماً وأساسياً من مصادر الفلسفة العربية والإسلامية، وكان له أثر عميق على الحركات الفكرية التي انتشرت قبل ترجمة كتب اليونان . وقد أقبل العرب على ترجمة هذه الكتب لحاجة الفرق الإسلامية إليها لدعم حججها بالبراهين المنطقية، إذ شجع الخلفاء الراشدون على الترجمة وأعلوا من شأن العلماء وحثوهم على التأليف. وأيضاً نجد المعتزلة والمتكلمين قد عملوا على نشر الأفكار الدينية بطريق العقل مستعينين بالمنطق اليوناني المعتمد على قدرة العقل على استجلاء حقائق الأشياء [٤] .

**وتعتبر** أقوال الصحابة والخلفاء والعلماء المسلمين أيضاً مصدراً مهماً من مصادر الفلسفة الإسلامية.

**وفي** القرنين الأول والثاني للهجرة استطاعت الدولة الإسلامية أن تبسط سيطرتها على كثير من بقاع العالم التي سادت فيها حضارات عريقة كالحضارة الفارسية، الفرعونية، الهندية، وحضارة ما بين النهرين إضافة إلى التراث المحلي المتمثل في الحضارة العربية الإسلامية والأفكار المسيحية [٥] . والتي استفاد منها الفكر الفلسفي الإسلامي، كما أن ازدهار حركة الترجمة في العصر الذهبي للحضارة الإسلامية(العصر العباسي) أدى إلى استفادة الفلاسفة المسلمين من هذه الترجمات في تطوير فكرهم الفلسفي.

**وبدأت** النهضة الفكرية تعطي ثمارها في القرن العاشر للميلاد وتحولت عواصم العالم العربي إلى مراكز علمية في حقول المعرفة المختلفة مـن: آداب، فلسفة، تـاريخ، جغرافيا, فلك, رياضيات, طـب, كيميـاء, وطبيعيات. أما قبل هذا التاريخ في مرحلة ما يسمى بدور النقل فلم يظهر أي فيلسوف حقيقي، فالتأليف كان قليلاً ولم تتشكل فيه مذاهب فلسفية خاصة. أما دور الإنتاج فقد بدأ بعد القرن التاسع الميلادي وامتد إلى القرن الرابع عشر أي من الكندي إلى ابن خلدون [٦] .

**تأثير الترجمة عن الكتب اليونانية:** من مميزات الفلسفة اليونانية أنها تغوص إلى الحقائق العميقة وتبحث في الجواهر والماهيات، غير مكتفية بإدراك الصور الحسية الظاهرة بـل تتحرى الحقيقة بـذاتها وتتوخى الكشف عن غاية الوجود ، متميزة عن غيرها بصفة الجمع بين الحق، والخير، والجمال، فالحقيقة التي لا تكون جميلة هي حقيقة ناقصة، والنظام الذي لا يكون جميلاً هـو نظام فاسـد، وأن مـن صفات الوجود المطلق صفة الكمال، ووراء كـل هـذا وجـود العلة المطلقة أو العلة النهائيـة، وأن كـمال الشيء مقياس وجوده، وكلما كان الكمال أعظم كان الوجود أصدق. كما أن مـن بعض مبادئها الأخرى أن العالم متصل وليس منقطعاً على الرغم من أن بعض

فلاسفتهم يفضلون الروح على المادة لكنهم يعتبرونهما وجهاً لحقيقة واحدة، وأنها حاولت جاهـدة التحـرر من التقاليد وإعطاء الحرية للعقل . مما تقدم يتضح أن الفلسفة اليونانية كانت فلسفة عقلية توكيديـة وكونية محبة للنظام والجمال والاتساق مؤمنة بحرية العقل حريصة على تحقيق الانسجام بـين المعقـول والمحسوس (٧) .

لقد تأثرت الفلسفة العربية الإسلامية في بدايتها كما أشرت بالفلسفة اليونانية ولكن ليس بصورة طبق الأصل بل بصورة انتقائية وتوفيقية، إذ اقتبست ما يناسبها ويتمشى- مـع مبادئها، ولكـن هـذا التـأثر كـان متفاوتاً: فالكندي والفارابي وابن رشد وابن سينا كـانوا قـد تـأثروا بـأفلاطون وارسطو ، بينـما نجـد أن ابـن خلدون والغزالي يبتعدان عن أصول الفلسفة اليونانية. ولكن يجب التأكيد أن هؤلاء الفلاسفة الذين تأثروا واقتبسوا من الفلسفة اليونانية أعادوا تنظيم ما اقتبسوه بروح تجديدية ابتكارية وأدخلوا بعض التعديلات في الإلهيات ومشكلة الإنسان، مما يدل على أن الفلسفة كانت أصيلة في طابعها وفي ظروفها وفي مشكلاتها ومساهماتها في التراث الفكري الإنساني . إن تناول الأفكار ونقلها لا يعني في كل الأحوال الخضوع لأفكار الغير فالتقليد فيها كان انتقائياً ، لأن الفكر الفلسفي يتأثر بغيره مـن الأفكـار ويأخـذ عنهـا، ولكـن هـذا لا يعني عدم وجود فلسفة خاصة مميزة ومختلفة عن الأصل الذي تأثرت به (٨) .

وإذا كانت عقول بعض فلاسفة العرب والمسلمين قد تأثرت بعقول اليونان في المنطق والطبيعيات وسائر علومهم ، إلا أن قلوبهم ارتوت من معين التـراث الأصـلي ومـن الاتجاهـات الفكريـة التـي كانـت سـائدة ، فابتكروا وأضافوا أشياء جديدة إلى الثروة الفكرية العامة.

وفي هذا المجال سوف يطلع القارئ على بعض فلاسفة العرب والمسلمين وفكر جماعة إخوان الصفا لمـا كان له من أثر على الحركة الفكرية لاحقاً.

**أبو يوسف يعقوب ابن اسحق الكندي :**

**يعتبر** " الكندي " أول من لقب بفيلسوف العرب وانه ايضا اول فيلسوف عربي ينتمي لدولة العقل في الاسلام.وكان أحد أبناء ملوكها إذ كان أبوه أميراً على الكوفة لعهد ثلاثة من الخلفاء العباسيين وهم: المهدي والهادي والرشيد. ولم يذكر المؤرخون تاريخاً لميلاده ووفاته بالدقة ولكن " فلوجل " العالم الغربي ذكر في ما كتب أن الكندي عاش في النصف الأول من القرن العاشر الميلادي. وكان الكندي أول من تبحر في فنون الحكمة وأتقن أغلب العلوم، وثبّت المعاني الفلسفية في ألفاظ عربية دقيقة، فكان أول من أخذ بمذهب المشائيين في الإسلام. وكتب بعض المؤرخين عنه أنه كان عالماً بالطب، والحساب، والمنطق، والهندسة، والفلسفة، وعلم النجوم وجانباً من علوم الإغريق والفرس وحكمة الهند، وملماً بإحدى اللغتين الذائعتين في عصره وهما : اليونانية والسريانية ، مما جعل " المأمون " يكلفه بترجمة بعض مؤلفات أرسطو وغيره من فلاسفة اليونان [٩] . إلا أنه على الرغم من شهرته فقد نقده بعض معاصريه في أن كتبه كانت تقريرية و ليست برهانية اي خالية من صناعة التحليل وتركز على التركيب فقط وليس بين مؤلفاته شيء في الدين، فقد نقده القاضي أبو القاسم صاعد بن أحمد القرطبي، إلا أن بعض علماء الغرب رأى فيه عبقرياً في الذكاء والعلم فقال "روجر باكون " وهو قس إنكليزي من أهل القرن الثالث عشر الميلادي: " أن الكندي والحسن بن الهيثم في الصف الأول مع بطليموس في الشهرة في علم المرئيات " [١٠] .

**وتقوم** فلسفته على أساس رياضي تمتزج فيه الأفلاطونية الحديثة بالفيثاغورية الجديدة، إذ اعتقد أنه لا بدّ في تحصيل الفلسفة من الاعتماد على الرياضيات ، كما أنه يؤله العقل ويعتقد أن مرد الأشياء إليه، وقد ألف فيه رسالة أثرت في جميع الفلاسفة الذين جاءوا بعده فقسّم العقل إلى أربعة أقسام هي [١١] :

١- العقل بالفعل أبداً وهو العقل الأول أو الله.

٢- العقل الذي بالقوة.

٣- العقل بالفعل الذي خرج من النفس القوة والفعل بتأثير عقل الله.

٤- العقل الظاهر الذي تخرجه النفس.

**ويؤمن** الكندي بأن المعرفة تأتي عن طريقين هما : طريق العقل، وطريق الروح، اللذين يوصلان إلى حقيقة واحدة  وسبقه إلى ذلك المعتزلة في الدفاع عن العقل والوحي، إلا أنه يختلف عنهم بسعة أفقه العلمي وجمعه بين تعاليم المشائين والأفلاطونيين والفيثاغوريين.

**ومن** مؤلفاته كتابٌ في "أرسطوطاليس في المقولات" ، وآخر في" ترتيب مصنفات أرسطو"، وبهذا كان في طليعة من شرح "أرسطو". ولكن ابن سينا تفوق عليه ودوّن كتباً في الفلسفة والسياسة والموسيقى والأخلاق والهندسة ونظام الكون والقيم والتنجيم والمساكن وعلم المعادن والكيمياء.

**لقد** روى كاتب " مقالة الكندي في دائرة المعارف البريطانية " أنه كان أول من ثار على الإسلام، ولكن أشار البعض إلى أن كثيرين من المعتزلة سبقوه في هذا المجال " كواصل بن عطاء "، و" عمر بن عبيد " و" النظام تلميذ بن الهيثم " و " الجاحظ "، إلا أن خصومه كلهم لم يأخذوا عليه إلا قوله " بوحدة واجب الوجود وبساطة ذاته العلية " وهذا قول أرسطي ومعناه أن القائلين به لا يعترفون لواجب الوجود بصفة مطلقة، والصفات المطلقة هي الصفات المميزة عن الذات فأرسطو كان يعترف بالصفات ويقول بأنها والذات شيء واحد (١٢) .

**وأخيراً** لا بد من التأكيد على أن فكره أثر على " ابن رشد " و " ابن سيناء" على الرغم من أن الكثيرين من الشراح والنقاد والفلاسفة العرب كانوا قد تجاهلوه في شروحاتهم وكتاباتهم.

### أبو نصر محمد بن طرخان الفارابي (٨٧٢-٩٥٠م)

**ولد** في فاراب ونشأ منذ بداية حياته نشأة أدبيـة ودينيـة، فـدرس العلـوم الإسلامية مـن فقـه وحـديث وتفسير، وتعلم اللغة العربية والفارسية والتركية ، ونال قسطاً من الدراسات العقلية كالفلسفة والرياضيات وعُني بدراسة الطب عناية خاصة ، ونال شهرة في الموسيقى ، وسافر إلى بغداد وهو يناهز الخمسـين مـن العمر وأقام فيها ، وتعلم المنطق والفلسفة وأتقن اللغة العربية وأقبل علـى كتب أرسطو ودرسـها عـدة مرات، وألف معظم كتبه في بغداد التي أقام فيها قرابة العشرين عامـاً. وسـافر إلى حلب وعـاش في كنف سيف الدولة الحمداني.

**اتسمت** حياته بتفرغه للعلم والفلسفة وتحصيل المعرفة وحبه للسفر وامتاز بثقافته الواسعة ونزعته إلى الزهـــــــد والتصــــــوف وتـــــوفي في مدينـــــة دمشـــــق عـــــام (٩٥٠ م) (١٣).

**لقد** زادت مؤلفاته على السبعين مؤلفاً لكن لم يكتب لها حظ الانتشار الواسع، وقد يعـود السـبب في ذلك إلى ما ذكره ابن خلكان من أن أكثر كانت في رقاع منشورة وكراريس متفرقة، إلا أن بعضها كان قد ترجم إلى العبرية واللاتينية في الأندلس مما أثر على الحركة المدرسية التي انتشرت في أوروبا في العصور الوسطى (١٤). ومن مؤلفاته "شروح أرسطو"، وشرح كتاب المجسطي لبطليموس، وكتاب علم المنطق لفرفوريوس الصوري. وله تصانيف في: إحصاء العلوم، الجمع بين رأيي الحكمين أفلاطون وأرسطو، مقالـه في معاني العقل، آراء أهل المدينة الفاضلة، وعيون المسائل وسواها (١٥). ولقب بالمعلم الثاني في حين لقب أرسطو بالمعلم الأول.

**فلسفته:** يرى كالفلاسفة اليونان أن الفلسفة هي الحكمة بمعناها الواسع فهـي علـم العلـوم، وأم العلوم وصناعة الصناعات. لقد أخذ عن أفلاطون وأرسطو وأفلوطين

ولكن بروح انتقائية توفيقية, فكان بحق منسقاً بين آراء الفلاسفة وموفقاً بين النظريات المختلفة، فالحقيقة الفلسفية عنده واحدة مهما تعددت المذاهب والتيارات ايماناً منه بوحدة الفلسفة معتبراً أن الفلسفة القديمة واحدة. ففي دراسته لأفلاطون وأرسطو حاول أن يبين عدم التعارض بين فلسفتهما، وأن الخلاف الذي وصلنا جاء من تعصب أتباعهما الذين وقفوا عند الفروع، تاركين الأسس والجواهر، ممّا أدّى إلى تباعد المسافة بين كبار الفلاسفة (١٦) . وفي طريقته التوفيقية بين أفلاطون وأرسطو اتّبع طريقة علمية قائمة على المقارنة بين النصوص من خلال المصادر ولم يعتمد على أقوال الناس، إلا أن النقاد اعتبروا أن محاولته التوفيقية لم تقم على أساس، لذلك كانت غير موفقة لما بين الفيلسوفين من تباعد في الرؤية الفلسفية. إلا أن المحاولة التوفيقية عنده أصبحت دعامة قامت عليها الفلسفة الإسلامية لاحقاً باعتبارها فلسفة توفيقية حاولت التوفيق بين أفلاطون وأرسطو وتقريب أرسطو من المعتقدات الإسلامية، بالإضافة إلى التوفيق بين الدين والفلسفة انطلاقاً من أن الحقيقتين:الدينية والفلسفية متفقتان في الموضوع مختلفتان في الشكل (١٧) . وفيما يتعلق بالنفس فرأى أنها لا توجد في الإنسان فقط بل في النبات والحيوان والسماء والكواكب، وتختلف كل نفس من هذه الأنفس عن غيرها. وصنف العلوم في أصناف راعى فيها ترتيبها ترتيباً معيناً. أما بالنسبة لموضوع السعادة فقد رأى أنها غاية كل فرد فإذا حققها فإنه يسعى إلى غاية أخرى لأنها خير وكمال وتحصل السعادة بالاكتساب وليس بالفطرة.

**وللفارابي** فلسفة اجتماعية ففي كتابيه "السياسات المدنية" و"آراء أهل المدينة الفاضلة" يبحث فيهما الفلسفة والاجتماع ، ويرى أن الإنسان مفطور على حاجته للاجتماع، ويقف مع أفلاطون في صلاح حكم الفلاسفه وضرورته فهو حكم الصفوة أو الاجتماع الفاضل (١٨) .

إن المتبع لأفكاره يجد أنه آمن بوحدة الفلسفة ووحدة الحقيقة والمعرفة، ومذهبه عقلي متسق إذ يقرر أن الوجود الحقيقي هو الوجود العقلي، وأن الله عقل محض لا تخالطه مادة ولا كثرة، وفي تقواه وزهده كان موضع إعجاب معاصريه ممّا كان له أبعد الأثر على جميع فلاسفة الإسلام الذين جاءوا بعده؛ فهذا ابن سيناء كان قد استفاد من كتبه حتى قيل: لا يوجد شيء في فلسفة ابن سينا إلا وله بذور موجودة في فلسفة الفارابي. لقد سلك الفارابي طريق الأفلاطونية الحديثة في توضيح صدور الموجودات عن السبب الأول (الفيض) ، واستمد جميع عناصر فلسفته من جميع المدارس التي سبقته فكانت جامعة لتيارات الفكر في عصره مما أثر على مذهبه فجاء ليس مشائياً ولا روائياً ولا أفلاطونياً حديثاً، وإنما كلها موحدة ومؤلفة ومنسقة في وقت واحد [١٩] .

**إخوان الصفا :**

هم فريق من الفلاسفة أسسوا جمعية خاصة بهم بعد أن **نشطت** الحركة الفكرية التي بعثها أعلام المعتزلة في حدود القرن الرابع للهجرة بعد أن بطش المتوكل برموزها، وكانت الجمعية التي أسسوها سرية مما جعل المؤرخين يؤكدون صعوبة معرفة زمان ظهورها. وذكر أبو حيّان التوحيدي على ماورد في كتاب " أخبار الحكماء " للقفطي أن المؤسسين هم : زيد بن رفاعه، أبو سليمان المقدسي، أبو حسن الزنجاني، أبو أحمد المهرجاني، والصوفي، وكان مركزهم في مدينة البصرة، وكانت ظروف العصر سبباً في تشكيل هذه الجماعة فقد بين مؤسسوها أن من أهداف الجماعة سيطرة الجهل على الناس في ذلك الوقت، وأن الشريعة قد تدنست من الممارسات اللاأخلاقية، وأن لا سبيل إلى تطهيرها إلا بالفلسفة فهي الحاوية للحكمة وأنه متى انتظمت الفلسفة اليونانية والشريعة حصل الكمال [٢٠] . لذلك عمد مؤسسوها وأنصارها إلى العلوم العقلية يستعينون بها واتخذوها وسيلة لتهذيب النفس وترسيخ الإيمان وإعادة الثقة بالنفس، بعد ما حصل من بدع وتعدد الفرق واختلاف

المفاهيم فأدّى ذلك إلى البلبلة وإثارة الشكوك ممّا أثر على سلطان الدين، هذا ما أكدوه في رسائلهم حيث ذكروا أن أخلاق الناس قد انحطت وكثر الخداع والغش وشاع الظلم والاضطهاد مما أدّى إلى انتقالهم للحياة السرية معتقدين أن ذلك سبيل الخلاص من شرور الدنيا والفوز بسعادة الآخرة. ويذكر بعض المؤرخين أن هناك سبباً آخر لا يبدو واضحاً في رسائلهم وهو إعادة الخلافة إلى آل البيت بعد تغيير الحكم العباسي[٢١].

**ويستطيع** القارئ والمحلل لرسائلهم وعددها (٥٢) رسالة ،أن يصل إلى نتيجة أن مذهبهم الفكري كان قريباً من مذهب الشيعة الإسماعيلية، وهي إحدى الفرق الإسلامية التي حاولت الاستيلاء على الخلافة، وقد عرفت الجماعة باسم " إخوان الصفا " مدّعين أن هذا الاسم مأخوذ من صفوة الأخوة. إلا أن بعض الباحثين يؤكد أن الاسم مأخوذة من الحمامة المطوقة في كتاب كليلة ودمنة، فقد ورد اسم إخوان الصفا في أول هذا الكتاب، أما نظامهم فكان يقوم على التستر والتكتم والتوسع والانتشار والتعاون. وتعتبر رسائلهم التي تركوها المصدر الأول في التعرف على أفكارهم وفيها دونوا علومهم وآراءهم وشؤون جمعيتهم وهي موزعة على أربعة أجزاء:

**الأول** في الرياضيات، **الثاني** في العلوم الطبيعية، **الثالث** في الشؤون الخلقية والمدركات العقلية، **والرابع** في الأمور الإلهية والغيبية. إلا أن محتواها غير منظم وفيه الكثير من التكرار والتداخل، وربما كان ذلك للتمويه حتّى لا يتمكن أي قارئ من الظفر بمضمون هذه الرسائل[٢٢].

**وتجدر** الإشارة هنا إلى أن تفكيرهم كان يمتاز بالشمولية لأنهم بحثوا في كل العلوم المعروفة في عصرهم، في حين أن مذهبهم امتاز بنزعة قريبة من الزهد ، فهم يشددون على القيم الأخلاقية والفضائل والمبادئ الروحية ويذكّرون دائماً

بالخوف من الله ، كما آمنوا بالسحر والتنجيم. أما مصادر أفكارهم ومعتقداتهم وعلومهم ونظرتهم الى المعرفة، فهي من المصادر الآتية [٢٣] :

١- **كتب الفلاسفة والحكماء** والكتب المنزلة كالتوراة والإنجيل والقرآن، والكتب الطبيعية والإلهية (جواهر النفوس).

٢- **النظام الكوني**: إذ اعتقدوا أن العالم لم يخلق دفعة واحدة، ولا انحدر من مادة أزلية بل أن الله أوجده في سبيل التدرج من مادة قديمة أبدعها من لا شيء، فهو مصدر المعرفة ،وان الانسان يصل الى المعلومات عن طريق الحواس والعقل والبرهان وان الحواس لا تخطىء، وأن خلق الطبيعة استغرق ستة آلاف سنة،فالله يفيض على العقل الكلي،والعقل يفيض نوره على النفس الكلية والتي تفيض على النفس الجزئية على البشر.

٣- **السلّم الطبيعي** لترتيب الكائنات من أدنى إلى أعلى: الجماد، النبات، فالحيوان، فالإنسان، فالأفلاك.

٤- **التعليم الخلقي**: لقد أعطوا موضوع الأخلاق أهمية كبرى وأكدوا أهمية التوجيه الخلقي، وأن الأخلاق الفاضلة هي سبيل السعادة.

٥- **مبدأ التعاون** الذي يحتاج من أجل إنجاحه اتفاقاً في الفكر وانسجاماً في الرأي والروح، ويعتبر حاجة اجتماعية وضرورة روحية.

٦- **عدم التعصب** لأي مذهب فمذهبهم كما بينوا يحتوي كل المذاهب. فهم يتجهون اتجاهاً روحياً معتمدين على كتب الأنبياء وما جاء بها. وهم كالمعتزلة يؤمنون بالله إلا أنهم ينفون الصفات عن ذاته ويثبتون وجوده بالعقل المبني على ضرورة وجود علة أولى.

لقد ارجع اخوان الصفا وخلان الوفا كما يسمون انفسهم المعارف كلها الى الادراك الحسيء مخالفين نظرية افلاطون في المعرفة والقائلة ان النفس تعرف

بالتذكر انطلاقا من الايمان بأنها كانت موجودة قبل هبوطها الى الارض في عالم الارواح، وكانت ملمة بكل المعارف ولما نزلت الى العالم المادي من عالم الارواح نسيت معرفتها القديمة ولذلك فإن كل شيء تتعلمه فهو عبارة عن اعادة تذكر.(٢٤)

**أما** في مجال التربية فلم يقدموا تعريفاً محدداً لها واستخدموا كلمة التعليم, وقصدوا بها الوسائل العملية للتدريس ونقل المعلومات وإكساب المهارات للدارسين، وركزوا على التوجيه والتهذيب وإصلاح ما فسد من خلق الإنسان، وتبدأ بالتدرج حسب مراحل نمو الإنسان من سن معينة إلى سن الخمسين. ويوجه التعليم إلى الاهتمام بالنفس وتهذيبها وتطهيرها (٢٥) هذا بهدف معرفة الله ومعرفة النفس وتهذيبها وخلاص الروح من الجسد للفوز بالحياة الآخرة، وصلاح الإنسان في الحياة الدنيا.

**لقد** اهتموا بالفروق الفردية لدى المتعلمين ومراعاة ميولهم وحاجاتهم وابتعدوا عن التقليد،واكدوا اهمية اعتماد الانسان على نفسه في البحث، وربطوا العلم بالعمل، مركزين على مبدأ اختيار المتعلمين إذ يختارون عند بلوغ الطفل سن الخامسة عشرة بعد تركه الحياة الدنيا، وارتضائه صحبة جماعة إخوان الصفا ويتعلم علمهم وحياتهم بهدف الوصول إلى الحياة الاخرة وتحقيق السعادة الأبدية. أما من حيث علاقة المعلم بالمتعلم فأكدوا على العلاقة الروحية، ودعوا للركون إلى العقل لأنه الفيصل في كل الأمور.وركزت طرقهم في التعليم على مبدأ الاثارة، أي التشويق وتهذيب النفس قبل التعليم وكشف الحقائق بالتدريج والتركيز على اللقاءات للتشاور في بث دعوتهم ،هذا بالاضافة الى المراسلة وتلاوة الرسائل في مجالسهم وتحليل محتواها.كما اكدوا على ان يتصف المعلم بالاخلاق الحسنة والاجتهاد والصبر والايمان بدينه و الزهد بالدنيا والتمكن من فهم طبيعة متعلميه.

ولا بد من الاشارة في هذا المجال الى ان فلسفتهم التربوية اكدت ضرورة تعليم الانسان اصول البحث ليصبح قادرا على الاستمرار في التعليم.

**ابن سينا الفيلسوف والطبيب (٩٨٠-١٠٣٧م ) :**

**هو** حسين بن عبد الله بن سينا ولقبه الشيخ الرئيس وكنيته أبو علي، وكان أبوه فارسياً من أهل " بلخ " قدم إلى بخارى أيام نوح بن منصور الساماني. وقد ولد ابن سينا في قرية أفشنة من أعمال بخارى " وكان أبوه يعمل في الولاية، وتتلمذ الابن على عدة معلمين دارساً الأدب والقرآن والحساب والهندسة ، وطالع كتب المنطق والمسائل الفلسفية والكلام والطب ، ومن شدة ذكائه برز في الطب وهو في السادسة عشرة من عمره دون معلم، واتبع في الفلسفة منهج أرسطو. وعندما بلغ العشرين من عمره كان قد أحاط بجميع علوم زمانه، من علوم نقلية وعلوم عقلية مستمدة من الترجمات اليونانية متأثراً بالإسماعيليين لكنه لم يعتنق مذهبهم[٢٦]. وبالنسبة للطب كان يرى أنه يختص بالنظر في الأبدان وأمراضها وعلاجها، أما الفلسفة فتختص في البحث في النفوس وشفائها [٢٧] .

**تنقل** بعد موت أبيه في بلاد فارس حتى انتهى إلى " جرجان " وكذلك إلى أصفهان التي أقام فيها سنوات يجالس أميرها وعلماءها إلى أن مرض وأهمل مداواة نفسه، وتوفي وهو في الثامنة والخمسين من العمر، تاركاً كتباً كثيرة بالعربية والفارسية، ولكن قسماً منها فقد أو ما يزال مخطوطاً. ففي الطب له كتاب "الفولنج" وكتاب " القانون " الذي قسّم إلى خمسة أجزاء: **الأول والثاني** في الكليات ووظائف الأعضاء وعلم الأمراض، **والثالث والرابع** في الحميات والمعالجات، **والخامس** في العلاج وتركيبه . وهذا الكتاب هو أساس شهرته وترجم إلى اللاتينية منذ القرن الثاني عشر وظل يدرس في جامعات أوروبا حتى أوائل القرن التاسع عشر، وأعيد طبعه باللاتينية ستاً وثلاثين مرة [٢٨] . ويعتبر كتاب " الشفاء " من أكبر كتبه الفلسفية فهو وسيلة إلى هداية النفوس والسير بها في طريق السعادة، تناول فيه الرياضيات والطبيعيات والإلهيات

والمنطق. أما كتاب "الإشارات والتشبيهات" فقد وضعه في أواخر حياته إذ يدور حـول الأخـلاق والتصوف والطبيعيات والإلهيات، وله رسائل عدة منها: رسالة النفس، والعشق، وحي بن يقظان، ورسالة في الأخـلاق. هذا بالإضافة إلى أنه وضع قواعد التجريب في الطب فكان أول من أسس المنهج العلمـي الحـديث، وفيـه تقوم أصالته الحقيقية وترجع إليه شهرته كطبيب وفيلسوف، مما يـدل عـلى أن فلسفته كانت متأثرة بالمنهج العلمي. تقلد ابن سينا في حياته مناصب سياسية كثيرة فأصبح وزيراً لشمس الدولة في همدان بعد أن عالجه وشفاه، واستمر في الوزارة ست سنوات، إلا أن الجنـد ثاروا عليـه فسجن واستولوا عـلى جميع ممتلكاته وطلبوا من شمس الدولة قتله ، إلا أنه لم يقتله بل نفاه، ولكن بعد ذلك مرض الأمـير فاستدعاه للعلاج فشفاه وأعاده إلى الوزارة مرة أخرى [٢٩].

لقد انتشرت حول شخصيته الأساطير فهو رمز الحكمة عند الشرقيين، وأمير الأطباء عند الغربيين، وله في الفلكلور التركي صورة خيالية، وهي صورة سـاحر محب للخـير وحكيم يلعب بحظوظ النـاس وبطوالـع الملوك.

انتقد من خلال كتاباته أهم أصول علم الكلام الأشعري انتقـاداً مبـاشراً، واصفـاً الأشعرية "بالتعطيـل " وهو الوصف الذي كانوا يرمون به خصومهم المعتزلة لكونهم لا يثبتون الصفات لله بصفات زائدة عـن الذات، فأعطى مفهوم "التعطيل" معنى أقوى وأعمق. وينتقد الأشعرية أيضاً في إيمانهم بأن الجود الإلهـي هو الذي جاء منه العالم، وقد تعطل زماناً قبل صدور العالم منه [٣٠].

آثر ابن سينا في آخر حياته طريق الفيض أو الإلهام حيث اعتمد أنه بواسطة الحدس يتم اكتشاف المعقولات الأولية. والحدس عبارة عن استعداد وهو إدراك مباشر يشتد أحيانـاً ، حتى أنه لا يحتاج إلى جهد كبير للاتصال بالعقل الفعّال، أما طريق القياس فهو الذي نصل بواسطته إلى نتيجة مجهولـة مـن مقدمات معلومة [٣١].

فلسفته :

**يعتبر** طليعة الفلاسفة الذين وضعوا مبادئ التفكير السكولاستيكي محاولاً الجمع بـين الـدين والفلسـفة، وكان انتقائياً يأخذ من كل مذهب ما يرضيه، جامعاً علم اليونان بحكمة الشرق مؤسساً صرحاً فلسفياً يمثل المذاهب القديمة أحسن تمثيل، ومعبراً عن روح عصره أصدق تعبير محيطاً بـالعلم والأدب والفـن، مهتمـاً بالشعر والفـن مـما جعلـه مشهوراً كفيلسوف وطبيب. إلا أن حذقه في الطب لا يفوق حـذق الـرازي، وأصالته الفلسفية دون أصالة الفارابي من حيث عمق التفكير وقوة الفهم وأصالة الابتكار [٣٢].

**لقد** عالج في فلسفته عدة قضايا فلسفية مقسماً الفلسفة إلى : فلسفة نظرية وفلسفة عملية. وغايـة الفلسفة النظرية تكميل النفس بالعلم لمعرفة الحق. أما غاية الفلسفة العملية فهي تكميل النفس بالعمل لمعرفة الخير، مركزاً في فلسفته على المنطق ومستعيناً بأرسطو في " المادة " و "الصورة " ليبـين كيفيـة تكون الأشياء وانتقالها من الإمكان إلى الوجود كبقية فلاسفة العرب الـذين حاولوا إثبات وجود الله ووحدانيتـه بواسطة نظرية واجب الوجود ، إذ يرى أن واجب الوجود هـو الـذي تقتضي ـ طبيعتـه أن يكون موجوداً، بمعنى أنه إذا أُعتبر غير موجود فيحصل من ذلك استحالة أن يكون هو القوة التي تعطي الأشياء وجودها، فإذا زال امتنع وجود هذه الأشياء. وأن الممكن الوجود هو الـذي ما يـزال في طـور قابليـة الحـدوث، إنـه موجود بالقوة يحتاج إلى علة تنقله من القوة إلى الفعل، أي من الإمكان إلى الوجود، هو الـذي لـيس مـن ذاته وجوهره أن يكون موجوداً فلا ضرورة في وجوده ولا في عدمـه، والممكـن الوجود متـى وجـد أصبح واجب الوجود بغيره أي بالقوة التي نقلته من صفة الإمكان إلى الوجـود الفعـلي. فمـثلاً النار لـيس مـن طبيعتها أن تكون موجودة ولكنها توجد ضرورة إذا التقت قوة محركة بقوة قابلة للاحتراق [٣٣].

**أما** النفس عنده فهي محور وعماد فلسفته، فبين في كتاباته قواها وصلتها بالجسم وأن معرفتها مرقاة إلى معرفة الرب تعالى، كما أشار إليه قائل الحق بقوله: "من عرف نفسه فقد عرف ربه "[٣٤] . وقدم عدة براهين على وجودها أو إثبات روحانيتها ومغايرتها للجسم فهو يعتبرها جوهراً روحانياً غير مادي مستقلاً عن الجسم، إنها جوهر قائم بذاته وقواها خمس: **قوى النفس المدركة** وهي صنفان: صنف يدرك من الخارج وهي الحواس الخمس، وصنف يدرك من الباطن، **وقوى النفس المصورة** وموضعها آخر التجويف المقدم من الدماغ ووظيفتها حفظ ما جاء عن الحس المشترك بعد غيبة المحسوسات، ثم **قوى النفس الثالثة وهي المتخلية** ووظيفتها تركيب بعض الخيال مع بعض، وموضعها في التجويف الأوسط من الدماغ، **والقوى الرابعة هي القوى المتوهمة** وموضعها نهاية التجويف الأوسط من الدماغ ووظيفتها إدراك المعاني غير المحسوسة الموجودة في المحسوسات الجزئية مثل إدراك الأرنب عداوة الثعلب. أما **القوة الخامسة فهي الذاكرة** أو الحافظة وهي في التجويف المؤخر من الدماغ ، ووظيفتها حفظ ما تدركه القوة المتوهمة [٣٥]. مضيفاً إلى أن الإنسان يشترك مع الحيوان في جميع القوى النفسية ما عدا التعقل الذي هو خاص بالإنسان لأنه يتصرف بالعقل في حين أن الحيوان يهتدي بالغريزة.

**في سياسة الرجل تجاه ولده** : يبين أن من حق الولد على والديه حسن تسميته واختيار مرضعته بحيث لا تكون حمقاء ولا ذات عاهة لأن اللبن يعدي كما قيل! وبعد الفطام تبدأ عملية تأديب الطفل ورياضة أخلاقه، فيجب على المؤدب أن يجنبه الأخلاق السيئة. أما فيما يتعلق بالعقاب فيرى أن يكون أول الضرب موجعاً قليلاً، وبعد أن تشتد مفاصل الطفل ويستوي لسانه ويتهيأ للتلقين يبدأ المؤدب تعليمه القرآن، ويجب أن يكون المؤدب عاقلاً متديناً بصيراً برياضة الأخلاق نظيفاً ويعرف آداب المجالسة ناصحاً أن يكون مع الطفل أطفالٌ آخرون ذوو أخلاق حسنة، وبعد أن يحفظ القرآن يوجه لصناعة ما، فإذا أراد الكتابة أضاف المؤدب

إلى دراسته دراسة اللغة ودراسة الرسائل والخطب، ويفسح للطفل حرية اختيار ما يناسبه من الصناعات، فإذا أصبحت الصناعة تدر عليه الكسب حينئذ يزوج [٣٦].

ولا يجيب ابن سيناء في كتاب السياسة عن سن الدخول الى المدرسة او الكّتاب، ولكن في "كتاب القانون" ،يشير الى ان السن المناسبة للبدء بالتعلم هي سن السادسة اذ يمكن في هذه السن ان يقدم الصبي للمؤدب او المعلم.اما بالنسبة لطرائق التعليم ومواد التدريس فمنهجه كان صورة لتطلعات مجتمعه وامانيه في هذا المجال والذي كان يركز على الروح الدينية الى جانب التهذيب الخلقي كعاملين رئيسيين لبناء الشخصية وتكاملها.فمع تعليم القرآن يتعلم الطفل القراءة والكتابة .ومع تعليم الدين يتعلم السلوك والمعاملة.وقد اتصفت آراؤه بالواقعية والوضوح.[٣٧] وبالنسبة لطرائق التعليم فإنه يركز على التدرج من السهل الى الصعب،ومن البسيط الى المركب، وعلى التربية الخلقية والعقلية في آن واحد.وعند الاقدام على الثواب والعقاب ينبغي مراعاة طبيعة المتعلم من ناحية ،والعمل الذي قام به من ناحية اخرى.

**وخاتمة** لابن سينا يمكن القول إن الحركة الفلسفية في الشرق انتعشت على يديه على الرغم من أن نورها قد خفت بعده لمحاربتها من بعض الفلاسفة كالغزالي ، فبدأت تبحث عن أرض خصبة لمواصلة نموها، فانتقلت إلى بلاد المغرب والأندلس والتي وجدت فيها كل دعم من بعض الحكام والمفكرين فانبعثت وازدهرت على أيدي بعض الفلاسفة المسلمين ولعل من أشهرهم وأعظمهم شأناً " ابن رشد " وسوف نتطرق إليه لاحقاً لما قدمه من أفكار فلسفية عقلية مطوراً بها العناصر المادية في فلسفة أرسطو.

**أبو حامد الغزالي (١٠٥٩-١١١١م) :**

**ولد** أبو حامد محمد بن محمد بن أحمد الغزالي في الغزالة، وهي بلدة تقع في جوار طوس من أعمال خراسان، وعمل والده بالغزل، وكتب بعض المؤرخين أنه

سمي بالغزّالي نسبة إلى صنعة والده، بينما أشار البعض الآخر إلى أن اسمه جاء من نسبته إلى البلد التي ولد فيها. إلاّ أن الإجماع يؤكد أن تسميته إنما جاءت من نسبته إلى بلدة الغزالة. وقبل وفاة والده عهد الوالد إلى بعض رجال المتصوفة لتنشئته تنشئة دينية ، فأظهر ذكاء ونبوغاً منذ ريعان شبابه، ولما كبر درس الفقه وعلم الكلام وتعلم المنطق والجدل وقرأ بعض كتب الفلسفة، ثم عمل في المدرسة النظامية التي أسسها نظام الملك الذي أراد منه الدفاع عن عقيدة أهل السنة ، وذاع صيته في المدرسة حتى لقب بإمام العراق، فكلفة الخليفة العباسي المستظهر بالله الرد على الباطنية التعليمية فرد عليها ببعض كتاباته. ومن كتبه " المنقذ من الضلال " وكتاب " مقاصد الفلاسفة " وكتاب " تهافت الفلاسفة " الذي ضمنه شكوكه في براهين الفلاسفة، وكتاب " أحياء علوم الدين" وكتب أخرى في الفلسفة والأخلاق والمنطق والتصوف والفقه حتى بلغت عدداً كبيراً وأغلبها يدور حول الأفكار الدينية التي شغلت حياته [٣٨] . ولما غادر بغداد إلى بلاد الشام كلف أخاه في التدريس بدلاً منه في المدرسة النظامية. وكان الغزالي محباً للعزلة والتأليف والتعبد معتكفاً في مسجد دمشق طوال النهار. وبعد إقامة سنتين في دمشق سافر إلى بيت المقدس ، فالخليل لزيارة قبر إبراهيم ، فالحجاز لتأدية فريضة الحج، ثم إلى مصر ، مما يدل على أنه كان محباً للتجوال والتنقل في البراري بألبسة مرقعة ومعه المزود وبيده العصا. وبعد ترحال طويل عاد إلى بغداد ثم إلى نيسابور للتدريس والمساهمة بأعباء الإصلاح الديني حيث دعاه سلطانها فأقام فيها سنتين غادرها إلى طوس التي أسس فيها زاوية للمتصوفين ، ومدرسة لطلاب الفقه وأهل الحديث [٣٩] . لقد أثرت عزلته على فكره ومجرى حياته إلا أنها كانت غنية بالتجارب الروحية، التي أثرت على تحديد طريقه في الحياة وزادت في شوقه إلى الإصلاح الديني.

**فلسفته :**

**يتضح** من خلال كتاباته وما كتب عنه أنه لم يكتف باقتباس بعض المسائل الفلسفية أو نقضها والرد عليها، بل حاول هدم أركان الفلسفة كلها. أما فكره فامتاز بالبحث عن اليقين بطريقة الحدس الباطني مختلفاً في تصوره ومنطلقاته عن المعتزلة وعلماء الكلام والفلاسفة، إذ أنه اختلف عن المعتزلة في أنه لم يحاول التوفيق بين النقل والعقل، واختلف عن علماء الكلام فلم يحاول الدفاع عن العقيدة الدينية بالاستناد إلى الشواهد والحقائق العلمية ، ثم أنه لم يتبع الفلاسفة في أصولهم الطبيعية والإلهية ، فجاء بطريقة المعرفة الباطنية والكشف الباطني والمشاهدة المحضة كطريقة في التفكير خاصة به وهي الطريقة الصوفية ، فهو لم يبنِ المعرفة على العقل كما فعل علماء الكلام والمعتزلة والفلاسفة بل بناها على التجربة الروحية والكشف الداخلي. وخالف المعتزلة في قضية رعاية الله للأصلح التي تقول أن الله لا يستطيع أن يفعل بعباده خلاف ما فيه صلاحهم وخيرهم لأنه آمن بأن إرادة الله مطلقة غير مقيدة بما فيه صلاح الإنسان وخيره. وبالنسبة للفلاسفة فرد عليهم في كتابه: " تهافت الفلاسفة " وصنف في هذا الكتاب حسب اعتقاده أن مجموع ما غلطوا فيه عبارة عن عشرين قضية ممّا كان له تأثير سلبي على الفكر الفلسفي في المشرق ، فلم يحاول أحد من تلاميذ ابن سينا أن يرد عليه إلا أنه في الأندلس أحرقت كتبه، كما أحرقت أيضاً كتب بعض الفلاسفة، ووصفه مؤيدوه بأنه حجة الإسلام ومحيي علوم الدين في عصره، في حين أن بعض المفكرين حكموا عليه سلباً واصفينه بالتخبط وأن حججه ضعيفة الإسناد . لقد جاءت أفكاره رداً على ما انتشر في الدولة الإسلامية من دعوات فاطمية، قرمطية، إسماعيلية, ومذاهب فلسفية عقلية، وما حصل من تدهور في الأخلاق واضطرابات في السياسة .

**نظرته إلى المعلم:**

**يرى** "الغزالي" أن المعلم الذي يُعهد إليه بتنشئة الجيل يجب أن يكون كامل العقل ذا أخلاق وفضائل عالية وأن يتحلى بالصفات الخاصة الآتية [٤٠] :

١- **أن يتصف بالرحمة** والعطف والرقة مما يؤدي إلى إكساب المتعلم الثقة بالنفس فيقبل على تحصيل العلم بسهولة، وأن يكون بمثابة الأب، ولا يطلب أجراً لقاء عمله بل يقوم بذلك لوجه الله، ولا ينتظر الحمد والشكر على عمله لأنه يؤدي فرضاً. وأن يتشبه بالرسول عليه السلام لتحقيق الغرض الأسمى من التعلم وهو التقرب إلى الله.

٢- **أن يكون أميناً** وصادقاً مع تلميذه ولا يسمح له بالبدء بدرس جديد أعلى قبل أن ينهي الدرس السابق وأن يتجنب استعمال القسوة مع المتعلم .

٣- **أن يعظم المعلم** من شأن العلوم التي ليست من اختصاصه غير مقلل من قيمتها على حساب تمجيد علمه. وأن يهتم بالفروق الفردية ونفسية المتعلم وقدراته الخاصة ليعرف كيف يعامل تلميذه، ويبعده عن الشك والقلق، وأن لا يحاول إرباك فكره بتقديم معارف ونظريات وآراء متضادة وخاصة في علوم الدين.

٣- **إن من صفات** المعلم المثالي التمسك بالمبادئ والعمل على تحقيقها. لقد نصح المعلم بأن لا ينادي بمبدأ أو يأتي بأفعال تناقض هذا المبدأ وأن لا يمارس أعمالاً ينهى عنها تلاميذه.

**نظرته إلى المتعلم:**

**من** أهم الصفات التي نادى بها " الغزالي" وطلب من المتعلم التحلي بها ليكون أهلاً للعلم تتمثل في ما يلي [٤١] :

١- **التحلي بطهارة** النفس والابتعاد عن الرذائل، فالتعلم عبارة عن نوع من العبادة، والابتعاد عن أمور الدنيا لأنها قد تلهي المتعلم عن الدراسة وتحصيل العلم.

٢- **الاتصاف بالتواضع** المتمثل في عدم تعاظم المتعلم على معلمه ومؤدبه أو التكبر، بل عليه أن يلقي لمعلمه زمام أمره ويعمل بإرشاداته؛ إذ إن الله يثيب المتعلم الذي يخدم معلمه ولا يغتابه.

٣- **عدم الإصغاء** إلى مختلف المذاهب أو التدخل في جدال مع العلماء وهو لا يزال غير مكتمل علمياً حتى لا يتشوش فكره، ولكن عليه أن لا يهمل دراسة أي علم من العلوم المحمودة دينية كانت أم دنيوية، فالمعرفة المقصودة النواحي أفضل من المعرفة المحدودة.

٤- **أن لا يخوض** في فن من فنون العلم دفعة واحدة بل بالتدرج مراعياً الترتيب، ويبدأ بالأهم ناصحاً البدء بعلوم الدين وإتقانها ثم بعد ذلك دراسة العلوم الأخرى حسب أهميتها وأن يعرف قيمتها ويحترم حقائق العلم بغض النظر عن الخلافات بين أصحاب تلك العلوم ومعلميها .

٥- **إن هدف المتعلم** من علمه هو تجميل نفسه وتهذيبها والتقرب من الله والارتقاء إلى مستوى الملائكة، ومعنى هذا الاهتمام بالعلوم الدينية لأنها حسب رأيه أهم العلوم وأنفعها للمتعلم. وأن لا يهدف المتعلم من وراء علمه المال والجاه ومباهاة الأصحاب بل الهدف الأساسي هو العلم من أجل العلم.

**تربية الطفل:**

**يرى** إبعاد الطفل عن قرناء السوء وأن لا يعوّد على الدلال والاستمتاع بكل الأشياء التي ترفه عن النفس . وأن ترضعه امراة صالحة متدينة لأن اللبن الحاصل من الحرام لا بركة فيه. وأن يكون الأب مستمراً في العناية والإرشاد حتى يتأكد من أن طفله اكتسب الأخلاق الحميدة. ويرى أن أحسن الوسائل لملء وقت الفراغ

تكون في قراءة القرآن وأحاديث الأبرار. وفيما يتعلق بالثواب والعقاب فيرى أهمية تكريم الطفل ومدحه على الأفعال الحسنة والأخلاق الفاضلة، وأن يكون الثواب هذا أمام ذوي الشأن وأصحاب المكانة تشجيعاً له، وإذ قام الطفل بعمل غير لائق على خلاف ما تعود، فالأفضل التغافل عنه. ولكنه يؤكد أنه إذا كرر ارتكاب الأخطاء يجب أن يعاقب سراً ويحذر من العودة إليها، إلا أنه ينصح بعدم التمادي في العقاب والتأنيب(٤٢) . ويؤكد تعويد الطفل على الخشونة وأن يمارس الرياضة حتى لا يغلب عليه الخمول وأن يتعود على التواضع، ويحافظ على النظافة وأن لا يتثاءب بحضرة غيره ويمنع من كثرة الكلام ، وأن يتعلم كيف يجلس بأدب واحترام ، محسناً الاستماع لمن هم أكبر منه سناً، هذا بالإضافة إلى القيام بواجباته الدينية من عبادات وصوم رمضان وتعلم علوم الشرع .

**ابن رشد (١١٢٦-١١٩٨م) :**

**هو أحمد** بن محمد بن رشد ويكنى أبا الوليد الذي ولد في مدينة قرطبة بالأندلس وتوفي في مدينة مراكش. وكانت أسرته من أكبر الأسر وأشهرها حيث كانت حياته في بيت فقهاء فأبوه كان قاضي قرطبة ومن أئمة المذهب المالكي، كما أن جده عمل كقاضي للقضاة في الأندلس (٤٣) . هذا المناخ أثر في تربيته ودراسته فدرس الشريعة الإسلامية وتخرج في الفقه على مذهب الإمام مالك ، ودرس الفلسفة والمنطق قبل دراسة الطب. تولى مناصب رفيعة كالقضاء في إشبيلية ثم في قرطبة. وعندما ترك ابن طفيل طبابة الخليفة لكبره في السن اقترح أن يخلفه في الطبابة ابن رشد، فقام بذلك لكنه ترك المهمة بعد تعيينه قاضياً للقضاة في قرطبة للمرة الثانية (٤٤) . وعندما تسلم السلطان أبو يوسف يعقوب الملقب " بالمنصور" مقاليد الحكم لقي ابن رشد الاهتمام فأصبح رأيه الرأي المأخوذ به مما جعله "سلطان الأفكار " فأوجد هذا له حسّاداً كثيرين اتهموه بالكفر والزندقة ، وشكلوا ضغطاً على السلطان لنفيه، فنفاه إلى قرية " اليسانة " اليهودية بعد أن أحرقت كتبه الفلسفية

وأبقى على كتبه التي تبحث في الرياضيات والطب ، وبعد فترة عفاعنه السلطان واستدعاه وأكرمه ثم ما لبث أن مرض ومات. لقد اعتبر ابن رشد خاتمة لعصر ازدهار الفلسفة الإسلامية وإكراماً له لقبته جامعة بادوا "روح أرسطو وعقله" [٤٥]، لأنه اختار النزعة الأرسطية الطبيعية كمرتكز عام لفلسفته.

**ومن** المعروف عنه أنه كان يحب العلم ويدافع عنه محباً للمطالعة والبحث والتنقيب تاركاً للأجيال ثروة فلسفية تتمثل في مؤلفاته ومصنفاته الكثيرة متناولاً أرسطو بالشرح والتلخيص. ومن أشهر كتبه: " تهافت التهافت " وكتاب " جوامع ما بعد الطبيعة " وكتاب " الكليات في الطب " وكتاب " جوامع السماع الطبيعي" و"تلخيص كتاب أفلاطون"، وتلخيص كتاب "أرسطو في المنطق"، و"جوامع كتاب أرسطو في الطبيعيات والإلهيات" ، و"جوامع سياسة أفلاطون"، و"شرح جمهورية أفلاطون"، و"فصل المقال في تقرير ما بين الشريعة والحكمة من الاتصال"، وعدد آخر من المؤلفات، [٤٦] فكان بكل هذا فيلسوفاً عقلياً رأى أن الخير ما هو إلا خير لأن العقل هو الذي يحكم بذلك، وأن العقل ملازم للوجود [٤٧] .

**لقد** عاش حياة قضاها في الدراسة والبحث والتأليف، دائم المراجعة لما كتب مصححاً ومعدلاً ومجدداً، وكان يتحرك كعالم متعدد التخصصات يستحضر الطب في الفقه، والفقه في الطب، والقرآن والحديث في الفلسفة ، والفلسفة في العلم، والعلم في كل هذه المسائل منطلقاً من وحدة الحقيقة وتكامل المعرفة مقتنعاً " بتطابق العقل والوجود " [٤٨] . ومع أنه كان يقدر "الغزالي" ولا يتردد في إنصافه على خصومه كابن سينا إلا أنه انتقده في افتقاره للفضيلة العلمية في كتبه بمعنى أنه لم يلتزم في كتبه مذهباً معيناً فمرة هو أشعري، وأخرى صوفي وتارة أخرى فيلسوف مع الفلاسفة. كما نقد ابن رشد الفارابي وابن سينا بلهجة فلسفية عنيفة مبيناً أخطاءهما ومشيداً بهما أحياناً في المسائل التي يستحقون عليها الثناء فلم يكن متعصباً إلا للحق والصواب ، ولم يتردد في الاعتراف بالخطأ إذا تأكد له أنه خطأ [٤٩] .

**ومما** يجدر بالذكر أن رجال الكنيسة كانوا قد حقدوا عليه وشنوا عليه حملة عنيفة منذ القرن الثالث عشر وحتى القرن الثامن عشر، وخاصة في قوله بوحدة العقل الهيولاني وأزليته، وخلود النوع الإنساني وهي حقيقة أرسطية تركها أرسطو معلقة وهي : مسألة طبيعة العقل الهيولاني: أمفارق هو وأزلي أم لا ؟ وقد تبناها " الرشديون اللاتين " في صراعهم ضد الكنيسة [٥٠] .

**إن** القارئ لحياته ومؤلفاته يجد أنه وضع نفسه في مرتبة المجتهد في النظريات، والفقهيات، فكان موقفه الاجتهادي متسماً بالانفتاح والاعتراف بالاختلاف وإمكانية الخطأ جامعاً بين مرتبة الاجتهاد في العلوم الدينية والعقلية سواء بسواء، مما أكسبه الثقة بالنفس وجعله هذا يدرك نسبية الحقيقة، فهي نسبية في العلوم الشرعية كما هي في العلوم العقلية، وهي دوماً " تأويل " ظواهر النصوص وتأويل ظواهر الطبيعة ، والتأويل فعل عقل بشري معرض للخطأ على حد تعبيره، ولكنه قوي بقدرته على مراجعة الأحكام وتصحيحها [٥١] . وباختصار لقد جمع ابن رشد في حياته ومن خلال مؤلفاته بين العلم والفضيلة مجسداً فكرة سقراط وهي أن المعرفة أساس الفضيلة والفضيلة علم بينما الرذيلة جهل. ونظراً لأهميته وحضور فكره في العصر الحديث فقد قررت عدة مؤسسات عربية ودولية إطلاق اسمه عليها احتفاء بمرور ثمانية قرون على وفاته.

**فلسفته :**

**كانت** مشكلة التوفيق بين الدين والفلسفة من أهم القضايا التي شغلت فكر الإنسان منذ أقدم العصور والتي بدأت في مدرسة الإسكندرية مع " فيلون " الذي حاول التوفيق بين شريعة موسى والفلسفة، وتصدى كذلك الفلاسفة المسلمون لهذه القضية فعالجها المعتزلة والأشعرية وفلاسفة آخرون فمنهم من كان يخضع الدين للفلسفة، ومنهم من حاول إخضاع الفلسفة للدين. وظل هذا الخلاف قائماً بين الفقهاء والفلاسفة حتى جاء "ابن رشد" وحاول إيجاد الحلول لهذه القضية في كتابه " فصل

المقال " الذي بين فيه أن الشرع لا يكتفي بإباحة النظر العقلي بل يحث عليه أيضاً ويوجبه ويأمر به [٥٢] ، وأوجب النظر في القياس العقلي وأنواعه انطلاقاً من أهمية استعانة المتأخر تاريخياً بمن سبقوه لتكتمل به المعرفة إذ يستحيل لواحد من الناس أن يقف بمفرده على جميع أنواع المعرفة، مستنتجاً هوية فرد واحد إنشاء صناعة علمية, مما يدل على أن النظر في كتب القدماء واجب بالشرع، مبيناً الدليل على الوحدة الجوهرية بين الشريعة والحكمة لأنهما وجهان لحقيقة واحدة. إذ يرى أن الشريعة في جوهرها درس صنع العالم، والفلسفة هي درس الموجودات للاستدلال منها على صانع العالم فهما متفقان في الغاية. ولكن الشريعة هي للعامة أما الحكمة فهي للخاصة [٥٣] . ورأى ابن رشد أن هناك أشياء خفية لا يمكن أن تدرك بالبرهان، وبما أن الكثيرين لا يستطيعون إدراكها برهانياً فقد ضرب لهم الله أمثالها وأشباهها ودعاهم إلى التصديق بتلك الأمثال. وهذا هو السبب في انقسام الشرع إلى ظاهر وباطن ، فالظاهر هو تلك الأمثال المضروبة لتلك المعاني، والباطن هو تلك المعاني التي لا تتجلى إلا لأهل البرهان، وهذا يقود ابن رشد إلى ضرورة التأويل بهدف التأكيد على أن غاية الفلسفة والشريعة واحدة وهي اكتشاف الحق والعمل بموجبه، وأن الحقيقة واحدة وأن تعددت السبل والمسالك في طلبها [٥٤] .

**أما** كتاب ابن رشد: "تهافت التهافت " فهو ينتمي إلى مجموعة كتبه الأصيلة التي هي ليست تلخيصاً ولا شرحاً مباشراً لكتاب معين، بل هي من الكتب التي ألفها ابتداء، وهو امتداد مباشر لكتاب " فصل المقال " وتطوير له مع محاولة إعادة ترتيب العلاقة بين الدين والفلسفة وبيان عدم تعارضهما، ليؤكد عدم تعارض الإيمان مع العقل. كما أن " تهافت التهافت " جاء من أجل الرد على "الغزالي" الذي كفر فيه الفلاسفة في كتابه " تهافت الفلاسفة " الذي حاول أن يبين عجز الفلسفة والفلاسفة. لقد بين "ابن رشد" أن "الغزالي" ناكر للجميل في محاولته إبطال أقاويل الفلاسفة لأن ما كتبه إنما جاء من كتب وتعاليم الفلاسفة، فعليه عدم إنكار فضلهم. ويكفي احتراماً

لهم أن لهم صناعة هي صناعة المنطق، وإذا كانوا قد أخطأوا في العلوم الإلهية فكان قصدهم معرفة الحق ومحاولة الوصول إليه .

**لقد** عرض "ابن رشد" في هذا الكتاب الرد على "الغزالي" في تهجمه على الفلاسفة في ثلاث مسائل هـي: قدم العالم، وروحانية النفس, وسببية المحسوسات[(٥٥)] وهي المسائل التي أثارت الجدل في عصره وتصدّى لها ابن الرشد بطريقة تتسم بالعمق والأصالة محاولاً التوفيق بـين الـدين والفلسفة بعيـداً عـن التنـازلات للدفاع عن حرية الفكر من أجل سحب الحجة من "الغزالي" الذي كان يرى تعارضهما التام من أجل تكفيـر الفلاسفة ومن ثم حظر الفلسفة .

**ويلاحظ** على فلسفته كما فهمها الأوروبيون ما يلي[(٥٦)] :

١- **أنهم** في فهمهم لفلسفته اعتمدوا على شروحاته في مؤلفاته لأرسطو وتلخيصاته لبعض كتبه.

٢- **اعتمدوا** على تلك الشروح والتلخيصات المترجمـة إلى اللاتينيـة والعبريـة وهـذه الترجمات لا تخلو مـن اختلاف عن الأصل الذي ترجمت منه.

٣- **ذاعت** فلسفته بين الأوروبيين أبان محكمة التفتيش التي تعقبت الفلسفة العربية الأندلسية ومحاربتها، محرمة الاشتغال بالعلوم التي تخالف أصول الدين. فمن الطبيعي أن ينسبوا "لابن رشد" كل معنى يبرر ذلك التحريم، إلا أن فلسفته على حقيقتها وكما اعتقدها هي غير ما فهمه الأوروبيون في القرون الوسطى فقد لخص " موريس دي ولف " آراء ابن رشد في كتابه: " تـاريخ فلسفة القرون الوسطى " مبيناً عدم بلوغ أحد من الفلاسفة في ذلك الوقت منزلة "ابن رشد" وذيوع صيته، مبيناً إعجاب ابن رشد بأرسطو، وموضحاً أن فلسفته لم تكن نسخة مطابقة للفلسفة الأرسطية، كـما أكد المؤلف أن فلسفة ابن رشد تخالف في بعض مسائلها ما اتفقت عليه في ذلك الوقت جمهرة الفقهـاء المسلمين. وأخيراً

تجدر الإشارة إلى أنه كان رائداً من رواد الفلسفة الإسلامية مؤمناً بمبدأ سيادة العقل, والبحث عن الحقيقة, والانفتاح على الآخر, والقول بفكرة التغيير المستمر والحركة الدائمة في المجتمع الإنساني, ووجوب مشاركة المرأة في الحياة الاقتصادية والاجتماعية والسياسية، ومثلت فلسفته نقطة تحول في الفكر الفلسفي الإسلامي.

**مبادئ الفلسفة الإسلامية :**

**أثير** جدل حول هذه الفلسفة فرأى البعض إطلاق اسم " الفلسفة العربية " عليها ، بينما رأى البعض الآخر أنها ليست عربية اعتقاداً أن فلاسفتها كانوا من أصل غير عربي، لذلك من الأفضل تسميتها " بالفلسفة الإسلامية " وآثر البعض الآخر إنكار وجود مثل هذه الفلسفة مدعين أن أفكار فلاسفتها مستمدة من فلسفات أخرى. وحكم البعض الآخر على أنها لا تتعدى شرح أفكار "أرسطو" والمشائيين. وتجدر الإشارة إلى أن الفلاسفة المسلمين كانوا قد أخذوا عن اليونان إلا أنهم أضافوا أيضاً عناصر مقتبسة من فارس والهند، إلا أن هذا لا يعني أنها كانت صورة طبق الأصل ، كما ادعى بعض الكتاب ومنهم " دي بور " الـذي يقول: " وظلت الفلسفة الإسلامية فلسفة انتخابية ، عمادها الاقتباس لما ترجم عن كتب الإغريق ". إلاّ أن هـذه الفلسفة أخذت وأعطت إذ أثرت على الفلسفة المسيحية في القرون الوسطى وعملت على بعثها وتوجيهها في الكثير من المسائل والموضوعات. كما أثرت على الفلسفة الأوروبية الحديثة عـن طريق مـا تـرجم إلى اللاتينية وعن طريق الفلاسفة المسيحيين في القرون الوسطى، وكانت لها ذاتيتها، وطبع فلاسفتها ما أخذوه بطابع خاص وجعلوه يستجيب لمطالب العصر ممّا يعد إسهاماً واضحاً في التراث الفكري الإنساني. [٥٧]

**وفي هذا** المجال لا بدّ من تناول العديد من المبادئ التي انطلقت منها:

١- **الكون**: الكون بما فيه من سماوات وأرض وكائنات حية لم يوجد بنفسه ولا نتيجة تغيرات طبيعية، ولم يوجد صدفة، بل قصد الله خلقه وأنه لم يخلق لمجرد الخلق بل لإظهار الحق، وأنه يشمل الروح والمادة والحركة والزمان والمكان والمحسوسات والعناصر ، وهو ليس ثابتاً بل متغيراً وخلق ليكون ميداناً للنشاط الإنساني يستخدم فيه الإنسان طاقاته ويسخره لمنفعته، ويتصف الكون بالشمول، والحركة، والانتظام.

٢- **الإنسان** : هو قوة مبدعة وروح متصاعدة خلقه الخالق ليكون خليفته في الأرض ويكشف أسرارها وله القدرة على التعلم واكتساب المعرفة، وهو أرقى المخلوقات وأعلاها مرتبة لأنه جامع لكل صفاتها ومتميز عليها بالقدرة والاختيار [٥٨] ، وهو مكون من نفس وجسد ولكن ليس بالشكل الازدواجي كما هو في المثالية إنما هو وحدة متكاملة ، فالجسم ليس منفصلاً عن النفس وإنما هما وجهان لشيء واحد هو شخصية الإنسان. لذلك اهتمت التربية الإسلامية بتحقيق التوازن في شخصية الإنسان لأنها تشمل الروح والجسم معاً هادفة إعداد الإنسان الصالح. وأن طبيعة الانسان مرنة قابلة للتغير واكتساب معارف و قيم وعادات واتجاهات جديدة والتخلص من العادات غير المرغوب بها.

٣- **القيم** : احتلت القيم مكاناً مرموقاً وخاصة القيم الأخلاقية فهناك قيم ثابتة كالحق المطلق والخير المطلق والصبر والفضيلة والأمر بالمعروف والنهي عن المنكر، إلا أن الإنسان هو المسؤول عن تطبيقها .

٤- **المعرفة**: الايمان بأهمية المعرفة كهدف أساسي من أهداف الفرد ولكن يختلف فلاسفة المسلمين وعلماؤهم في النظر إلى المعرفة، فبعضهم يرى أنها توقيفية أي توقيف من الله إلى عبده. والبعض الآخر يرى أنها مكتسبة توصل إليها الإنسان بما زوده الله من عقل وتدبير. ويعتبر تحصيل العلم والمعرفة سمة

رئيسية للتربية الإسلامية، وأن أهم أنماط المعرفة التي تقوم عليها التربية الإسلامية هي [٥٩] :

أ. **المعرفة اللدنية**: وهي المعرفة التي يكشفها الله للإنسان وهي موجودة في القرآن الكريم والسنة ويتقبلها الشخص على أساس الإيمان ويعمل على دعمها كلما أمكن ذلك بالعقل والخبرة.

ب. **المعرفة الوثقى** : وهي التي تصدر عن كبار العلماء والمختصين، والمعرفة الموجودة بدائرة المعارف الإسلامية، مثل الفتاوى الكبار المشهورة، وأمهات الكتب الإسلامية، وفتاوى الصحابة.

ج. **النقل عن السلف**: وهو ما يمثل مسلك الخبر الصادق الذي يفيد العلم والمعرفة، مثل أخبار القرآن الكريم ورسله وأنبيائه ومن هم في مرتبتهم، والأخبار العلمية والتاريخية على أن يتوفر فيها ثلاثة شروط إلى جانب أن يكون صاحبها مسلماً: العدالة، الأهلية الفكرية والعقلية لنقل الأخبار دون نسيان أو تعارض، واتصال الراوي بمصدر الخبر أو بمن رواه.

د. **التقليد** : وهو التقليد الواعي الحكيم الذي تتحقق به منفعة محققة للإنسان، أما التقليد الأعمى فهو مكروه لما فيه من عدم تمييز بين الخير والشر والحق والباطل والصالح والطالح.

هـ. **العقل والحواس** : يعتبر العقل مصدراً هاماً للمعرفة وكذلك الحواس التي تمكن الإنسان من أداء رسالته على الأرض، ويعتبر الاجتهاد نمطاً من أنماط المعرفة العقلية ومصدراً من مصادرها في التربية الإسلامية ويرتبط الاجتهاد بالعقل والقياس.

٥- **طبيعة الحقيقة** : مصدر الحقيقة هو الله. إلا أن التربية الإسلامية تشجع الإنسان على استخدام العقل والملاحظة التأملية للكون للوصول إلى الحقائق كما أنها تشجع التجريب .

**التطبيقات التربوية:**

تستهدف التربية الإسلامية بأهدافها المختلفة الدينية و الدنيوية والعقلية والسياسية والاجتماعية و العلمية والمادية كسْب المعارف والتزود بالثقافة، وتحقيق التوازن الجسمي والعقلي والروحي لقوى الإنسان وتكوينه أخلاقياً واجتماعياً،ويجب ان تكون منبثقة من اصول اسلامية و غير متعارضة مع الفكر الاسلامي بهدف البلوغ الى الكمال الاسلامي وبناء الشخصية الانسانية على اساس من القيم الاجتماعية والضبط الاجتماعي.

أما ملامحها عبر العصور وباختلاف الزمان والمكان فيمكن إجمالها بما يلي [٦٠]:

- **هي** مسؤولية كل فرد، فالفرد المسلم مطالب بتنمية نفسه بنفسه من مناهل العلم حسب قدراته وإمكانياته وتوافر العلم في عصره.

- **إنها** تربية شاملة لجميع قوى الإنسان، ومتدرجه معه حسب مراحل نموه المختلفة، كما أنها متكاملة لا تقتصر على زمان ما ومكان ما، بل تتم في كل زمان ومكان وفي مختلف أماكن وجود الإنسان .

- **إنها** تربية عملية تربط ما بين العلم والعمل ، وما بين النظر والتطبيق.

- **إن** كل إنسان فيها معلم، فالكبير يعلم الصغير ، والصغير يعلم الكبير، والمعلم قدوه لما يدعو إليه، يأمر بالخير ويلتزم به ، كما تركز على احترام المتعلم وتقدير مشاعره وتشجيعه والثناء عليه.

- **إنها** تربية قوامها الحرية والانفتاح على البيئة المحلية والعالم أجمع، وتقوم على الأصالة ولكنها لا تأخذ إلا ما تحتاج إليه وبروح انتقائية .
- **إنها** تعطي دوراً مهماً للجماعة التي توجه الأفراد والهيئة وترشدهم وتساعدهم وتتمم النقص فيما يقومون به من جهود،وتعريف الفرد بحقوقه وواجباته.
- **إنها** تهدف إلى تكوين الإنسان الصالح لكل زمان ومكان وليس فقط المواطن الصالح باعتبارها تربية إنسانية عالمية.
- **إنها** تهتم بالتدرج والفروق الفردية وتؤكد على أهمية الاستمرار في التعلم.
- **تهدف** إلى بلوغ الكمال الانساني وتحقيق مكارم الاخلاق وتحقيق الهدف الديني في أن يصبح الانسان عابدا وتنمية التقوى عنده.[٦١]

**مناهج التعليم:**

ليس هناك اتفاق عند فلاسفة التربية الإسلامية وعلمائها على المناهج التربوية ومقرراتها، ولا على المراحل الدراسية ووحدات التعليم فيها، إلا أنهم فرقوا بين تربية الصغار وتربية الكبار، وأقاموا وزناً بين مادة الدراسة وعمر المتعلم. أما السن التي يبدأ فيها تعليم الطفل فليست ثابتة عند العلماء والمربين. ولكن بالنسبة للمناهج يمكن استخلاص المبادئ العامة من وجهات النظر المختلفة ، لقد قسمت المناهج إلى قسمين: الأولي، والعالي[٦٢] :

**الأولي** : ويشمل المواد الدراسية وهي: القرآن والعلوم الدينية ، والكتابة والشعر والنحو والقصص. وقد أشار " ابن خلدون " في مقدمته إلى أن دراسة القرآن كانت الأساس في جميع المدارس الأولية أو الكتاتيب، ثم تختلف بعد ذلك في المقررات الأولى بين بلد إسلامي وآخر. وتجدر الإشارة إلى أن التعليم في المرحلة الأولية لم يقف عند حد الأخذ ببعض العلوم واكتساب المهارات الجسمية بل شمل أيضاً التربية

الخلقية حسب ما وضحته مؤلفات "ابن الجوزي"، و"ابن مسكويه"، و"ابن سينا" و"الغزالي".

**المنهج العالي** : لقد تعددت المناهج في هذه المرحلة فالطالب لا يقيد بدراسة مواد معينة ولا يفرض عليه منهج خاص، لكن من الواضح أن المواد الدينية واللغوية شكلت أساساً مشتركاً بين جميع المناهج.

**ويمكن** تقسيم المناهج العالية إلى قسمين: المنهج الديني الأدبي، والمنهج العلمي الأدبي.

**المنهج الديني الأدبي** : فقد لخصه "الخوارزمي" في كتابه " مفاتيح العلوم " إلى علوم الفقه، علم النحو، علم الكلام، الكتابة، العروض، وعلم الأخبار. وفي حالات كثيرة يدرس الطالب علم الحساب لفائدته.

**المنهج العلمي الأدبي**: لقد ظهر هذا المنهج في المرحلة الثانية من نمو الفكر التربوي الإسلامي وتطور العلوم والصناعات عند العرب ولخص الخوارزمي المنهج كالتالي:

- **العلوم الطبيعية** : وتشمل الطب بفروعه، والتشريح، وعلم تشخيص الأمراض، وعلم العقاقير، والعلاج والتغذية، ثم علم المعادن والنبات والحيوان وكيمياء تحويل المعادن إلى ذهب ( السيمياء ) .

- **العلوم الرياضية** : وتشمل الجبر والهندسة والحساب وعلم الفلك والموسيقى والميكانيك وعلم الآلات الرافعة، والمنطق والفلسفة.

**طرق التدريس** :

تعتمد طرق التعلم إجمالاً على التلقين والحفظ ولا سيما في تعلم القرآن، إذ كان الحفظ أهـم شـروط التعلم عند المسلمين قديماً، وربما يعود السبب في ذلك إلى

اعتمادهم على الذاكرة أكثر من الكتابة ، وقد فرقوا بين تعليم الصغار وتعليم الكبار كما هو واضح عند الغزالي، ويرجع ذلك إلى اختلاف درجة الإدراك بين الطفل والإنسان الراشد ، وفي المراحل العليا من التعليم فقد تميزت طريقة التعليم بكثرة النقاش والأسئلة بين المعلمين والمتعلمين بعد فروغ الأستاذ من إنهاء محاضرته.

**أما** المبادئ التي أشار إليها ابن خلدون في طرائق التعليم فلعل من أهمها ما يلي [(٦٣)]:

- **التدرج** من السهل إلى الأصعب.

- **الاعتماد** على الأمثلة الحسية في البداية ثم الانتقال من المحسوس أو المعلوم إلى المجرد.

- **البدء** بالجزئيات ثم إلى الكليات حسب الطريقة الاستقرائية.

- **عدم الخلط** على المتعلم علمين معاً قبل الظفر بواحد، وأن لا يطيل على المتعلم في العلم الواحد.

**وقد** لجأ المربون المسلمون إلى طريقة الخطابة والمحاضرة في المناسبات الدينية واستعملوا طريقة القصة والتعلم من خلال العمل ، واهتموا بطريقة الرحلات العلمية مما ساعد على ظهور الرحالة الجغرافيين.

المدّرس:

نظر إليه في التربية الإسلامية نظرة احترام وإجلال وتعظيم ، وقد اشترط الإسلام في المعلم أن يكون متديناً صادقاً في عمله وحليماً يتحلى بالوقار والتواضع والرفق وأن يهدف من وراء تعليمه مرضاة الله قبل أي شيء آخر، فهو قدوة للمتعلمين وعليه أن يتدرج في تعليم الأطفال بحيث يعطيهم على قدر فهمهم.

واخيرا لابد من التذكير بأن علماء الدين المسلمين صاغوا نمط التربية الاسلامية في صدر الاسلام في طابع تأديبي ذي توجه له طابع اخلاقي محض، انطلاقا من ان هدف التربية هو تحصيل العلم النافع في الحياة الآخرة حيث كان الالتزام الديني عاملا مهما للمحافظة على قوة الدين في مركز نشأته. وظهر نوع من الازدواجية في التربية تشمل تربية واسعة لابناء الخاصة يركز فيها على الدين والفنون و العلم والفروسية وقواعد السلوك،وتربية لابناء العامة تشمل القرآن ومبادىء الدين وبعض مبادىء النحو الضرورية لقراءة القرآن.[٦٤]

ويجد المتتبع لما ورد في هذا الفصل عقلانية في التربية الاسلامية لكنها تتصف بطابع روحي وجاءت وليدة امتزاج المعرفة الاسلامية مع الفكر الاغريقي من خلال الأعمال التي أنجزت في دار الحكمة في بغداد في زمن الخليفة المامون، وفي افكار الفارابي الذي حاور افلاطون في مدينته الفاضلة وسعى الى الجمع بين رأي الفيلسوف "افلاطون" و"ارسطو". كما ان الفيلسوف "ابن سينا" كان قد وجد فكره في ترجمة الفارابي لفكر الاغريق.ويجد المتتبع في الكتب والمؤلفات التي تناولت فكر"ابن خلدون" انه اقترب من فكر "افلاطون" في فكره الفلسفي السياسي الذي تعامل مع التربية من حيث هي عنصر من عناصر تكوين الدولة، كما انه اقترب ايضا من فكر الفيلسوف "هيجل" في نظرته التاريخية عندما فرز القوى العاملة في التاريخ ومنها القوى التربوية. واكد ايضا في تربيته على الاهتمام باستمرارية التعليم والتحصيل.

ان التربية في العالم العربي في عصرنا الحاضر حائرة ما بين التبعية و الطوبائية وتحاول التوفيق بين المتناقضات، ولم تنجح هذه التربية في بلورة فلسفة تربوية عربية على الرغم من محاولات كثيرة بذلت وما تزال تبذل لايجاد مثل هذه الفلسفة.

ان مفكري التربية في العالم العربي حاليا يحاولون متلهفين خلق بديل تربوي اسلامي ،ففي محاولاتهم نجدهم احيانا يقفزون مباشرة من عدد محدود من المبادىء والمنطلقات العامة والافكار غير الناضجة الى مستوى الاجراءات التفضيلية [٦٥]. ان الامر ليس بالسهل وخاصة في ظروف التبعية والهيمنة وما تفرضه العولمة من خدمات على المستويين الثقافي والتربوي،مما يجعل التربية العربية امام مواقف وتحديات صعبة و يفرض عليها تجديد رؤيتها الفلسفية في ظل المتغيرات المتسارعة، خاصة المتغير المعلوماتي الذي يترافق مع غياب فلسفة اجتماعية عربية متكاملة ومتسقة وواضحة تتجاوز من خلالها النظم التربوية العربية انحيازها الى مبدأ "تعلم لتعرف" على حساب مبادىء اخرى مهمة لابدّ من التأكيد عليها في نجاح الفلسفة التربوية العربية, وهي التعلم من اجل "مشاركة الآخرين", و"التعلم من أجل ان تكون" ، و"التعلم من اجل العمل والممارسة والتطوير".[٦٦] لقد ركزت التربية التقليدية على ماذا نعرف؟ لا كيف نعرف؟. ولكن مع ظاهرة الانفجار المعرفي انقلب الوضع فأعطيت الاولوية للكيفية التي يحصل بها الانسان على المعرفة وعلى كيفية اتقان ادوات التعامل معها،لذلك ونتيجة غياب اسس التربية الحديثة وبقاء الكثير من عناصر التربية التقليدية مهيمنة على الفكر التربوي في الكثير من بلدان العالم النامي، خاصة في عالمنا العربي،لذلك طغت المادة التعليمية على اساليب التفكير التي تهدف لتحقيق النضج العقلي والمحاكمة العقلية، فغابت في هذه التربية مبادىء تنمية المهارات الذهنية وسيطرت اللاعقلانية على الانظمة التربوية ، كما ان اهمية المعرفة اصبحت في مجرد حفظها و تخزينها في الذاكرة لا في تطبيقها وممارستها من خلال العمل.

ولكن المهم هو عودة الروح إلى التربية في العالم العربي، وهذا يحتاج إلى مخاطبة العقل وبناء المعرفة العلمية التي لا تشترى بالمال، ولكنها تتكون من خلال تربية صحيحة مستمرة. وأن تتحول الجامعات ومعاهد التعليم العالي إلى مراكز

للبحث العلمي والحوار المبني على النقد البناء وعلى المنطق العلمي. ويرى "محمد عابد الجابري" ضرورة تأصيل النهضة العربية في خطاب عقلي، خطاب فلسفي لا أيديولوجي يقوم على مراجعة شاملة لآليات العقل العربي ومفاهيمه وتصوراته يبين الصراع بين البيان والبرهان، أو بين النحاة والمناطقة، بين الدين والفلسفة في تاريخ الفكر في العالم العربي لوضع استراتيجية للتربية لا تتكلم عن الجمع بين التراث والحداثة فقط بل إرساء أسس النهضة العقلية التي تؤدي إلى بناء العالم العربي الحديث علما واقتصادا وتربية.[٦٧]

أن اصلاح التربية في العالم العربي يتطلب جعل التربية أداة فعالة لإصلاح الأفراد، ولكن التربية العربية تعاني عجزا وهذا العجز يتطلب تغييراً جذرياً في بنيتها يتناول التبدل في المفاهيم، والتغيير في النظم والوسائل.

ويشير "قسطنطين زريق" إلى جملة من المبادئ اصبحت كما يقول معروفة بشكل واسع. ولابد من أخذها بعين الاعتبار لتحقيق التغير الجذري في المفاهيم وهي كما يلي:

- الانتقال في التربية من التلقين والحفظ إلى تطوير الشخصية من جميع جوانبها.
- تطوير ملكة التعلم الذاتي.
- امتلاك ملكة التفكير العلمي.
- تكوين ملكة تبين المشكلات المختلفة وكيفية مواجهتها.
- تكوين ملكة الإبداع.
- تحقيق مبدأ التكيف مع الواقع بكل أبعاده.
- تكوين منظومة للقيم الأخلاقية مترابطة ومتكاملة[٦٨].

وفي هذا المجال لابد من التأكيد في هذا الإطار على تحقيق مبدأ التربية للجميع، والقضاء على ازدواجية الفكر والعمل، وإعطاء أهمية أكبر للتربية العملية والتعليم المهني بكل مجالاته، وتحقيق مبدأ التربية المستمرة، وتبديل التربية من تربية استهلاكية إلى تربية انتاجية على المستويات كافة الفكرية والمادية. وهذا يتطلب ضرورة التنسيق بين نظم التربية والتعليم وبرامجها المختلفة وحاجات ومتطلبات سوق العمل، وإعطاء أهمية بالغة للتخطيط, وهذا يتطلب التغيير الجذري في النظم والوسائل والاستفادة من مختلف الوسائل الحديثة السمعية والبصرية وتبدل المعلومات, وتطوير الإدارة التربوية لينطبق عليها مفهوم القيادة التربوية بأبعادها المختلفة[٦٩].

المراجع

١- صليبا ، جميل، <u>تاريخ الفلسفة العربية</u>، ط(١)، دار الكتاب اللبناني، ١٩٨١، بيروت، ص ١٤، ١٥.

٢- فرحان، يوسف، <u>الفلسفة الإسلامية وأعلامها</u>، ط(١)، دار ترادكسيم، ١٩٨٦، جنيف، ص ١٣.

٣- صليبا، جميل، **مرجع سابق**، ص ١٦.

٤- المرجع السابق، ص ١٩، ٢٠.

٥- أحمد، سعد مرسي، وسعيد إسماعيل علي، <u>تاريخ التربية والتعليم</u>، ط(١)، عالم الكتب، ١٩٧٤، القاهرة، ص ٧٥-٧٦.

٦- صليبا، جميل، **مرجع سابق**، ص ٢٣.

٧- المرجع السابق، ص ٢٣.

٨- الرشدان، عبد الله وجعنيني، نعيم، <u>المدخل إلى التربية والتعليم</u>، الاصدار الخامس، دار الشروق، ٢٠٠٦، عمان ، ص ٨٣.

٩- جمعة، محمد لطفي، <u>تاريخ فلاسفة الإسلام في المشرق والمغرب</u>، ط(١)، مطبعة المعارف ومكتبتها بمصر، ١٩٢٧، القاهرة، ص ١ .

١٠- المرجع السابق، ص ٢ .

١١- صليبا، جميل، **مرجع سابق**، ص ١٣٠ .

١٢- جمعة، محمد لطفي، **مرجع سابق**، ص ٤ .

١٣- شفشق، محمود عبد الرزاق، <u>الأصول الفلسفية للتربية</u> ، ط(١) ، دار البحوث العلمية، ١٩٨٢، الكويت ، ص ٨٥-٨٧.

١٤- فرحان، يوسف، **مرجع سابق**، ص ٧٧.

١٥- **المرجع السابق**، ص ٧٧.

١٦- شفشق، محمود عبد الرزاق، **مرجع سابق**، ص ٨٨-٨٩.

١٧- **المرجع السابق**، ص ٩١-٩٣.

١٨- اليافي، عبد الكريم، **تمهيد في علم الاجتماع**، ط(١)، مطبعة الجامعة السورية، ١٩٥٥، دمشق، ص ٥٢-٥٣.

١٩- صليبا، جميل، **مرجع سابق**، ص ١٨٣.

٢٠- فرحان، يوسف، **مرجع سابق** ، ص ٦٧.

٢١- **المرجع السابق**، ص ٦٨.

٢٢- **المرجع السابق**، ص ٦٨-٦٩.

٢٣- **المرجع السابق**، ص ٧٠.

٢٤- العمايرة محمد حسن، الفكر التربوي الاسلامي ط(١)،دار المسيرة للنشر والتوزيع والطباعة،عمان،٢٠٠٠،ص ١٧٠.

٢٥- ناديا، جمال الدين، <u>فلسفة التربية عند إخوان الصفا</u>، منشورات سمير أبو داؤود، المركز العربي للصحافة، ١٩٨٣، القاهرة، ص ٢٩٨-٢٩٩.

٢٦- صليبا، جميل، **مرجع سابق**، ص ٢٠٤-٢٠٥.

٢٧- شفشق، محمود عبد الرزاق، **مرجع سابق**، ص ١١٠-١١٢.

٢٨- فرحان ، يوسف، **مرجع سابق**، ص ١٠٠ .

٢٩- شفشق، محمود عبد الرزاق، **مرجع سابق**، ص ١١٢-١١٣.

-٣٠ الجابري، محمد عابد، ابن رشد، ط(١) ، مركز دراسات الوحدة العربية ١٩٩٨، بيروت، ص ١٣٩- ١٤٠.

-٣١ شفشق، محمود عبد الرزاق، مرجع سابق، ص ١٢٢.

-٣٢ صليبا، جميل، مرجع سابق، ص ٢١٧.

-٣٣ فرحان ، يوسف، مرجع سابق، ص ١٠٣.

-٣٤ المرجع السابق، ص ١٠٦.

-٣٥ شفشق، محمود عبد الرزاق، مرجع سابق، ص ١١٨-١١٩.

-٣٦ ناصر، محمد، الفكر التربوي العربي الإسلامي، ط(١) وكالة المطبوعات، ١٩٧٧، الكويت، ص ٢٨٦- ٢٨٧.

-٣٧ د.شمس الدين،عبد الامير،المذهب التربوي عند ابن سينا من خلال فلسفته العملية ط(١) بيروت ١٩٨٨.

-٣٨ صليبا، جميل، مرجع سابق، ص ٣٣٣-٣٣٧.

-٣٩ المرجع السابق، ص ٣٣٩.

-٤٠ شفشق، محمود عبد الرزاق، مرجع سابق، ص ١٤٣-١٤٤.

-٤١ المرجع السابق، ص ١٤٥-١٤٦.

-٤٢ المرجع السابق، ص ١٤٨.

-٤٣ جمعة، محمد لطفي، مرجع سابق، ص ١١١.

-٤٤ فرحان ، يوسف، مرجع سابق، ص ١٧١.

-٤٥ أرنست، رينان، ابن رشد والرشدية، ط(١)، ترجمة عادل زعيتر، ١٩٥٧، القاهرة ص ١٩٥.

-٤٦ شفشق، محمود عبد الرزاق، مرجع سابق، ص ١٥٧-١٥٨.

٤٧- إبراهيم ، مصطفى إبراهيم، **مفهوم العقل في الفكر الفلسفي**، ط(١) ، دار النهضة العربية، ١٩٩٣، ٧٦.

٤٨- الجابري ، عابد، **مرجع سابق**، ص ١٤-١٥.

٤٩- **المرجع السابق**، ص ١٦،١٧.

٥٠- **المرجع السابق**، ص ١٨.

٥١- **المرجع السابق**، ص ٢٠-٢١.

٥٢- فرحان ، يوسف، **مرجع سابق**، ص ١٧٢.

٥٣- **المرجع السابق**، ص ١٧٦.

٥٤- فرحان ، يوسف، **مرجع سابق**، ص١٧٦.

٥٥- **المرجع السابق**، ص ١٧٩.

٥٦- شفشق، محمود عبد الرزاق، **مرجع سابق**، ص١٥٨-١٦٣.

٥٧- دي بور، ت.ج. ، **تاريخ الفلسفة الإسلامية** ، ترجمة مهدي عبد الهادي، مطبعة لجنة التأليف والترجمة والنشر، ١٩٥٧، القاهرة، ص ٤١-٥٠.

٥٨- بدران، شبل ومحفوظ، أحمد فاروق، **في أصول التربية**، دار المعرفة الجامعية، الإسكندرية، ١٩٩٤، ص ٢٨٤-٢٨٧.

٥٩- مرسي، منير محمد، **فلسفة التربية واتجاهاتها ومدارسها**، عالم الكتب، ١٩٨٢، القاهرة، ص ٢١٠-٢١٥.

٦٠- الرشدان، عبد الله وجعنيني، نعيم،**مرجع سابق**، ص ١٣٨.

٦١- العمايرة،**مرجع سابق**، ص ٣١-٣٣.

٦٢- **المرجع السابق**، ص ٨٤-٨٥.

٦٣- أبيض، ملكة، <u>تاريخ التربية وعلم النفس عند العرب</u>، ط(٢) ، جامعة دمشق، ١٩٩٠، ص ٧٨-٧٩.

٦٤- علي، نبيل، الثقافة العربية وعصر المعلومات، ط(١) عالم المعرفة، الكويت، ٢٠٠١، ص٣٠٤-٣٠٥.

٦٥- المرجع السابق،ص ٣٠٦.

٦٦- المرجع السابق،ص ٣٠٧.

٦٧- الجابري، محمد عابد، تكوين العقل العربي، دار الطليعة ، بيروت، الطبعة الأولى، ١٩٨٤، وكذلك الجابري، محمد عابد، بنية العقل العربي، دار الطليعة ، بيروت، عام ١٩٨٤.

٦٨- قسطنطين، زريق، نحن والمستقبل، ط٢، دار العلم للملايين، بيروت، ١٩٨٠، ص ٢١٩.

٦٩- الجيوشي، فاطمة، فلسفة التربية، ط٤، مطابع جامعة دمشق، ١٩٩٧.

Printed in the United States
By Bookmasters